U0901896

我们一起走过

纪念上海人民广播70周年

江小青◎主编

上海人民出版社

本书编委会

编委会主任

王治平　翁伟民

编委（按姓氏笔画）

王治平　冯　波　江小青　孙向彤　李　珂　张峻华

赵　洁　翁伟民　陶　青　韩　磊

主　编

江小青

序一

不忘初心　从心出发

王建军

伴随着解放上海的隆隆炮声诞生的上海人民广播电台走过了70年栉风沐雨的岁月。

回溯70年，上海人民广播电台是开启新中国人民广播事业的先导之一；

回溯70年，上海人民广播电台在历代广播人励精图治下成长为不断创造辉煌的主流媒体之一；

回溯70年，上海人民广播电台走出了一条具有上海特色、适应时代特点的发展道路。

70年来，上海人民广播电台始终坚持正确的舆论导向，积极宣传党的主张，充分反映人民的心声，热情讴歌火热的生活，为满足人民群众的精神文化需求、服务国家和上海的改革发展发挥了重要作用。上海广播人打造的一大批经典节目，创造了一大笔文化资产。这些经典节目和文化资产已成为上海城市文化的一部分，在建设上海国际文化大都市中发挥着重要的推动作用。

面对互联网的冲击，广播人积极面对，加速转型。2015年，上海人民广播电台确立新广播战略，着力推动用互联网思维和互联网技术改造传统广播节目，并利用互联网平台达到融媒体传播效应。一批优质短音频内容产品和一批强势内容IP相继涌现。目前上海广播短音频制作生产和传播能力得到快速发展，正在向年产千万条的能级进军，并带动了全国广播互联网内容的建设。

今天的上海广播，除了传统FM频点，还有初具影响力的网络平台阿基米德App；除了《早新闻》《市民与社会》等传统节目品牌，还有网络传播的话匣子等内容品牌。更为难得的是，上海广播在自我发展的同时，为全国广播输出了技术能力和网络传播平台。

与此同时，上海人民广播电台的音乐广播品牌节目和活动依然凝聚忠实听众和巨量粉丝，东方风云榜、辰山草地广播音乐节、最爱金曲榜等品牌的商业价值得到明显提升。作为上海广播融媒体改造计划的二期工程——音乐云中心（M项目）正在建设之中，将极大拓展上海音乐广播品牌影响力和市场价值。

一直以来，上海人民广播电台始终占有上海主要收听市场。连续5年，上海广播在上海的收听市场保有量超过了90%以上。

这部广播人的回忆录汇聚了几代广播人的回忆和感怀，可以管窥上海人民广播事业发展的过程，也体现了几代广播人热爱广播、奉献广播的情怀。正如习近平总书记所说，回顾历史，是为了总结历史经验、把握历史规律，增强开拓前进的勇气和力量。在呼啸而来又隆隆前行的互联网媒体阵列中，上海广播人的梦想还很多，要做的会很多。

不忘初心，从心出发。

作者系上海广播电视台、上海文化广播影视集团有限公司党委书记、董事长

序二

为新生的上海广播喝彩

高韵斐

上海人民广播电台走过了70年的历程。但，我们还很年轻。

年轻在于，上海广播与生俱来带着自我革新的基因。

20世纪初，广播是伴随着一系列的社会革命和科技革命诞生的。1920年美国诞生了世界上第一家广播电台。三年之后，广播进入上海，为国人所认识。1949年5月25日，在隆隆的炮火声里，上海广播率先通过无线电波向全上海、全中国、全世界宣告："上海解放了！"1949年5月27日，属于人民的上海人民广播电台诞生了。从诞生的那一刻开始，上海广播就流淌着红色血液，携带着创新基因，与新生的共和国同频共振，与上海这座崭新的红色城市一起，同呼吸、共命运。

改革开放使上海广播与生俱来的创新基因被完全激活。1979年3月5日，上海人民广播电台在全国率先恢复广播广告，播出了新时期第一条广播广告"春蕾药性发乳"。伴随着经济的发展，社会的进步，科技的创新和人民生活水平的不断提高，上海广播始终勇立改革潮头。无论是开创全国首家经济台、交通台，乃至同城两座省级电台的先河，还是开办搭建政府与市民的桥梁的政论类节目，为百姓倾情服务的生活、情感、文化类节目，无不彰显着上海广播与生俱来的强大创新基因，与时代同步，与城市共进，永远与最广大人民站在一起。

面对信息技术的飞速发展和媒体格局的深刻变化，传统广播面临严峻的挑战。然而，凭借着自我革新的勇气和智慧，上海广播始终无惧风雨，从汽车社会激起的战略机遇期，到移动互联网快速发展期，再到由媒体融合带来的重大调整期，一次次迎接挑战，一次次自我革新，一次次赢得新生。

在上海人民广播电台70周年的喜庆之年，为顺应全媒体时代的大趋势，做好媒体融合发展的大文章，上海广播再一次自我革新，高举起“新闻立台、融合发展”的大旗，对上海新闻广播和东广新闻台进行改版，凸显频率特色、加快技术融合，改革新闻生产机制、打造融媒体产品矩阵，全力推动广播媒体融合改革向纵深发展。

伴随着裂变、聚合与迭代，上海广播跨出的每一步，都将是新生。

我们为70岁的上海人民广播电台庆生，更为新生的上海广播祝福、喝彩。

是为序。

作者系上海广播电视台台长、上海文化广播影视集团有限公司总裁

目　录

岁月留痕

岁月感怀

目　录

健康
05.07

庆上广建台七十寿

高　宇

上海解放第一声，
金玉华章喜双庆。
博闻广纳汇今古，
奋楫弄潮当先行。

人民广播七句颂

陈　醇

七十年前这一天
解放大军开进上海滩
人民军队不扰民
深夜静卧在马路边

收音机里喜讯传
市民百姓笑开颜
上海诞生了人民广播
服务大众把真理传

舆论宣传主阵地
新闻立台是关键
节目内容多彩又丰富
人民广播宗旨始终不变

广播事业大发展
岗位人才梯队建
勤奋拼搏的广播人
团结精进宏图展

七十年来不停步
规模效益翻几番
代代相传好传统
喉舌意识记心间

改革开放四十年
业态形势大改变
互联网媒体风正劲
广播迎来新挑战

不坐不等不停步
广播人最崇尚实干
踏着七十载坚实基础
上海人民广播前途更灿烂!

作者系原上海人民广播电台播音指导

岁月留痕

在东方台成立的日子里

陈圣来

一

1992年9月24日，这天是东方电台挂牌成立的日子，离当年8月1日北京东路2号大厅里贴出招聘竞选新电台和电视台台长的公告，只有两个月不到的时间，东方电台已完成从台长任命到队伍组建，一直到成立的过程。那天早晨天公并不作美，从清早开始就一直飘着淅淅沥沥的小雨。风雨中，时任东方广播电台台长、总编辑的我和一群年轻编辑、记者、主持人站在一起，意气风发，迎接东方电台闪亮登场的这一刻。媒体称我们为“一群改革开放的弄潮儿”。这一天，副市长刘振元和市委宣传部部长金炳华来为东方广播电台揭牌，就此揭开了我人生新的一页。还清晰地记得，年轻的东广主持人身披红色缎带，驱使着摩托，高擎着红旗，旗帜上印着醒目的标语：“东方广播电台10月28日开播！”警车开道，铁流滚滚，摩托车队沿着上海的主要干道缓行一圈，车队吸引了沿路市民的目光，最后在外滩落脚，举行东广主持人与听众见面会。

这次成功的公关造势活动预示着一个广播新时代的开始。一个月后，东方广播电台正式开播，这一崭新的呼号开始飘荡在黄浦江上无垠的天空。这个广播新生儿一诞生就不同凡响，在黄浦江畔刮起一阵“东方旋风”，上海便携式收音机一时脱销，《人民日报》为此发表通讯，题目是《上海人为东方台打开收音机》。日后东方电台的诞生和崛起被写进了教科书，并被誉为继珠江台改革以后“中国广播改革的第二座里程碑”。

这一年，我40岁。我是1981年上海广播电台第一次在社会上公开招聘编辑记者时应聘进入电台工作的。十余年，我从最普通的记者、编辑做起，一路干到上海广播电台文艺台台长。长期的实践经验，让我对广播有了深厚的感情和深刻的理解，更让我看到了广播改革的迫切性。所以1988年小试牛刀，在文艺台率先实行节目和资金自筹承包。4年后，我有了更大的机遇和天地，东方广播电台的成立，标志着这场由上海发轫的广播改革正在徐徐展开新的画卷。

二

1992年，邓小平南方谈话开启了新一轮的改革浪潮，浦东正式开发开放，处在改革开放的最前沿，上海有这样的需要，建立一家新的电台和电视台，这是时代大背景。从业务层面考虑，当时思想比较解放，上海有《解放日报》《文汇报》两家大报，大家“飙着干”，你出彩版了，我也要出彩版，你扩版了，我也不甘落后……竞争得很厉害，报纸越来越好看。而广播却只有上海人民广播电台一家，没有竞争，缺少活力。于是，市里决定新成立一家电台和一家电视台，为原来的电台和电视台培养一位竞争对手，与原有的上海电台和上海电视台形成并行竞争的双台机制，享受同级别的待遇。于是当时以广播电视局局长龚学平的名义，贴出了招聘公告。当时的做法很“前卫”，不仅向社会公开招聘新电台的台长，而且给予他的权力非常大。如果你竞聘上了台长，那么所有的副台长、部主任都由你来提名聘用，如此之大的改革魄力和支持力度，放到现在都是少有的。

大家热情非常高，仅我所在的电台就有十多个人参加了新台台长的竞聘。上级党委组成了一个8人评委班子来审核、评定和挑选新台台长，竞聘的人每人要提交一份新电台的“办台方案”。当时我干广播已经十多年了，而且在担任上海电台文艺台台长期间，有偷吃“禁果”的经验，我们不要国家每年的行政拨款，自筹资金、承包经营，积累了许多经验，深知广播的长处在哪里，短处在哪里。所以我的方案脱颖而出，被评定为最有竞争力的方案，一定程度上也契合了当时上级对改革思路的预想。最终，我答辩胜出，当选新电台的首任台长。

那么新电台取什么名呢？当时有市领导提出建议，新电台是否叫“东上海电台”，我们心里却有自己的“小九九”：既然我们和上海电台同级并行、相互竞争，若叫“东上海电台”不是格局太小了吗？那是不是还会有“南上海电台”“北上海电台”？索性我们就叫“东方”。中国在世界的东方，上海在中国的东方，浦东在上海的东方，我们立足上海又不仅仅局限于上海。

不过，我们也担心，名字起这么大，领导不一定会批准。幸运的是，上海市广播电视局局长龚学平非常支持。当时正逢党的十四大在京召开，他是十四大代表，就将这个名字报给了江泽民总书记，总书记亲自挥毫为“上海东方广播电台”题了字。拿到题字后，龚学平立即给我打电话，整个编辑部都高兴得跳了起来。就这样，我们的台名就正式确立了。

三

“让世人瞩目东方！”这是筹办东方广播电台之初，我提出的建台口号。东方孕育着光明和生命，也孕育着希望和未来。人们等待日出时都注视着东方，太阳从地平线一跃而出的刹那，所有人的兴奋值便会到达顶点。我希望东方电台就像一轮喷薄而出的旭日，令世人瞩目。日出东方，新生命的诞生激励着我们锐意进取、改革创新。

向老市长汪道涵（宋庆龄基金会会长）捐赠“东方之光”音乐会的50万元收入

人言四十而不惑，当时40岁的我却真有着年轻人初生牛犊不怕虎的味道，因为东广开创时在编员工只有44人，平均年龄只有33岁。那时所有东广人身上都攒着一股劲儿，奋勇向前，不知疲倦。当时来上海采访媒体改革的《中国青年报》记者说，每天晚上灯火最亮的地方就是东方电台，通宵达旦，彻夜不息。

正是从那时起，《792为你解忧》《东方大哥大》《天天点播》《相伴到黎明》……一档档令人耳目一新的节目乘着电波走进了千家万户；张培、方舟、蔚兰、晓林、渠成、王玮、欧楠、袁林、尚红、阿彦、淳子、章茜、陈濛、安琪、叶波、梦晓、叶沙……一位位明星主持从这里走出，成为一代人不可磨灭的声音记忆。东方电台的崛起就这样在中国广播史上书写下了辉煌灿烂的一页。

20世纪80年代，面对电视等新兴媒体发展带来的挑战，以珠江广播电台的诞生为起点，中国广播改革的大幕拉开。而东方电台的成立和崛起则被誉为“中国广播改革的第二座里程碑”。事实上，东方电台成长起来后，在一段时间，它的影响和社会扩散效应甚至超过了电视。因为它完全颠覆了过去办广播的做法，这是大家没有想到的。

传统的广播非常沉闷。我们学习苏联模式，记者写好稿件后交由领导审核，再给播音组配音，节目就变成了一盘盘冰冷的胶带，由播出组负责播出。效率没有了，感情没有了，主持人与听众的交流沟通更是无从谈起。当时我们讲，报纸是昨天的新闻，电视是今天的新闻，广播是现在的新闻。广播的特性和优势在旧有的窠臼里被屏蔽和自毁了。于是我大胆提出，要做一个24小时直播的全新的电台，“信息性、服务性、参与性”是东方电台的立台三维支柱。首先，由传统的录播模式改为全天24小时直播，将原来每分钟160字的播出速度提高到每分钟200字，增加新闻的信息量；以听众的需求为出发点，按照新闻的重要性来编排播出次序和决定播出体量。

最重要的是，要改变过去播音员“我播你听”的老旧模式，建立以“主持人为中心”的工作机制。我跟台里的主持人讲，要把广播变成一个空中客厅，在你主持的时候，你就是这个客厅的主人，要把那些看不见的听众聚拢在你周围。他是名人你无须仰视他，他是平头老百姓你也不要俯视他，你们眼睛望着眼睛，在同一水平面上、在同一个客厅里平等对话。那时我们确实做出了许多富有开创意义的节目模式。我们当时做了一档节目叫《792为你解忧》，792是我们的中波频率，每年一月是为民解忧月，后来还设立了“792为你解忧基金”。当时我找了《新民晚报》的总编辑丁法章，以优惠价格在头版刊登了一条广告，每天为听众解决一个问题。我们帮下岗工人找到了新工作，还为助动车被偷的老人买了一辆新车，解决了一栋楼的煤气安装，为特殊家庭安装接通电话……这些问题解决后又在报纸上刊登出来，和当时市委刚刚提出的“送温暖”相互配合，产生了很大的社会影响。

我们还开设了一档名叫《东方大哥大》的节目，后来更名为《东方传呼》。每天在新闻里插播一段听众来电，根据听众提供的线索，立刻派出记者采访，一两个小时之内就有了反馈，在节目中把采访情况实时播出。当时在老百姓中声望很高，市民都说:“有困难，找东广！”像这样创新的节目形式，我们探索了很多。

四

当时整个社会云蒸霞蔚、蒸蒸日上。处在这样一个支持改革、鼓励探索新路的空气中，尽管每前进一步都会荆棘丛生，但我们相信总会踏出一条路可以让我们去走。

改为全天候直播需要吸收大量非专业主持人，大学教授、律师、心理医生……他们都不是播音科班出身，普通话水平也参差不齐。有人就提出，非在编的社会人员进出电台会给直播造成风险。反复权衡后，上级领导还是支持了我们的做法。

记得有一次，浦东新区管委会副主任黄奇帆来参加一档名为《飞越太平洋》的对话栏目。我们和洛杉矶一个电台合作，听众开放参与。美国的听众连线进来，一连问了几个特别尖锐的问题，黄奇帆却波澜不惊，一一作答。事后他跟我说，这很正常，总不能让所有的听众都按照你的规则来提问。

所以我常常讲，天时地利人和。我们的成功与改革开放的时代大背景密不可分。

在直播室主持“台长热线”节目

东方电台对广播改革的成功探索在上海乃至全国都引起了剧烈反响，人们形象地把它称为“东方旋风”。最高峰时，电台每天会收到4000多封听众来信，信件用麻袋装进来，根本来不及看。从组建到开播，工作千头万绪，有时困难与问题堆成了山，我累得住院了，一位素不相识的病友知道我要做手术，特地送花到我的病房，祝我第二天手术顺利；一位老同志写信给我，说希望将来自己离开这个世界时，是听着东方电台的广播声而走……这些善意、认可、支持、信任都令我感动不已。

我们后来出了一本报告文学集《东方旋风》，给每一位东方台的主持人写了一篇报道，我写了序言。当时在上海最大的书店——南京东路新华书店签名售书。活动下午1点30分开始，上午8点就已经有人在书店排队。临近活动开始，书店里已经是人山人海，没有任何空间了。当时是六月天，等待签名买书的人们都是汗流浃背，但热情高涨。我看到这种情景，害怕出现什么意外事件，临时决定转移主持人签名的地方。果不其然，这家书店的玻璃柜台，因为人太多，挤碎了五个。我至今记得一个妇女抱着一个发烧的儿子来排队求签名，都是东方台的忠实拥趸，当时挤碎的柜台玻璃划破了她的腿，鲜血都从裤子渗透出来，但是为了要得到签名新书，她还是不愿离去。我当时赶紧安排让她先签名，然后将她送到医院去。广播主持人那么受欢迎，比那些流行歌星还要红，这就说明了听众对你节目的认可。我对编辑、记者和主持人讲：这就是你们的衣食父母，我们无论如何不能辜负听众的厚爱，每一位主持人应对所有的来电，一定要态度诚恳，有问必答。

东方电台成功了，但成功的喜悦总是转瞬即逝，每座丰碑都会变成阻挡人前进的障碍，而应对挑战，破解困难，才是享受，更是不断前进的动力。

作者系原东方广播电台台长，现为国家对外文化交流研究基地主任、上海国际文化学会会长

克林顿总统走进上海电台直播间揭秘

尹明华

托尼·萨旦奇其实是一位中国通——不仅会说一口流利的普通话，而且对中国宋代历史很有研究。一个未经证实的传说是，他在美国的一所知名大学教授过“宋史”。

但是，在我们面对面商讨一桩涉及美国总统访华期间的重要活动安排时，他始终未流露出半点在汉语方面令人惊叹的理解表达水平的痕迹。沟通我们之间思想的“中介”是陈卫华——上海英文星报社的资深记者，我们共同的朋友。

时值1998年4月，春暖花开的季节。正午时分，在上海淮海西路复兴中路的一家餐馆里，熙熙攘攘，僻静的角落里坐着面对丰盛的菜肴而似乎食欲不大的三个男人。

我们谈得如此倾心和认真。我们正在试图“操纵”一位世界最强大国家的总统的访华行动；这一最初的设想与一位微不足道的中国新闻工作者微不足道的潜在的工作变动联系在一起。

1994年8月，按照领导的要求，我离开了倾心投入的东方电台的领导岗位，转回上海电台——我曾经工作10年的“老家”担任副台长。我将何以面对新的挑战？我将如何重新与我的“对手”合作？我将如何重获他们的信任并能激励大家重振雄风的信心？

想象是成功的翅膀。陈卫华的建议使我顿有所悟。从有关克林顿总统即将访华的新闻报道中，我突发奇想出一件向新单位、新岗位、新同事的“见面礼”，当然，做成功这件事，需要此刻远在十万八千里、考虑世界大事的克林顿先生的积极配合。

我希望克林顿先生在访问上海期间，能够走进电台直播间，与中国、上海的听众进行交流。这桩史无前例的举动如能成功，其意义自然会远远超出“见面礼”的影响范畴，它将充分地体现出中国正在发展着的社会民主和改革开放，将通过世界主流媒体的报道扩展中国改革开放的影响和形象，将对中国媒介，尤其是对中国广播电视的运作模式提供良好的案例。

很荣幸有陈卫华的提示和牵线帮助，很高兴萨里奇先生敏捷而热情地表示了对“克林顿与中国广播听众”对话这一建议的认可。并且，他认为，这一行动完全有“成功的可能”。因为全世界都知道，“我们的总统爱出风头，最喜欢‘第一次’”。

由于谈得尽兴和契合，我至今已完全不记得那顿丰盛菜肴的滋味。

大约在两三天以后，陈卫华就告诉我，萨里奇先生已有传话，说克林顿总统果然对这一建议很感兴趣，他详细询问了这种“广播对话”的必要性、可行性和影响力。

接下来，应该是两国间的“外交行动”了。对此我们无能为力。但萨里奇说，成功的可能性很大。因为外交上有一个“对等原则”，江泽民主席访问美国时曾被安排进美国的一家电台与听众进行广播交流，因而如果美方提出这一安排建议，中方理应接受。

果然，在第一次婉拒以后，美方第二次提出时，中方便接受了这一建议。萨里奇的预言得到了应验。

1998年6月30日中午12点10分，克林顿总统走进上海电台的“市民与社会”直播室，开始中国广播史上第一次外国总统与当地市民的空中对话交流。这一历史性的地点选择之所以是上海电台“市民与社会”节目而不是东方电台的“今日新话题”直播间，与一些特殊的因素有关。

眼看克林顿总统的访华日期渐近，萨里奇先生通过陈卫华一再地询问我对两家电台的选择比较。论社会影响力，“市民与社会”节目略胜一筹；论民间色彩，东方广播电台似乎更为明显，而后一点在美国人眼中更为重要。一切似乎不能再拖延了，而关于我传说中的新工作调动未有任何动静。我必须坦言相告了。但我只能服从我“现在的利益”，我必须在我的建议中充分地体现出我的“利益倾向”。所幸这种倾向性的意见得到美方的认可。于是，当时我所分管的“市民与社会”节目便拥有了这份任务。

作者在广播发展论坛上讲话

在为节目进行的前期必要准备中，我方人员按照“以我为主，落落大方，热情友好”的接待原则，与美方驻沪领馆人员、白宫人员、安保人员、新闻官员等经历了数次接触和商谈。双方最后确定：一、节目按常态进行；二、节目话题为“克林顿总统访问中国、访问上海，推进中美友好关系向前发展”；三、热线电话全部敞开；四、采用同声翻译直播，其中美方人员听同声翻译英文，中方人员（包括听众）全部收听中文翻译；五、美方所需15条国际电话线均由我方提供。

以上五条中的第一条为双方自然共识；第二条主要由我方确定；第三条为美方提议我方同意；第四条为美方提出我方批准；第五条为美方要求我方认可，但采取全部由我方提供的方式。从中可以看出坚持“以我为主”的态势。另外，美方曾提出，希望这档节目能够电视转播，我方未予同意。

节目进行期间5路电话线路一直爆满，50分钟内共接听了8个听众电话。在节目进行到约四十分钟时，克林顿示意坐在一边的国家安全事务助理伯杰过去耳语几句，之后伯杰来到后台监控室找我提出总统要求节目延时，显然这是违反我们事先达成的节目“常态”的协议，不会被同意采纳。顺便说一下，当天《市民与社会》节目结束后的10分钟广告价值200万元，是节目平时一年广告收入的总和。即使从经济效益考虑，节目延时也是不可能的。

克林顿总统参与上海电台直播的情况迅速为世界各大媒体所报道。节目还在进行中，美联社就通过因特网向全球发布了克林顿总统坐进直播室的数码照片，当天的美国各主流媒体也都在显著位置刊登了同样的消息和照片；法新社、路透社、CNN、NBC等世界著名媒体在报道这一事件时，都将其称作中国改革开放的标志性事件。

回忆中，为克林顿总统走进电台所进行的准备工作是紧张而愉快的。我至今仍记得与市外办陈处长一次次的具体商议配合，至今保留着与白宫安全顾问、新闻官员、警卫人员，以及美国驻沪总领事、领事们愉快合作的清晰回忆。有一次忙到下午1点30分时，我宣布要请他们吃中饭，地点在电台食堂，每人15元标准客饭，另外每人加一个小面包。决定宣布后，十多位满头大汗的美方人员顿时拍手欢呼起来。电台职工食堂始终有挥之不去的快乐飞舞的苍蝇相伴，但我想那一顿饭他们一定吃得很愉快。因为显然他们饿坏了。

按照当时广电局领导赵凯、叶志康的要求，在克林顿总统抵沪的前两天，我通知左安龙、徐蕾两位主持人做好准备，并在以后仔细审阅了他们的主持策划。

以后，一切就这样自然地发生了。克林顿总统在徐匡迪市长的陪同下，走进上广直播室。他看起来气色不错，心情不错，谈得也不错。

克林顿在《我的生活》一书中，描述了他的中国上海之行，并且这样提到了做客上海电台的经历：

> 我们从北京前往上海，这个城市的起重机似乎比世界上任何一个城市都要多。希拉里和我与一群年轻些的中国人就中国的问题和潜力进行了一场引人入胜的讨论，他们中有教授、商人、一位保护消费者权益人士和一位小说家。这次访问中最受启发的经历是我和市长一起参加电台直播，回答听众打电话提出的问题。给我提的问题很好但也是预料得到的经济和安全问题，给市长提的问题更多；向他提问的人感兴趣的是更好的教育和更多的计算机，担心随着城市的越来越繁荣和越来越膨胀出现交通堵塞。我不禁想到，如果市民向市长抱怨交通堵塞，这说明中国政治正朝着正确方向前进。

顺便提一下，在正式播出前10分钟，直播间里发生了小小的争执。原来商定的美方只能派一名翻译进直播间，临时对方一定要再增加一名翻译。中方有关人员立即找我询问怎么办。我走进直播间，一眼就认出了她——宋纬琦，一个通晓汉语、能讲一口流利的标准的普通话、曾经是我在1996年10月应美国国务院邀请访美期间的随团翻译。当时这位犹太裔美国人就誓言，她一定要当上美国总统的翻译。现在看来，她实现了自己的愿望。世界上居然有这样的巧合。自然，她立即被允许留在了直播间临时增加的译员岗位上。

时间，继续造就着许多令人激动的历史。但是，有一些记忆是永远不会被覆盖的。

以后，不管世界政局怎么变化，不管克林顿先生发生什么变化，我始终对这位总统先生心存谢意，心存敬意。谢谢他的“配合”，还有萨里奇先生、陈卫华先生热情而充满睿智的合作。

作者系原东方广播电台副台长、上海人民广播电台副台长

上海广播见证改革开放历程

陈文炳

回望在广播系统工作的日子，一幅幅徐徐展开的时代画卷令人心潮澎湃。站在时代的节点，记录几笔上海人民广播的变迁，见证中国改革历程的片段，是很有意义的。

我是1976年进入广播电视局工作的，那时正是“文化大革命”结束之际，各行各业百废待兴，又面临人才紧缺的状态。同样，上海的广播电视采编播队伍青黄不接。然而，当时的用人制度主要执行统一分配的原则，用人单位没有选择权，有时候需要的人进不来，不需要的人塞进来。1979年，我担任局政治处组织科长，按照局党委改革人事制度的要求，我提出了向社会招聘的想法，不拘一格，唯才是用。于是，1980年，有了全国第一个面向社会的招聘会，1983年又有了第二次招聘会。两次招聘会都在社会上引起了强烈反响，共有8 000多人应聘，不仅有效补充了电台电视台的人才队伍，还为其他新闻媒体推荐了人才。

1986年，我被任命为广播电视局副局长，作为筹建小组组长参与东方明珠广播电视塔的筹建工作。最记忆犹新的是东方明珠广播电视塔的模型设计的定夺。当时，北京广电部设计院由于承担过全国的高塔设计，很有优势。但是，时

任广播电视局局长的龚学平决定采用重大项目招标的方式。于是，我在七重天宾馆召集北京广电部设计院、上海华东设计院和上海民用设计院，正式宣布招投标方案。1988年8月，三家设计院拿出了15个设计方案，由全局上下专家和员工评审。由于分歧较大，上海市副市长倪天增、刘振元决定三家设计院各推荐一个方案，不注明单位，交由市委讨论决定。最后，上海市委书记江泽民和市长朱镕基拍板：就用东方明珠。今天，每当看到屹立在黄浦江边的东方明珠广播电视塔熠熠生辉，成为上海的文化旅游地标，我的心里充满自豪，我为上海这座国际化大都市尽过一份力。

1989年我兼任上海人民广播电台台长，在十年台长的工作中，上海广播推出了全国第一个有听众直接参与的广播新闻谈话类直播节目《市民与社会》、创作出一大批获国家大奖的广播文艺作品如广播剧《刑警803》、把美国总统克林顿请进上海广播直播室、在全国首创交通广播、推出了专业化的分台分频率……

其间还有两次参加世界性的广播会议值得一记。1992年5月，我应邀出席在瑞士蒙特勒召开的首届世界广播业务研讨会，这是由50多个国家广播人士参加的盛会。会上我作了题为“理想的国际空中桥梁”演讲，这是来自中国的广播电台的首家首次。随后，英国、意大利、奥地利等国代表纷纷找上门来商谈合作。1994年3月，我再次应邀参加在加拿大温哥华举行的国际广播前景决策会，包括美国之音、英国广播公司、日本广播协会、德国之声、澳大利亚国际电台等都有参加。会上，我作了题为“改革开放中的上海广播”的演讲。有意思的是，这次会议还有一个分论坛，题目竟是“社会主义国家广播正在走向衰落”。要不要去？去了怎么说？经过慎重的考虑和准备，我走上了这个论坛，用“改革开放的上海广播发展”这个实例，充分说明作为社会主义国家的中国的广播的生命力。我较详尽地介绍了上海电台在改革开放中，如何抓好龙头节目——新闻，开设“市民与社会”等贴近听众的节目，成功地举办上海广播国际音乐节，广告创收连年翻番，走上了自我积累、自我发展的良性循环发展道路，等等，引起与会代表的浓厚兴趣。加拿大国际电台台长对我们说：“听了你们的介绍，我觉得上海电台是一个非常有前途的电台。”一些电台的台长认为上海电台虽然是一个地方电台，能办成这样，很不简单。摩尔多瓦、匹兹堡等电台要求我们回国后即寄去各方面的材料，供他们参考借鉴。我们带去的上海电台获第四届上海国际广播音乐节金编钟大奖的50多盒“神州采风”音带，放在会议材料桌上，几分钟内就被代表们索取一空。当获悉上海电台将筹办“面向21世纪的挑战”国家广播研讨会后，很多国际广播电台代表表示有意参加。

与广播在一起的日子，是我非常幸运和荣光的日子。如今，中国正走向世界前沿，预祝上海人民广播电台面向5G新时代不断创新融合发展，创造新的辉煌。

作者系原上海人民广播电台台长

一步跃入市级文明单位

任大文

上海市精神文明建设委员会办公室（简称市文明办）为推进精神文明建设活动深入持续有效地开展，每两年对全市精神文明建设创建活动作检查验收、评比表彰和新一轮创建活动的再动员。设市级、系统（区、县、局）两个档次，每一档都有具体的标准要求，对评上市级文明单位的，除了会颁发奖牌外，各单位还可以视经济状况对职工给予一定的奖励，已经评上的如果不达标、检查验收不合格的话，还可以摘牌撤销。全市各基层单位都十分重视这一活动，把它作为加强和推动本单位全面建设的一个抓手，发动本单位员工积极踊跃投入到精神文明建设工作中去。

上海人民广播电台有着很好的基础，从一开始就重视发动大家积极参与创建活动，但这个活动开展4年来，我们都在每两年的评比验收时出了硬伤，无缘进入局、宣传系统的文明单位行列，更不要说进入市级文明单位的行列了。

1998年底，广电局召开新一轮创建文明单位活动的动员表彰大会，评上的单位上台领奖、介绍经验。局里主要领导让我代表没评上的单位上台发言，我本来想推脱，但他却说：“那你们不想创建了？”这句话把我逼到墙根了。在发言中，我代表台里发了“毒誓”:“我们两次与文明单位擦肩而过，但我们不气馁、不灰心，我们在新一轮创建中一定要进入文明单位的行列!”

党委统一认识、加强领导，决心把誓言变为作为，带领大家把压力变成动力。整体规划、狠抓落实的方法措施，从组织上明确党委书记和部门主要领导为创建第一责任人，台办公室具体抓落实和协调推进。全台动员，发动人人参与创建活动。党委领导从自身抓起，在组织建设上狠抓三个作用：党委的核心领导作用，党支部的战斗堡垒作用，共产党员的先锋模范作用。我们开展了兼职党支部书记如何尽责，新闻单位的共产党员如何发挥模范作用的大讨论，把讲政治、守纪律、能干事变成大家的共识和行动自觉，制定完善规章制度，在各项工作和创新中当先锋、打头阵。把创建活动和全台新一轮改革紧紧结合起来，创建活动为改革提供精神动力，改革为创建活动提出要求和内容，相互促进。当时在改革创新上，主要抓了节目改版和干部队伍调整。节目上要求把好导向、精办节目、精简栏目、提高质量；干部调整上，当时我们中层干部年纪比较大，于是采取了“两上两下”民主推荐、考核考评，最后党委讨论决定公布公示，以达到优秀、年轻这一要求。

改革势必涉及一些人的切身利益，自然会遇到阻力和波动，比如有的栏目撤销了，就有一些人要岗位变动甚至暂时待岗。有的节目调整了，从原来的早晨播出变成晚上播出，就会有人想不通闹情绪；中层干部调整有上有下、有进有退，有的人在待遇上情绪上会有失落感，等等。尽管如此，绝大多数的人能够把这些作为对自身政治素养的考验和锤炼，自我化解矛盾，自觉地顾全大局，顺应大势，经受住了考验。对个别一时想不开、闹情绪的同志，领导和党员骨干都能及时地迎上去做思想工作。我记得最长一次有员工找我谈心，谈了七个多小时，我耐心地听他倾诉，对他想不通的思想问题予以排解，对他确实有的实际困难，帮助他一起解决。这样大家都轻松愉快地上阵了。全台上下就这样拧成一股劲，齐心协力，突破困难和阻力，取得了改革新成果：节目改版后，导向鲜明，耳目一新，赢得了群众的好评；调整后的中层干部平均年龄比原来小了九岁，充满活力。

作者赋闲在家习字为乐

1999年是我们上海人民广播电台成立50周年，我们把纪念50周年的系列活动和创建精神文明活动紧紧结合起来，通过对50周年的回顾与展望，增强广播人的荣誉感、责任感和上进心。在各项工作中更加务实求新。比如我台拿出20万元援建一个贫困小学，在学校的选择上，我们不舍近求远，让崇明县委书记帮忙找了崇明的港西小学，我们在做法上不是简单地把捐款送给学校，而是和学校共商共议、签订合约，把援建变成共建。学校把我们的捐款用于修缮校舍，我们把学校作为当时新进台大学生的锻炼实习基地。每年新进台的大学生，轮流到学校和学生老师同吃同住一个半月、担任一个班的辅导员、组织几次活动、走访十位农村孩子家庭，感到收获满满，台里及时组织他们把心得体会向全台同志汇报。学校把每学期评选的优秀教师和学生带到台里活动一日，了解电台编辑记者的工作环境、座谈交流、带他们参观东方明珠塔等，把这一活动坚持有效开展起来。台里领导、办公室轮流到港西小学与校方交流沟通。当时往返崇明交通不便，要通过摆渡船，还可能遇到迷雾、台风等恶劣天气，造成轮船停航，来往的时间就没法掌握。即便如此，我们的共建活动还是越办越好，大家都觉得这是共建共赢，也为后续活动的开展打下了基础。

我们还充分发挥台共青团、工会组织的自身优势，开展多种形式的活动，在活动中彰显活力，吸取政治营养，不断提升做人品德、职业道德、社会公德、家庭美德的水平，练内功，树形象。台工会经常与驻台武警部队互访慰问，帮助解决一系列力所能及的问题，开展军民共建活动；分批组织职工到军营开展军中一日活动。台团组织给附近的敬老院读报、心理疏导，参加献血等公益活动。普陀区下岗女职工查文红分文不取，到安徽贫困的砀山县的小村子里支教，女记者徐蕾为采访查文红，火车转汽车，辗转到了当地，在学校里搭起来的泥巴屋子里与她同吃同住，吃的都是辣酱拌饭，晚上住的地方还会有老鼠经过。经过几天采访后写成报道，在上海和安徽都引起反响。市文明办的领导了解情况后，将查文红树立为先进典型。我们台工会、团委还发动募集书籍文具，加上台里更新后的一些旧电脑，我带着团委的秦畅、孙向彤、徐蕾和办公室、工会干部去这个贫困学校慰问资助，秦畅和孙向彤还为学校孩子们上了一堂普通话课。全校师生无比高兴。

很巧的是，当地管民政、教育的副县长是我在部队时的部下，他到学校很激动地接待了我们，称赞我们新闻单位的记者、主持人来扶贫支教，对他们的工作有很大推动。之后台里表扬徐蕾深入基层、抓出有分量的报道的敬业精神，同时还把查文红请到台里来作报告，让我们大家受教育。

与此同时，我们还在经常性工作上和日常社会交往、待人接物中大力提倡遵纪守法、敬业爱岗、文明用语、遵守职业操守，确保播出安全，防范各种事故。大力表彰抵制有偿新闻和各方面的先进典型，从自身做起，从身边的点滴做起，弘扬积极向上，争先创优的昂扬正气，让全台洋溢着风清气正的好风尚、好气场。

我们的创建文明单位活动，就这样一步一个脚印地实打实地干，不搞花架子。我们不是在做给别人看，不仅是为了拿个奖牌，我们是在为自己搞精神建设。

平时负责全台创建活动统筹协调工作的办公室，对我们的创建活动都及时做了资料的整理收集工作，最后把两年来的创建活动作了展示，既有文字又有图片，让本台职工参观和学习回顾。同时，请上级主管的领导来检阅，做个形象汇报。市文明办和宣传部的领导看了展板、听了汇报后说，这些成果证明你们是真正在思想政治、组织管理建设、业务和队伍建设等方面全面推进，建设出成果了。

经过最后评比、检查验收，市委宣传部和市文明办认为我们两年来的创建活动完全达到了市级文明单位的水平，批准直接进入市级文明单位行列。

在市里召开的新一轮全市创建精神文明的大会上，市委宣传部还让我作为宣传系统跨入市级文明单位的代表（当时有几个单位被评为市文明单位，但只有一个代表上台领奖，其他会后由宣传部代为颁发）上台从市领导手中接过奖牌。说实话，当时我是很激动的，两年前在局里的大会上，我代表没评上文明单位的上台发言表决心，两年后的今天，我能代表市级文明单位的代表上台领奖，那一刻我由衷地感到：上海人民广播电台的全体职工是好样的，我们兑现了承诺！两次擦肩而过，一步跃入市级文明单位，给全台员工带来了极大的鼓舞。大家感到荣誉来之不易，一定要倍加珍惜，决心不停步，再出发！

精神文明建设永远在路上，在上海人民广播电台成立70年之际，我往事重提，说说我们一起经历过的这个故事，对今天以至今后，能否有点回味和启示呢？

作者系原广电局党委委员、上海人民广播电台党委书记

打开广播的世界视野

——上海广播周诞生记事

李尚智

2000年5月，加拿大蒙特利尔春暖花开。

坐落在市中心的温德汉姆酒店会议大厅灯火辉煌，第六届国际广播论坛在这里隆重举行。

中国、英国、德国、美国、法国、加拿大、俄罗斯、澳大利亚等50多个国家和地区的广播电台、广播公司、研究机构及联合国教科文组织的高层代表参加了这次盛会。

此时正值世纪交替，与会者将目光投向刚刚崭露头角的互联网，并就“广播如何与各界广泛合作”的话题各抒己见、展开讨论。专家、学者演讲中碰撞出的思想火花，点燃了广播人前行的灵感。

时任上海人民广播电台台长的我作为代表出席这一盛会，听世界声音，同世界对话。我在论坛上发表了题为《跨国合作　天地广阔》的演讲，提出“超越国界，跨越时空，直接交流，广泛合作，开辟广播新天地”的观点。

我在演讲中给大家讲述了上海电台与世界交流合作的两个故事：

1995年，在比利时布鲁塞尔举行的工业七国首脑会议提出，建立一个世界范围的信息体系——环球信息高速公路。短短几年，国际互联网已经把地球村之间的沟通变得神速而奇妙。跨入新世纪时，网络冲浪者已达1.8亿人。

1998年，上海广播也融入了这支冲浪者的洪流。1月28日，中国最热闹的传统节日——春节大年初一上午10时，上海电台首次通过互联网，把一套正在直播的新春特别节目《网上广播，虎年贺岁》送往世界各地。

在节目播出的四个小时里，互联网《上海之窗》开辟专题主页，制作近两百张图片，使互联网用户在收听广播节目声音的同时，还可以在电脑上看到相应的画面。节目中安排采访一位刚出生的“虎仔”和当时上海最高龄的一位属虎的寿星——108岁的陈杨氏。当人们听到新生儿“哇哇”的啼哭声和老人依然清晰的讲话声时，电脑上同时出现当天拍下的小宝宝和老寿星的照片，虎年喜庆吉祥的气氛扑面而来。

有位家住上海的听众魏先生有三个孩子分别在加拿大、美国和日本学习、工作，当他通过电波送出对子女们的新春祝福时，他们一家的“全家福”照片也同时出现在电脑上，远方的子女可以同时“既闻其声，又见其人”，激动之情溢于言表。

据统计，节目直播期间上网访问的全球用户有5万多人次，收到世界各地发来的电子邮件300多封，涉及16个国家和我国7个省市地区。

另一个故事发生在1999年，上海电台成功承办了第七届上海国际广播音乐节。记得1988年承办第一届时，只有14个国家的广播电台提供15套音乐节目；而到了第七届，共有29个国家和地区的129家广播电台、广播公司和音像公司的代表汇聚上海，106套音乐节目参加展播、评奖和演示，包括国际著名四大唱片公司在内的39家中外公司参加国际音像制品展销，真可谓“高朋满座，共襄盛举”。一些新闻媒体以“一道世界音乐风景线”为题，对音乐节的主体活动和获奖节目予以高度赞扬。

音乐节实际上是国际广播音乐界沟通、交流、合作的平台，它既打开了我们观察世界、了解世界、学习世界的窗口，也丰富了所有参与音乐节电台的节目，让听众可以欣赏到来自世界各地的节目，让广播人可以取长补短、提升完善，实现互利共赢。

作者在国际广播论坛上发言

中国的文化具有极大的开放性和包容性，“和而不同”的哲学，“有容乃大”的理念，“天下一家”的胸怀，让中华文明几千年来海纳百川，相荡乃成涟漪，融合而成大器。在演讲的最后，我表示愿意与各国的广播同行继续开展合作，为世界和平、社会发展、文明进步和人民幸福，奉献我们的热情、智慧和力量！

国际广播论坛的交流激发了我的思考：文化开放应该是全方位的。所谓“世界视野”，必须把自己放到全球的范围里去考虑问题，既看我们能从全球获得什么，又看我们能为全球提供什么。举办音乐节，是我们把国外的节目“引进来”，学习先进理念、先进方式；那么，我们能否创造机会“走出去”，主动对接，充分交融，把上海的节目、中国的声音传到国外，扩大影响，让国外听众了解上海、喜爱上海呢？

我了解到，加拿大中文电台（Fairchild Radio）是北美最具规模的多元文化电台，以国语、粤语为主要广播语言，听众覆盖加拿大东西两岸三大城市百万多人，也是加拿大收听人数最多的华语电台，在北美华人中具有很大影响力。我在同加拿大中文电台台长李方交谈时，提出了举办"上海广播周"、把上海的节目传送到加拿大展播的设想。他欣然表示，非常愿意推动这样的交流合作。

2004年，我策划、组织并参与制作一套系列节目，以《闪耀明珠 上海风华——上海广播周节目展播》为题，分5篇介绍上海的风情、上海的名人、上海的舞台、上海的美味和上海的变化，让远在海外的华人、华侨感受上海的精彩。

我邀请编辑、主持中的翘楚方舟、李欣、杨烁、赵洁、长缨等参与主持和撰稿。丰富扎实的内容，娓娓动听的解说，使节目呈现较大的信息量和很好的欣赏性。

其中，《他们从上海走向世界》讲述了刘翔、姚明和廖昌永三位上海明星的故事。当年刘翔刚刚夺得奥运会田径男子110米跨栏金牌，记者采访他的三位老师、教练，呈现了这位炙手可热的明星不为人知的艰辛和奋斗；效力于NBA休斯敦火箭队的姚明是2004年奥运会中国代表团的旗手，他与中国女篮姑娘叶莉在奥运会闭幕式上首次牵手、以恋人身份甜蜜亮相，记者捕捉热点，讲述了他们的爱情故事；廖昌永一年三次摘得国际声乐大赛一等奖，节目播放了他的天籁之声，还请他给加拿大华语听众送去了美好祝福。

《上海，精彩的舞台》通过六台富有代表性的演出——多明戈演唱会、音乐剧《猫》、京剧《大唐贵妃》、越剧《家》、"民乐三女杰"演奏会等，呈现了上海这座国际大都市多姿多彩的文艺舞台；《上海，让生活更美好》展望2010年在上海召开的世博会将给城市面貌、百姓生活带来的崭新变化；《无限风情在上海》带着听众体味风姿绰约的老上海，领略繁花似锦的新上海；《回味无穷的上海》让听众在声音世界里想象海派饮食的活色生香。

这五个节目形式丰富多样，风格轻松活泼，有采访对话，有现场实况，有史料剪辑，以小见大，贴近生活，关注当下，展现了上海文化的开放风采，传递了中国人民对加拿大人民的友好情意。

系列节目于2004年11月29日至12月3日在加拿大中文电台“上海广播周”栏目中播出。节目播出后，我收到加拿大中文电台台长李方寄来的感谢信，他在信中说：“加拿大中文电台主持人对上海广播主持人丰富的声音表情、洗练的文字表达、细腻的制作风格表示敬佩之意”；广大听众认为这档节目“是一次精彩的听觉享受之旅”，“更多地了解了上海的变迁与风情”。李方台长希望加强合作，“让旅居加拿大的华人能屡屡听到来自上海的精品广播节目”。

这一年，我还将上海第一财经广播的品牌节目《中国财经60分》推荐给加拿大中文电台播出。每天下午2时（当地时间晚上10时），第一财经广播将其节目中的国内财经新闻和沪深股市即时信息，通过网络传至该台《环球经济新闻》节目。这5分钟的中国经济报道，为当地华人提供了一个了解中国经济信息的窗口，也扩大了上海广播的影响。

自2004年起，“上海广播周”作为上海广播对外传播的重要窗口和品牌活动，分别在加拿大、美国、俄罗斯、澳大利亚、新西兰、意大利、土耳其、斯里兰卡、泰国、墨西哥10个国家举办，与当地有影响力的广播电台合作，进行节目展播和文化交流，成为上海城市一张靓丽的名片。十多年的传承和坚持，上海广播与世界广播同行的合作之路正越走越宽广。

值此纪念上海人民广播电台诞辰70周年之际，面对层出不穷的变化和挑战，广播的对外传播如何不断捕捉时代焦点、社会热点和听众关注点，如何尊重国际受众的欣赏习惯、沟通彼此之间的心灵情感，如何用世界语汇和国际表达来讲好上海故事、中国故事，使我们的节目更具魅力和光彩，这是当下亟须我们认真思考和研究的。

作者系原上海人民广播电台台长、总编辑

一段难以忘怀的“丰碑”情

陈乾年

每当我走过或乘车路过外滩的北京东路2号的大楼时，都会情不自禁地行注目礼！因为它是上海人民广播电台的旧址，是上海广播人改革开放的起始点和见证地，也是我在那里前后工作奋斗40年的地方……

一、紧跟时代前进步伐，献身新闻改革

党的十一届三中全会高举改革开放的大旗。作为人民广播事业，电台的主干是广播新闻，从节目形态来讲首要的就是要坚持新闻改革。

长期以来全国的广播新闻可概括成一句话：“吃报为主。”“剪刀加糨糊”“报纸的有声版”是一种工作常态，自采的新闻少之又少，广播快捷、便利的优势得不到发挥。粉碎“四人帮”以后，广播人大声疾呼，要拨乱反正，广播要走自己的路！

1978年8月，上海电台恢复成立采访组（“文革”前称为采通组），主要由《对工人广播》节目组和新闻组政法文教块的记者组成，初始只有13人。局、台领导动员记者深入基层，深入实际，广交朋友摸情况，抓“活鱼”，搞带响的报道。邹凡扬同志首先提出广播新闻要做到的五字诀：“快、新、多、广、活。”当时高宇同志有一段时间在上海市档案局指导整党工作，主持日常工作的副台长闵孝思抓得很紧，自办的《上海新闻》《最新消息》乃至《准点新闻》等就一步步办起来。从新民晚报社调来两位副总编朱守恒和周珂曾任副台长，办报十分有经验。老朱直接抓采访组，他从测验摸底着手，开办新闻知识ABC讲座，经常同大家一起议选题、点评稿件。周珂尤重视新闻言论，在她的主持下《广播漫谈》《广播杂谈》开办起来。我记得很清楚，每当在新闻节目中安排播出《小故事》，她看到了就一定会加上“新闻”两个字，成了《新闻小故事》，以示与文艺小故事的区别。1983年春季全国第十一次广播电视工作会议召开以后，大家的工作干劲更大，《新闻》节目的布局更趋合理。从这年开始上海电台从清晨5点到深夜0点每逢整点都要播出一档新闻，加上其他频率的《简明新闻》，全台一天共有40多档新闻，影响日趋扩大。

特别值得一提的是李德铭担任新闻部主任后不久，对《早新闻》的格局作了重大调整：他的思路是把《早新闻》与在此前转播的中央电台《新闻与报纸摘要》连起来通盘考虑。由此安排《早新闻》由四部分组成：一、本市要闻，在相仿的情况下，尽可能上本台自采的新闻。二、国内外要闻，尽可能扼要，减少重复。三、加强评论，指定专人关注，给《一日谈》腾地方；倡导记者自采自写评论。四、专稿类，倡导新闻性强的通讯、录音报道。当时一炮打响的是“他乡见闻”系列（容后再表）。同时公布“发稿规范”。比如新闻中减少乃至杜绝空话套话，明确消息一般不超过300字，录音报道不超过3分钟。超过者要台部领导签字。这些措施既是压力又是鞭策；既防止自满自得又避免妄自菲薄。对提高报道的质量起了很好的推动作用，一直影响到后来经济台的《经济纵横》乃至《东广早新闻》《990早新闻》等主要新闻节目。

经过多年的历练，电台采编能力日益提高，一些稿件也为本市同行刮目相看。如《金山石化厂一老鼠窜进电闸，致使工厂停产损失几千万》《进行式报道：朱建华破跳高世界纪录》《一批台湾同胞在千岛湖遇害》《特别节目：国庆的一天》《年终综述：本市银行界的地位正在悄悄地提高》等。

请再看如下事实：

1983年元旦至1987年5月10日，本台把792千赫办成24小时全天候播出，这在我国还是第一次。当年5月21日南黄海发生大地震并波及上海，许多市民半夜涌上街头。采访组主要负责人姜碧苗第一个赶到地震局，稿件经审定于2点多在792千赫播出，及时安定了人心。

1984年，高宇台长提出为迎接国庆35周年举办国庆特别节目，从早上7点30分到18点30分全部直播活排，派出多组采访力量，并在文化广场、艺术剧场等设立三个直播点，获得成功。翌年被中国广播电视学会评为特别奖。

1985年3月，刚入行不久的朱慰慈作为特派记者前往江苏、浙江、福建的13个城市5个县采访，前后历时三个月，发回通讯、录音报道等51篇，在《早新闻》中的“他乡见闻”专栏中播出，名噪一时。1984年，本台开办了由主持人直播的《为您服务》节目，受到听众欢迎，并成为收听率最高的节目。此外，电台的《知识杂志》节目在医疗卫生栏目中设立客座主持人杨秉辉医生，是广电传媒中最早的固定客座主持人。

20世纪80年代的播控中心

1987年5月11日，本台的新闻综合台、文艺台、经济台同时开播，推出多档新节目。比如，新闻综合台推出《嘉兴的一天》《宁波的一天》等直播节目，扩大了与长三角各地的联系。经济台从一开始就把金融作为重要的一环来抓。同时每天播出纽约、伦敦、东京、中国香港四大金融市场主要货币收盘价、黄金收盘价及各主要工业股票指数等内容，还每周一篇《一周外汇市场述评》。其时间最早、时效最快、内容最多、持续时间最长，被广电部认为系全国经济台开放之始的标志。文艺台从一开始就推出自编自导自演的《滑稽王小毛》。"笑也是乐，乐也是笑，我是滑稽王小毛"的开始曲响彻上海滩街头巷尾，一直延续到2012年，整整四分之一世纪。

1992年10月28日，在邓小平南方谈话的精神鼓舞下，第二轮的五台三中心的改革又擂响了战鼓。东广人以自强不息，创新不已，敢为人先的精神拉开了东方旋风的序幕，创造了许多个广播界的第一。而东广的改革又促进了上海台的改革，两台并行运作，互相竞争，相互补位，开拓了广播事业的新天地。以早东广两天开播的、上海台推出的《市民与社会》为例，至今已26年，仍屹立在上海，成为听众喜欢的王牌节目。这中间许多同志是亲力亲为者。恕我不再赘述。

1996年10月，上海电台、东方电台告别了运作43年的北京东路老大楼，一起搬到虹桥路新址，掀起广播事业长袖善舞的新篇章。特别是世界进入互联网时代，数字技术正逐步替代模拟技术，这就给广播插上了新科技的翅膀翱翔在蓝天！

二、顺应科学技术潮流　坚持永不停步

人们常说广播是科技发展的产物，这是毋庸置疑的。但近一二十年的变化可能是以前所没有料到的，令人肃然起敬！

我是1968年退伍，经组织挑选进入上海人民广播电台新闻部的。当时上海人民广播电台有七大部门，分别是新闻部、文艺部、总编室、技术部、电视台、广播处和行政处。除了电视台和若干发射机房外，全都在北京东路2号办公。听

老同志讲电台从大西路（原国民党电台旧址）搬来后基本是这个格局（20世纪50年代，这里还有华东人民广播电台共同办公，随着华东局撤销，华东人民广播电台也就停止播音）。一楼东部是若干个录音间和录音组，西部是播控地区，无关人员不得随意进入。二楼东部是节目科及库房，西部是播音组和大录音棚。三楼东部是文艺部，西部是新闻部、资料组、图书室等。四楼东部是领导及机关处室办公地点，西部是技术部和中央人民广播电台驻上海记者站。五楼东部是器材科及库房、广播处，西部是开会的大礼堂（平时可做广播乐团的排练场所）。六楼是大的阳台和少量的值班宿舍。底层的东部是行政处（有一部分在50年代曾是对外开放的中苏友好阅览室，后撤销），西部是食堂。全台有600多号人。1973年底，上海市革会批准成立上海广播事业局，和上海人民广播电台合署办公，两块牌子一个班子。

到1965年，上海台有6套节目，但在“文化大革命”期间60%的设备被砍掉了，只保留990千赫一套直播设备。十一届三中全会以后上海台虽然恢复到6套节目，但有些设备只是临时组搭，远远适应不了新闻改革和文艺多样化的需要。

当时的录音设备也是比较简单的。听老播音员杨磊讲，1957年他们一批进台时，一边要播音一边还要放带子。弄得不好还会抓瞎吃“阳春面”。相当长的一段时间里用的是苏联的三型机和榆次的六三五机，后来我们看到日式坦克状的TACE，以及此后瑞士、美国的机器。

因为要抢时间，我也学蒋孙万同志向录音员学剪辑。为了避免接头的火花声，他们教我在录音头中插卡片（实际上用饭菜票比较多），在快到接点时抽掉，土办法管用就是麻烦点。

当时记者用的采访机是荷兰的EMT和菲利普的背包机。虽然不算大，但容易产生火花声还没有回放设备，找剪辑点不方便。只能早开机晚关机，用起来麻烦，且音质也不是太好。就这样，机器少，外出录音也要预约，只能统筹兼顾来安排。到了70年代初，台里从西德进口了一批大乌合机，大约有40厘米长、22

作者在80年代制作录音报道

厘米宽、13厘米厚。音质好，有四种带速，操作也比较方便。有的还配置有前级，可多路输入。我曾经到长江舰所在部队去召开座谈会，用的就是这套设备，效果很好。以后又进了批小乌合，因为用的是小盒带，体积比大乌合小得多，带出去就更灵巧了。当时采访组外出任务重的几乎人手一机。以后又配备袖珍机，但都不是广播级的。在我的印象中钟声牌、葵花牌录音机不是上海台的主流配备。就凭这些小小的设备和颗颗红心，大家把广播节目办得有声有色。那些年大家努力探索新办法，比如用电话线传实况、在电视屏幕前采访、用各种方式方法寄送传递实况等。现在看来都是小儿科，但是当时确实是动了不少脑筋。

20世纪80年代初，本台音乐编辑冯秉友试办了“立体声之友”，好评如潮，就像打开了市民多样文化需求的一扇窗。但广播电台的设备更加捉襟见肘。老台长高宇提出在新的广播大厦没建成前，重新布局，拆除五楼礼堂，统一建立新的播出中心。这个中心把一楼的播控地区搬上来，面积达800平方米，共有9套播控设备，有三套专门可播立体声节目。播音室全部实行“房中房”的浮筑结构，用来减少外来声源和固体振动的影响。在庆祝上海解放35周年纪念日，这套播出中心正式启用了。当天《文汇报》刊登了我写的通讯《浦江天际展新波——上海人民广播电台新建播出中心巡礼》。当年初汪道涵市长提出的再增加一套立体声节目的设想完全可以实现。实践证明这一播出中心在全国也具有先进性（1985年1月被评为“国家优秀设计”），为上海的广播事业赢得十多年的时间。几乎与此同时，北京路2号的六楼加盖了一层半，底楼的食堂搭建了阁楼。员工的办公用房稍有改善。

那时我们的播出开始只有调幅，以后慢慢增加了调频。1988年，我们开办了《对台广播》，用真如电讯台的短波向台湾地区发射，但收听效果如何就不得而知了。那时频率资源紧张，有的只能用小调频，发射效果有限。

时间过得真快，但互联网、数字技术似乎发展更快。记得我1993年在论文《上海广播电视的发展及未来》中就提到互联网和数字技术与广播电视的关系，强调“我们必须密切关注世界广播电视发展的潮流，信息、技术、人才的准备乃至资金的储备等集应及早动手，从长计议。决不能等闲视之，坐失良机”。真是说说容易做起来难。年轻的广播同人们，你们现在已经做得很好了！祝福你们今后做得更好，取得更大的成就！

作者系原上海文广新闻传媒集团副总裁

打造新广播　迈入新时代

王治平　顾振立

王治平

顾振立

当时针拨回到2015年10月15日，就在首届上海广播节开幕现场，一个被称为“广播梦工厂”的上海广播全媒体中心多功能演播厅投入使用。从北京东路2号到虹桥路1376号广播大厦，再到这个新建的“梦工厂”，上海广播未曾放慢改革创新的脚步。广播全媒体中心的建设无疑为传统广播在新传播环境下“拥抱移动互联”加足了马力，以硬件的更新换代和软件的整体提升，为上海广播的整体转型搭建了新的平台。

2018年11月5日，首届中国国际进口博览会开幕。上海广播依托全媒体制作中心，连同设在进博会现场的演播室，发挥融合传播的优势，打造了进口博览会专属频率——东广新闻台·进宝FM，以上海新闻广播、上海交通广播、第一财经广播以及新媒体矩阵为主要传播平台，全景式深入报道首届进口博览会。广播新闻在移动互联网端的“旗舰店”——“话匣子”也正式亮相，依托于全媒体制作中心的“N进N出”系统，融

上海广播打造进口博览会专属频率——东广新闻台·进宝FM

合图文、短音频、短视频等全媒体内容，实现全媒体覆盖，使更多用户亲近进博会。阿基米德还专设“进宝FM”网络电台，集纳上海广播各频率的进博会报道。广播全媒体中心在重大新闻事件的宣传报道中发挥了重要作用，为上海广播的转型发展奠定扎实根基。

一路走来，实属不易。上海广播所处的虹桥路1376号广播大厦，自从1996年建成投入使用以来，虽然经历过几次“小修小补”的装修和技术改造，但广播制作播出平台已经落伍，还停留在单一音频制作的层面，特别是直播室等广播制播平台很难继续跟上媒体转型的发展要求。

转机出现在2014年。

SMG在酝酿组建东方广播中心、推进广播业务整合的同时，一个事关广播未来发展的蓝图逐渐跃然纸上。SMG领导确立了打造面向移动传播新格局的全新上海广播制播平台的决心，把建设广播全媒体中心的计划提上了议事日程。2014年6月9日，在东方广播中心成立大会上，市委宣传部和台、集团领导按下了全媒体中心建设的启动按钮。此后一年多时间里，从初步的概念设计到可行

2014年6月9日，上海广播全媒体中心建设启动

性分析再到一整套的框架设计方案，各项准备工作紧锣密鼓地展开。当年7月15日，两万多字篇幅的《上海广播全媒体制作与发布需求调研报告》起草完成，广播全媒体中心的雏形基本明晰，各种立项准备工作迅速展开。9月25日，SMG领导王建军亲自批示："全媒体制作中心完成后，东方广播中心的新媒体和相关产品、制作都必须走在全国同行前列，占据最高端。"随后，台、集团正式批复同意开展广播全媒体中心项目建设，项目的建筑设计和政府部门报批正式启动。

在台、集团领导亲自指挥下，在台、集团相关职能部门的高效协同下，东方广播中心建立了项目管理体系，明确了广播全媒体中心建设的时间表和路线图。紧随这个目标，各方面紧密配合、夜以继日地研究讨论各种设想和设计方案，几经反复和几经修改，一次次探索和讨论，一个大胆而又合理的广播全媒体中心设计方案跃然纸上。同时，针对广播大厦20年前的供电系统和大楼基础沉降的现状，提出电力扩容和大楼基础加固同步实施的方案。

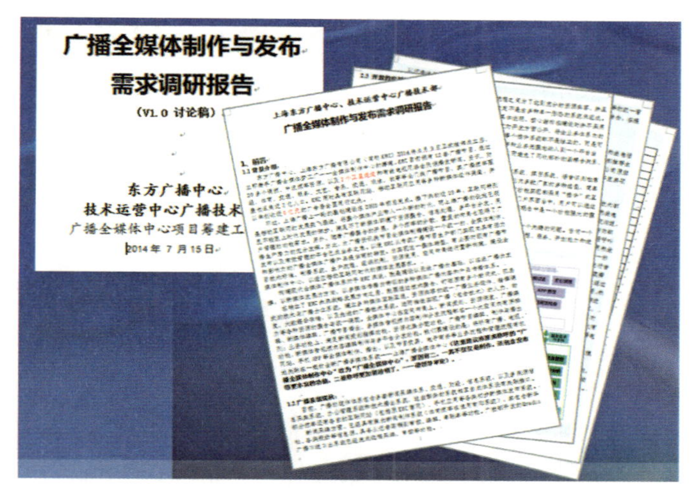
广播全媒体制作与发布
需求调研报告
(V1.0 讨论稿)
东方广播中心
技术运营中心广播技术
广播全媒体中心项目筹建工
2014年7月15日

上海广播全媒体制作与发布需求调研报告

2014年10月，随着改造区域拆除施工的展开，广播全媒体中心建设进入实质性启动阶段，广播大厦迎来建成启用以来最大的一次建筑改造。前广场上的“大球”蒙上了神秘面纱，而这从项目确立到实质性启动仅仅用了四个月的时间。以东方广播中心办公室副主任李亦工为带头人的项目团队努力拼搏，硬是接连攻克了建筑结构设计、装饰设计、项目立项报审、方案报审、施工招标和软硬件设计施工等一个个关键节点，充分体现了广播人的实干精神和拼搏毅力。

2014年12月和2015年3月，广播大厦副楼沉降控制加固工程和电力扩容施工相继开工，为项目建设打下很好的基础。至2015年4月，历经消防、建筑、安全、投资控制等各种审批，终于获得广播全媒体中心施工许可证。各项施工随即加速推进，100多人的施工队伍进驻现场，各专业施工全面展开。在广播大厦一边施工一边保证安全播出的要求下，克服种种障碍和困难，六个月后，一个现代化的广播全媒体中心基本完工，遮蔽了近一年的广播大厦“大球”终于露出崭新面容，五楼全媒体多功能演播大厅正式提供给当年的广播节开幕式使用。在广播技术部门同事们的创新努力下，一个以@Radio命名的全新广播全媒体制作播出技术系统于2016年3月正式启用，上海新闻广播于3月23日正式使用新直播室和新技术系统对外播出。

5月，东广新闻台、上海交通广播、第一财经广播、五星体育广播等新闻资

2015上海广播节开幕式

上海广播全媒体中心

讯类频率相继入驻全媒体中心对外播出。上海广播完成了一次全媒体升华。

广播全媒体中心项目从2014年6月启动，到2016年5月全面投入使用，在两年的时间里，一个改变传统广播运作模式、提升广播新技术能级、顺应媒体发展环境的全新广播制播系统平台傲立于广播人面前，并得到国内外广播业界的首肯。项目的成功源自台、集团主要领导的亲自决策，各职能部门的通力协作，上海广播人的顽强拼搏。值得强调的是，广播全媒体中心项目的建设得到技术管理、运营部门和文广实业公司的全力支持，确保了电力系统改造、建筑物加固、设备改造等工程的同步顺利推进。项目团队以每天开三到四次协调会的工作节奏，放弃节假日休息，全年连轴转，仅设计和施工图纸叠起来，就有一人多高！在多方的呵护下，SMG硬是在“螺蛳壳”里造就了一个全新的广播发展生态系统。

上海广播全媒体中心是一个达到融媒体发展要求的高配置现代化系统，为推

上海广播音乐云中心多功能厅效果图

进广播融合发展和转型升级提供了强有力的硬件支持。其建成使用，实现了新闻资讯广播从空间到流程、从内容制作到多平台分发的有机融合，实现了广播可视化播出。上海广播自主开发的融合生产平台@Radio，支持上海广播实现“多信源采集、多媒体编辑、多平台分发”。在源头上，通过一系列采集工具将互联网、移动互联网、电视、广播的各类资讯进行融合；在编辑、制作上，通过云平台，将传统制播系统、文稿系统、第三方内容制作管理系统进行融合；在传统直播室内，通过相关直播室应用软件，将全媒体内容融合在传统广播播出流程中；在融媒体分发上，向第三方媒体平台发布内容，从而实现广播融合媒体生产流程的再造。

作为上海广播发展的另一个重要引擎，音乐广播矩阵正发挥着越来越重要的作用。东方广播中心成立后，遵照上海广播电视台（SMG）的决策部署，上海广播推出“最强音乐广播计划”，确立广播全媒体中心的二期项目——广播音乐

上海广播音乐云中心直播室效果图

云中心项目，明确在广播大厦裙楼之间搭建一个“过街楼”，把现代化的音乐厅引入广播直播室，把音乐广播可视化、品牌系列化作为新的媒体融合发展目标，为网络音乐广播发展打造强大助推器。

其实就在2015年底广播全媒体制作中心接近全面投入使用之时，东方广播中心的领导就开始谋划广播音乐云中心的建设。面对一个个新闻资讯类广播频率直播室搬迁进入全媒体中心，空出直播区不少的空间，启动广播融媒体发展二期项目建设的想法呼之欲出。按照最初的设想，上海广播提出在广播大厦南广场东西两侧的裙楼间，新建“过街楼”，并将东侧裙楼空间与“过街楼”连通，建设多功能音乐广播创制空间。这个空间将汇聚上海音乐广播演播室、音乐厅和宽敞明亮的创意工坊。

随后，东方广播中心确定，李亦工等人组成音乐直播室改造建设筹备工作

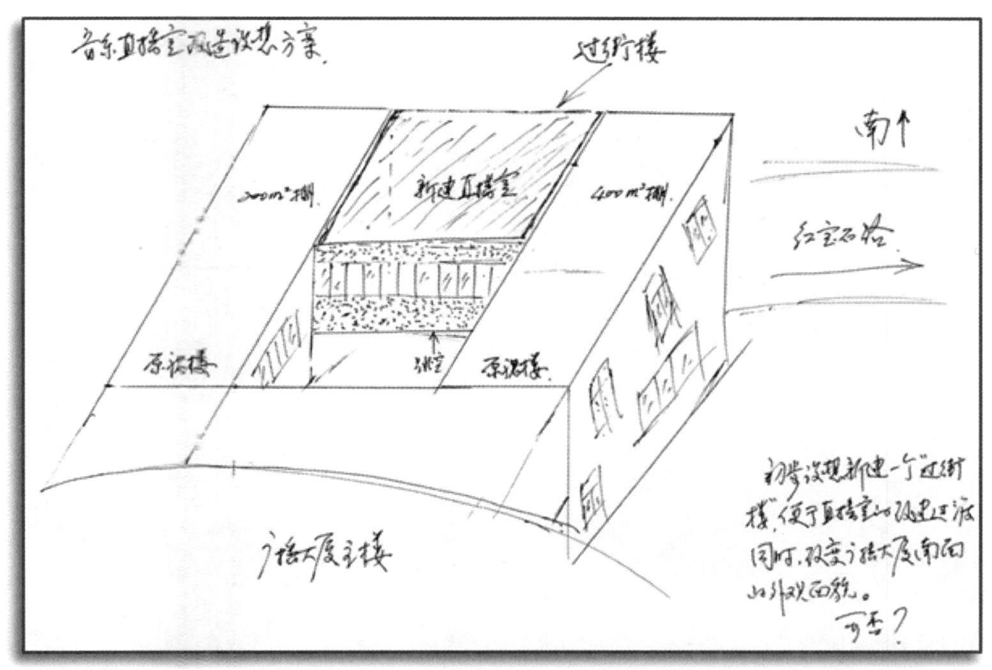

上海广播音乐云中心首张草图

组，并将该项目命名为音乐云中心项目，简称“M项目”。就这样，音乐云中心项目从一张A4纸画的草图开始逐步推进。

放眼欧美发达国家，尤其是欧洲的知名广播机构，大多拥有一个功能齐全的音乐厅，与广播直播间共同构成“前店后厂”的模式。音乐云中心正是对标国际领先水平，结合传统广播、云计算、轻量化智能网络演播室等先进技术，打造以融合媒体技术为核心，以高音质声音为基础的可视化音乐广播播出平台，将传统广播直播流程简化，整合音视频素材统一管理，丰富音乐广播的传播样式。经过概念设计、专家论证、可行性探讨，一个全新的广播音乐云中心构架逐步形成。

美好的愿景要靠脚踏实地的努力才能实现。音乐云中心的建设同样是一块难啃的硬骨头。项目启动之初就遇到一个个难题。寸土寸金的上海虹桥地区，建造

上海广播音乐云中心外观效果图

2 000平方米的新建筑是否能够获批？在直播区开膛破肚式施工的同时如何保证安全播出？累积了二十多年的各种陈旧和废弃管线如何安全清理迁移？各种难题和困难摆在项目建设团队面前。项目团队凭借着惊人的毅力和韧劲，每天都在把项目进度不断往前推进。在项目推进最艰难的时刻，时任SMG副总裁汪建强亲自来到施工现场调研，调集技术系统和实业公司的精兵强将，和东方广播中心项目团队一起，发扬“坚定目标，百折不挠，永不放弃”的精神，硬是克服了种种困难完成了任务。目前，音乐云中心项目已进入全面施工。预计再有一年左右的时间，广播音乐云中心项目将以崭新面貌呈现在我们面前。

雄关漫道真如铁，而今迈步从头越。回望70年风雨征程，上海广播一直勇立于中国广播发展的潮头。在“新传播、新广播”发展战略引导下，广播全媒体中心、音乐云中心、阿基米德、话匣子、最强音乐广播计划等软硬件建设不断实现新的突破，步伐不断加快，面向新时代的上海广播正在焕发新的活力！

王治平：上海广播电视台党委副书记、东方广播中心党委书记

顾振立：东方广播中心战略发展部总监

用话筒记录世博精彩
让广播传递世博梦想

孙向彤

我从事广播工作22年，2010年上海世博会的报道给我留下了终生难忘的记忆。为期半年的世博报道，是SMG广播新闻中心成立后所经历的时间跨度最长、参与人数最多、直播场次最多、任务复杂性最高的一次重大新闻报道战役。作为报道的亲历者和组织协调者，我参与了上海广播新闻世博报道的全过程，至今仍记忆犹新。

上海世博会，是北京奥运会之后我国举办的又一个国际盛事，是中国向世界展示30年改革开放成就的一次重要机遇。对SMG广播新闻中心来说，报道好世博盛会是必须完成好的宣传任务，同时，也是一次难得的做大做强自身的发展机遇。作为上海世博会官方合作媒体，SMG广播新闻中心下属的上海人民广播电台新闻广播、东广新闻台全面出击，全力以赴报道世博，将世博报道作为一次提升广播新闻采编能力、提高节目制作水平、创新广播节目形式的有益探索。

从重大事件报道角度来说，世博会报道，与其他重大活动报道相比，既存在共性，又有自身鲜明的特点。世博会持续时间长达半年，整个园区占地5.28平方公里（核心区3.28平方公里），展馆上百个，每天在园区中进行的活动数以十计，同时活动规格高、影响力巨大，为全球关注。从时间纵轴和空间横轴两个角度来看，世博会巨大的报道体量在上海广播新闻报道的历史上是前所未有的。如何让一个重要新闻宣传报道能在半年的时间内不停地展开，同时要有持续的影响力和宣传效果？如何在如此巨大的园区范围内，有条不紊、重点突出、层次分明地报道好各项世博活动？如何发挥广播的快速传播优势，为世博会的组织方、参观者提供最及时、优质的信息服务？尤其困难的是，如何让世博报道从最初的“看热闹”走向更加深入地“看门道”，用我们的话筒真正记录世博精彩，深入解读世博理念？SMG广播新闻中心的世博报道正是在探索这些问题答案的过程中逐步展开的。

一、创新机制，更新设备，用良好的软硬件环境迎接世博盛会

面对长达半年的会期和数平方公里的园区面积，我们发现以往采用的以报道小组形式应对重大事件报道的机制是不能完成好世博报道任务的。针对世博会报道的特点，SMG广播新闻中心调集了全中心的力量投入世博报道，仅世博注册记者就超过120人，这是上海广播历史上一次名副其实的“集团化作战”。以往的广播报道多是以“单兵作战”“小组作战”的方式展开，如何以“集团化”的方式进行广播新闻报道的调度、安排、管理，真正发挥“集团化”的优势？这是摆在我们面前的一道难题。为了解决这一问题，我们打破中心各部门人员的界限，组成统一报道团队，统一策划、协调和指挥，同时以中心首席、资深记者为骨干，以点带面、以老带新，发挥大团队作战的优势。另外，在世博园区内部对记者以网格化分布的形式进行管理，每位记者针对数个场馆展开报道工作，做到园区报道不留盲点。为了充分报道好世博会，SMG广播新闻中心还在浦东世博会新闻中心设立直播室、编辑室和音频工作站，同时将户外透明直播车开进世博浦西园区进行外场直播。创新的报道组织机制，充分的技术准备为SMG广播新闻中心的世博报道奠定了良好的基础。

二、抓住世博重要节点，奏响上海广播新闻最强音

世博会在半年的举办时间里有多场重要活动，抓住这些重要活动节点，做好重要活动的直播和报道，是上海广播新闻世博报道的龙头和抓手。上海人民广播电台新闻广播、东广新闻台积极与中国广播联盟、中央人民广播电台合作，对世博会开幕式、多场世博主题论坛、世博会中国馆日等进行联合现场直播，同时推出大型直播特别节目。世博开幕前后，上海人民广播电台新闻广播、东广新闻台与中央人民广播电台、中国广播联盟联合向全国现场直播世博会开幕式、世博会开园仪式，同时上海新闻广播、东广新闻台共同打造超大体量的世博开幕大直播——《璀璨世博耀浦江》，这场大直播前后连续三天、每

作者参与节目直播

天直播时间超过12小时，运用记者连线、录音报道、广播纪实、人物访谈、听众短信参与、微博互动等各种广播手段，充分发挥广播优势，用真实的声音勾画世博开幕盛景、用记者的视角解读世博并全程记录、用听众的体验分享世博游园攻略。世博会进行过程中，东广新闻台联合中央人民广播电台、中国广播联盟和各城市电台现场直播多场世博主题论坛。10月1日是中国国家馆日，上海新闻广播、东广新闻台还共同推出《寻宝之旅，发现中国——世博会中国国家馆日直播特别节目》。这些现场直播、特别节目全面报道世博会重要活动的进程，掀起上海广播新闻一波又一波持续性的世博宣传高潮，扩大了上海广播新闻的全国影响力。

三、创新报道方式，广播世博报道不断求新求变

创新，是世博会的永恒主题，也对广播新闻报道提出了更高要求。如何在世博会的宣传报道过程中求新求变？这是SMG广播新闻中心世博报道团队努力追求的方向。在世博会开幕三天大直播的过程中，我们探索尝试了“广播真人秀”这一新的节目样态。“真人秀”一直是电视的热门节目形态，广播可以做吗？这一娱乐性很强的节目样态，适合用在世博会开幕这样重大事件的新闻宣传过程中吗？答案是肯定的。广播新闻中心策划人员在前期策划中考虑到，世博会开幕，许多听众对世博园充满期待，虽然媒体已经连篇累牍地对世博会场馆、精彩展示内容进行了详细报道，但是开园以后作为一个普通游客该如何体验世博、发现世博精彩呢？于是中心决定把5月2日的世博开幕第三天大直播做成“广播真人秀”——这一听众深度参与的节目，将听众作为直播节目的主角，以听众的视角、观感为主线，以时间、空间为副线，交织出一条立体的世博一日旅游攻略，体验式地报道世博精彩亮点和园区服务。为了这一天的节目，广播新闻中心在前期发起“寻找世博达人，体验世博园区”的大规模征集活动，筛选出7位“世博达人”。这些听众的背景就具有一定的新闻性，他们中有世博园区规划人员，有

世博园区建设者，有希望提前体验以便更好为参观者服务的世博志愿者，也有大学老师、外资公司白领；更有来自祖国宝岛台湾、希望一睹世博胜景的资深“驴友”。7位体验者的参观路线，也是经过精心策划，以上海世博会总规划师吴志强推荐的7条线路为基础，在7名记者的陪同下，“达人”们按线路展开世博初体验。在全天的节目中，主持人不断以直播连线的方式追踪“世博达人”们的游园感受，记者则直播连线报道世博开园的精彩亮点。这是上海广播史上第一次大规模、长时间的直播真人秀节目。从听众的反映来看，节目收效甚佳。直播期间，刚刚注册开通的东广新闻台新浪微博粉丝迅速增加，并一举突破3 000人，粉丝留言占了四五个页面；上海电台短信平台上也十分热闹，收到听众短信1 000多条。很多听众认为，当天的节目对他们游览世博会很有帮助，帮助他们更加深入地了解了世博园区，可听性很强。“广播真人秀”这种节目样态的成功，让我们信心倍增，在中国馆日的直播特别节目继续采用了这一形式。除了“广播真人秀”的节目样态，SMG广播新闻中心在世博报道过程中还大范围采用了微博报道方式。世博开幕式等重要活动过程中，东广新闻台新浪微博配合广播节目不断滚动报道活动进程，并将听众的跟帖留言在节目中插播，回答听众的问题、报道听众感兴趣的内容，这种与微博并行的报道方式，让广播报道更加契合听众的需求，也是一次广播媒体融合报道的有益探索。

四、注重新闻策划，努力从“看热闹”到“看门道”，深入解读世博

展期184天的世博会内容非常丰富，活动也层出不穷，报道素材看似不缺乏，但如果不深入思考、深入采访，往往会使报道流于形式、泛泛而谈。世博会的主题是“城市，让生活更美好”，怎样用我们的报道把这一主题解读给听众，让听众不仅在世博园中看热闹，更要看出门道，同时为城市的发展寻找参照和借鉴，这是SMG广播新闻中心在世博报道过程中一直在努力的方向。世博开幕

的高潮过去之后，中心世博报道团队经过深入调研，陆续在上海电台“990早新闻”栏目中策划推出了“创新科技、未来生活”“城市发展、问计世博”“院士看世博”等系列报道，深入报道上海世博会中展示的创新性科技成果以及对普通人未来生活的影响；抓住世博会中对于城市发展的有益经验和经典案例，就城市交通、环境保护、能源利用、城市管理等各类城市发展问题，在园区中寻找答案；邀请院士等专家群体深入解读世博会各类展示案例、展馆内容的意义。通过这些报道，逐步把上海世博会的主题内涵不断呈现给听众，引导听众更好地参观世博，为城市发展提供借鉴。

五、强调广播服务性，贴近世博游客需求，提升节目收听率

上海世博会会期长，参观人数众多，给世博会组织带来很大挑战。游客来到上海参观世博会，迫切需要交通、天气、园区组织等各类服务信息，而世博组织者也希望通过媒体及时播发各类信息，引导游客观博。当时移动互联网还没有大规模兴起，在传统媒体中，广播的及时性、便捷性、移动性非常适合世博信息服务工作。东广新闻台在世博期间变身为“世博资讯频率”，将直播室设在世博IBC（国际广播电视中心），除了直播重大活动、滚动报道世博会各项参展活动外，还专门开设“世博气象”“世博交通连线”“世博服务信息”等栏目，每个小时滚动播发交通信息、气象信息、园区各入口人数、园区排队指数和其他各类服务信息。针对世博会期间上海高温、台风等多变气候环境，东广新闻台与上海市气象局共同在园区开设“世博广播气象台”，向游客和听众及时播发最新气象预报。这些服务信息充分发挥广播的贴近性、便捷性和服务性，一方面为游客、听众提供实实在在的信息服务，另一方面也有效地拉动频率收听率。和世博会之前相比，东广新闻台的收听市场份额持续上涨超过30%，有效加强了东广新闻台的品牌识别率和收听忠诚度、满意度。

六、积极对外联合，服务兄弟电台，扩展上海广播新闻影响力

世博会不仅仅是上海的盛事，更是国家的盛事、中国的光荣。在整个上海世博会报道过程中，SMG广播新闻中心始终在中国广播联盟的框架下，积极联合各省区市台，服务兄弟电台，共同策划推出特别节目。世博会期间，SMG广播新闻中心专门开设了“世博广播新闻网”主页，将上海台所有的世博报道、世博资料、世博信息及时上传，供国内兄弟电台、海外合作电台免费使用。同时，针对上海世博会期间各省区市周活动情况，上海台与多家省级电台联合推出“世博高端访谈”，联合邀请各省区市主要领导走进世博IBC广播直播室，共同直播专访省区市领导，就省区市活动周情况、各省区市参展情况、各省区市经济发展情况，请省区市领导与听众交流。“世博高端访谈”的推出，给各省区市台的世博宣传提供了平台，同时更好地宣传了各省区市的参博情况、经济社会发展情况。

上海世博会报道，是SMG广播新闻中心2010年宣传任务中的头等大事，既是一次挑战，更是一次发展机遇。通过世博会的宣传报道，我们发现在广播重大新闻宣传报道过程中，有着创新、发展、提升、变革的空间。加强机制创新、注重团队组织、强调前期策划、鼓励创新求变，广播重大新闻宣传报道是能够做到可听、好听、耐听的。上海世博会的184天，是我广播新闻从业生涯中最难忘的一段经历，伴随着世博报道的推进，我自己的新闻策划能力、协调组织能力也在不断成长，而最令我难忘的是广播世博报道团队开拓创新、坚忍不拔、敢打硬仗、精益求精的工作作风和精神，我想这才是上海世博会留给广播最大的财富。

作者系原东方广播中心党委副书记、主任

一石激起千层浪
——社会招聘带来上海广播电视事业的发展

吴蕴珊

1980年末，党的十一届三中全会刚刚过去两年，改革开放大潮涌动。得风气之先的沿海大城市上海，一个消息的传出犹如一股暖暖的气流激荡着许许多多有志青年的胸怀：《解放日报》登了上海广播事业局公开招聘编辑记者的启事，上海人民广播电台、上海电视台同步播出，一时间，一石激起千层浪，公开招聘牵动人事制度的变革，引起社会轰动。人们惊喜、疑惑，甚至有点觉得不可思议。一个单位要用人居然可以向社会招聘？被招聘者居然可以堂而皇之离开原单位？要知道当时全中国的人事制度是一种从一而终的制度。无论干部还是工人，从进入一个单位工作起，一直干到退休才离开。中途“跳槽”，简直是难上难！

上海广播事业局首批招聘编辑记者和工程技术人员额度为30人，10天的报名期间有5535人应聘，经过4个月严格的考试、评议，最终录取了33名。这批应聘成功者直接被安排在广播电视采编第一线工作。首次招聘成功后，上海广播事业局于1983年9月又进行了第二次社会招聘，录用人员70名。前后两次通过社会公开招聘引进的专业人才，为上海广播电视事业发展发挥了举足轻重的作用，他们中的相当一部分人很快成长为上海广播电视乃至上海新闻界的领军人物。

改革开放初期上海广播电视系统的两次社会招聘，是上海广播电视事业发展征途中浓墨重彩的一笔！当年的初心和使命值得回味。

第一个提出“社会招聘，引进人才”设想的，是时任上海广播事业局局长的邹凡扬。他痛感“文化大革命”之后，广播电视系统人才严重缺乏。据当年参加两次招聘领导工作的原广电局党委副书记杨琪华和原广电局副局长陈文炳回顾，广播电视编辑记者队伍，遭受到严重的摧残与削弱，广播电台新闻节目被规定不能有自采新闻，自采自录的电视新闻也少得可怜，只能“吃报”。所谓“吃报”，就是以读报为主，广播电台变成报纸的“有声版”。长此以往，作为独立新闻单位的上海广播电视，在新闻采写方面“武功全废”，长期“吃报”不仅办不出广播电视新闻的特色，而且因为缺乏实践锻炼，严重制约本系统人才的发展。党的十一届三中全会后，国家广电部否定了广播电台“吃报”方针，要求广播电视自己“找米下锅”，办好自己的新闻节目和其他专题性节目。这样一来就急需一批编辑记者充实广播电视队伍。但要命的是，人事制度长期僵化，“单位用人统配”，当时用人单位是没有选择权的，只能由上级组织部门分派。于是形成需要的人进不来，不需要的人被硬塞进来，广播电视人才严重地青黄不接，远远跟不上广播电视发展的需要。业务干部哪里来？如何突破困境？

结合实际敢于自我跨越

上海广电局的领导将目光投向了全社会的优秀人才，当时，上山下乡知识青年大批回城，街道留有众多失学失业知青，工厂企业也有分配不当的职工，社会上积着适合干新闻工作的人才。于是不拘一格引进人才，找准突破困境的爆破点。当年上海广电局的招聘启事就有一段直白：“以往宣传工作干部的调动都由组织安排，有一定局限性；这次公开招聘，是打破老框框，广泛探求和选拔人才的一次尝试。”

有了好设想，还需要严谨的部署。首先，上海广电局征得了市主管部门的首肯，然后迅速组成招聘领导小组和相关的招聘办公室。即便用现在的眼光看，这个招聘办公室的组成也是非常大胆和具有前瞻性的。邹凡扬提出，公开招聘业务人才，由懂业务的干部负责更好。原有组织部门的干部一个不用。分别抽调了广播电台总编室的我、广播电台“阿富根谈家常”节目的汪韵之、电视新闻节目的周济。我们原来都没有做过组织人事工作，自称是“组织部里新来的年轻人”。但后来的事实证明，专业的人做专业的事，我们成了“最佳爆破手”。

1980年，作者从事招聘工作时摄

两次社会公开招聘，还有许多突破藩篱、大胆创新的举动。对报名参加招聘的对象，也明确了几个“不”：报名不需要所在单位领导批准、调动不需要所在单位介绍信、不论现在从事何种工作、不论原先所学的专业、不论家庭出身；简直就是“英雄不问出处”，石破天惊！一时间，对这样的招聘，社会上好评如潮，被视为党的十一届三中全会后，改革开放在上海人事制度方面一大突破。

一时间企业青年干部、工厂青年职工、商店营业员、教师、复员军人……踊跃报名应聘。1980年和1983年两次招聘先后共有8 000多人应聘，非常壮观！尤其是第一批经招聘考试录用的，很快便成了广播电视业务第一线的骨干力量。

邱洁宇，参加招聘前是沪上某饮食公司员工，1981年进入广播电台后，短短四年，就成为管理者，先后被任命为上海人民广播电台新闻部主任、副台长、副总编辑，集团总裁助理。在她任职期间，上海人民广播电台获得上海广播史上首个中国新闻奖一等奖；“990早新闻”报道集体，4次获得上海市劳模集体、2次获得全国新闻工作者先进集体称号。她的出色领导能力和工作业绩，印证了人生平台对事业发展的至关重要！

瞿新华，通过招聘被录用为电台广播剧编辑后，成为一个多产作家，他的广播剧作品《刑警803》，播出期间风靡一时。

胡敏华，大学理工科出身，但广播电台录用了她，满足她“当一名体育记者的心愿”。她说，电台招聘改变了她的人生轨迹，也成就了她的很多梦想。胡敏华是电台培养的第一个体育节目主持人，在美国亚特兰大奥运会上成功直播乐靖宜勇夺冠军而一举成名。后来她和她领导的团队，无论是在广播的体育节目中还是转战电视台五星体育频道后都获得许多殊荣。

当年是中型企业厂级领导干部的庄大伟，热爱写作，发表过多篇儿童文学作品，被录用后，得以在广播少儿节目方面施展才华，很快成为这方面的领军人物。

黄浦区文化局副局长赵抗卫也参加应聘，当被告知，一旦录用，职级将被放弃，要从最基层的编辑做起。赵抗卫表示，自己就是喜爱编辑工作，放弃原有的行政级别在所不惜。他录用后被安排在《上海电视》杂志社工作，他从普通编辑做起，表现突出，很快走上领导岗位。

除此之外，还有一些“另类”应聘者，因为有突出的专业特长被“不拘一格”地录用了，这在当时是很有社会震撼力的。例如，一些有“海外关系、出身不好”的青年，过去受到政治歧视，应聘时还是临时工身份，但招聘考核合格后，被录用为专业节目的编辑，做出了相当好的工作成绩。

录用人才乐与媒体分享

英雄不问出处。经过科学而严谨的考试，前后两批总共近百人走上了广播电视业务第一线，与报名人数之比是八百比一。当然，由于名额关系，其中有一部分优秀人才没能进入广播电视系统，但经过广电局招聘办公室的推荐，被其他新闻媒体相中，他们大多成了报社的编辑记者，这也成了当时上海新闻界的一段佳话。其中，涌现出许多优秀人才，例如，从记者做起、成长为《解放日报》副总编辑的董强；自学成才的文博专家、《解放日报》“文博”版主编陈鹏举；文字基础较好的王毅进，被《上海环境保护报》相中，不久成为该报主编、《上海都市报》副主编，单位为他解决了长期夫妻异地分居的问题。由企业调来的民俗学家经过电台媒体的实践又成为华东师大广播电视系主任、教授的仲富兰；原造船厂电焊工应聘至电台从事文学节目编辑，成为少儿文学家、文学评论家，乃至调任《文汇报》副刊主编的刘绪源，等等。

1982年，上海广电局招聘领导小组正副组长杨琪华和陈文炳参加全国广电系统干部工作座谈会。陈文炳在会上汇报了上海广电系统第一次招聘工作的情况，得到中央广播电视部领导的肯定和盛赞，一时引起各地广播电视系统领导的震动；纷纷来沪取经、仿效。会议还印发了上海招聘编辑记者的经验，在全国广电系统予以推广。

探索创新勇于砥砺践行

经过“社会招聘”，上海广播事业局能否将“八百内挑一”的精选人才悉数收入囊中？这也是招聘成败关键的一招。否则，招聘热热闹闹，结果岂不是竹篮打水一场空？

1981年2月，经领导部门批准，招聘办公室向首批录用者发出调令，还指定了限期报到的时间。始料不及的是，电台竟然仅有一人前来报到。电视台也只有三四人。让招聘工作人员焦急万分。原来，当时人才管理的体制机制严重僵化。工厂、商店、教育、文化等单位的人事调配体系条块分割，各自为政，行业之间互不相通，部门所有制令人寸步难行，给招聘调动平添了许多困难。

如何冲破计划经济观念的束缚，招聘办公室的同志解放思想，改变了让录用者限时限刻“一刀切”的报到时间。有的录用者因单位领导不放行苦苦等待了一年多，直到所在单位领导变动，才获准到广播电台报到。对这样的录用者，招聘办公室照样耐心地虚席以待。

与此同时，既然公开招聘没有先例，招聘办首先鼓励他们自我思想解放，克服等上级发调令、靠招聘办来找领导放行的消极被动态度，依靠他们自己向所在单位领导做宣传说服工作，由于他们最熟悉自己单位或上级组织部门的多种组织关系，说话一语中的，更有实效；有的录用者调动家庭成员的积极性，请家人或周围熟悉他们领导的关键人员一起做宣传，也很有说服力。一旦同意放人，这些录用者还会把故事传播开去，造成舆论，推动和影响其他相关领导。尽管录用者来自不同行业，招聘办组织他们互信互通，互学互帮，一旦找到有条件做工作的人，便相互帮衬。依靠录用者群体力量，运用走群众路线的办法，一传十，十传百，使放人的单位似滚雪球那样越滚越大。对那些基层坚决不放人或上级行业组织不放人的，则由招聘办数次登门拜访，有的领导直言，自己系统的干部职工从没有调至其他行业的，但在招聘办同志晓之以理、动之以情的推动下，他们表示支持，可还“心有余悸”，要求“下不为例”。诚然，也有录用者被自己领导说服，答应他留原单位从事自己专业的工作；或者由于广播电视台的录用，让领导自感没发现这样有用的干部而自责，要他留单位给予提职提级；也有接受单位培训刚刚毕业的干部，他们不好意思提出离职的请求，而自动放弃应聘录用，招聘办公室便吸收他们为广播电台和电视台的通讯员，出现人事调动间互信互通的好现象。社会上许多观念陈旧者看不懂，问录用者，广播电视招聘办公室的人为你的调动一次又一次跑来，是不是你家亲戚？确实当时还有人向中共上海市委宣传部写匿名信，举报说，上海广播电视系统的社会招聘有“开后门”现象。经过上级部门调查，招聘办公室的同志在面试前与应聘者没有一个是认识的，更没有所谓因为是私人关系而有“猫腻”的事，这种大公无私的精神与千方百计“开后门”将子女亲属弄进单位的以权谋私有天壤之别。

上海广播电视系统第一次社会招聘已经过去39个年头了，它是伴随着中国的改革开放应运而生的。当年通过考核，幸运地成为应聘录用者的同志，现在基本都退休了，但有不少同志还在发挥余热，例如，从事《上海地方志·广电卷》编辑的贺锡廉、冯乔、汪求实等都是当年应聘录用者；其他招聘录用者像赵抗卫现在担任上海中外文化交流协会会长，蒋建平担任大学高管培训班客座教授，朱慰慈被中共上海市委宣传部东方宣传教育中心聘任为电视片编审，为市妇联编写先进人物系列丛书。张谦长期被公安部门任用为电视专题片的采编摄等，还乐于资助经济拮据的个别同人，当此人因病去世时，也不忘为其家庭助一臂之力。他们都以自己的才华服务于社会。每每回忆起那两次招聘，他们都会由衷地感道：是广播电视通过社会招聘对自己的吸纳，改变了自己的人生轨迹；是上海广播电视搭建的平台使自己有了施展才华的用武之地；也是这个平台，使自己机遇倍增，创造精彩人生，使自己的职业生涯更有价值。

上海广播电视的两次社会招聘，尚属全国首家，它催生了一种全新的选人用人方式并被全社会所接受，影响深远。上海广播电视两次社会招聘的辉煌成果，深深镌刻在从业者的记忆里，载入了上海广播电视史册。

作者系原上海人民广播电台总编办公室副主任、两次招聘具体负责人

让世界听见上海

韩　磊

2017年2月13日，星期一。19:15，上海大剧院。

对于上海大剧院来说，这是很普通的一晚。高朋满座的剧场，经久不息的掌声。这掌声乍听之下和上海大剧院每晚上演的顶尖艺术表演一样发自内心并且隆重与热烈。但不普通的是，此刻，远隔万里之外的欧洲，23个国家成百上千万的爱乐者通过当地的电台与电视台，共同聆听了上海的声音。这也是目前为止国内越洋直播参与机构最多、覆盖受众最广的音乐会。这台音乐会的名称叫作“世界广播日庆典演出　中国印象——星期广播音乐会新春专场”。

时间回到当天上午，上海国际会议中心。

“我非常兴奋能来到上海，世界广播日的庆典活动第一次走出欧洲，而且走出欧洲的第一站就是上海——这座全世界最具活力的城市。是广播，让全世界感受到上海的活力。”联合国教科文组织助理总干事弗兰克先生的兴奋之情溢于言表。

“广播必须走向数字、走向融合。我们所做的事情就是制定标准，特别是数字广播的标准。”这是来自国际电信联盟无线电通信局副主任马里奥先生的发言。

来自联合国教科文组织、国际电信联盟、欧洲广播联盟、亚太广播联盟以及全球各大广播公司的200多位代表齐聚上海，共同庆祝全球广播人自己的节日，也纷纷向欧洲广播联盟的新成员——上海广播电视台表示祝贺与感谢。上海广播电视台此时已是欧广联为数不多的非欧洲区域的成员单位，在非欧洲区域的成员单位还有澳大利亚广播公司（ABC）、日本放送协会（NHK）、韩国广播公司（KBS）等。更可喜的是从这一天以后，上海人民广播电台经典音乐广播（经典947）将依托欧广联的音乐节目交换平台，为上海听众每年播放近3 000场的欧洲最优质的、最新出炉的古典音乐实况演出。这些节目中包含维也纳爱乐乐团、柏林爱乐乐团、英国BBC交响乐团等顶尖团体的作品，做到足不出户，听遍全球。而作为义务与责任，上海人民广播电台将向欧广联70多个会员单位提供包含上海交响乐团、上海爱乐乐团、上海民族乐团等国内顶尖乐团演奏的中国作品，让中国的声音传遍全世界。

现在回想起来，上海的听众能有那么好的“耳福”还真不是一蹴而就的。记得2014年的冬天，时任SMG副总编、东方广播中心书记兼主任王治平非常兴奋地告诉我，他刚从欧广联访问回来，欧广联有一个音乐节目交流平台，这个平台上有全欧洲70多家广播电台、电视台每天上传的优秀音乐作品，每年有3 000多场的演出实况。如果我们的经典947能播放这些节目，那上海的听众就有福了。按照王总的要求，我马上找来经典947的沈舒强总监一起商量策划，又找来音乐中心运营策划部的金钟宇，一起协调光缆传输的技术问题。现在，上海广播旗下的经典947频率开设了《947爱乐厅》专题节目，每晚20:00—22:00播出由欧广联成员台提供的最新录制的古典音乐节目。转眼间，时光到了2016年。经国家广电总局推荐，上海广播电视台向欧广联提出和联合国教科文组织一起主办2017年世界广播日活动。王总委托我和音乐广播、战略发展部的同事就此进行研究策划，我听了以后也非常兴奋，觉得是上海广播走向世界的一个重要机遇。

在领导的支持下，2016年9月，我和战略部的顾振立、办公室的蒋存辉、运营策划部的宥蕾前往日内瓦的欧广联总部，去商谈未来的节目交流和世界广播日的具体方案。临行前我们四个人都很激动，精心准备了方案和问题，就好像我们要去国际奥委会总部申办奥运会一样。经过20多小时的飞行，到了日内瓦，这座城市聚集了很多国际组织的总部，欧广联的总部很简朴，但是空间利用率很高。他们的工作效率也很高，一天8个小时的会谈，一共见了8个部门的同事，每个部门一小时，这里面既有欧广联的广播总监，也有会员关系总监、音乐交流总监、青少年音乐计划负责人、欧歌赛运营总监等。谈到未来的节目交流，我说作为新成员上海广播一定按照联盟的要求，上传足够多的中国音乐作品，我们的节目库里存放了过往几十年的资料，数量上请欧广联放心，结果我还没说完，欧广联的同事连忙说："No！ No！ No！我们只要当年最新的，因为古典音乐也需要与时俱进，也需要时效性！"他们的节目制作理念深深地震撼了我。

谈完节目交换该谈正事了，我们和欧广联的同事说，上海广播很希望来承办世界广播日的庆典活动，但是我们希望能通过欧广联把全球的最知名的广播电台

作者在2018年上海广播节上讲话

老总都请来，我们也会拿出最大的诚意和最精彩的策划。按照惯例世界广播日活动由三个部分组成，一场会议、一个论坛、一台音乐会，上海广播人会以最大的热情和最精彩的创意，还联合国教科文组织一个精彩。结果一拍即合，欧广联广播总监迪克森先生刚刚从英国BBC“跳槽”过来，新官上任充满激情，他说这些大的广播机构的老总都是他过去的同事和朋友，没问题的。会员关系总监贾科莫先生——一个意大利小个子男士，低调务实，两个人是完美的搭档，再加上从上海来的4位“不知天高地厚”的广播人，对2017年的活动充满了期待。

第二天我们就在欧广联的带领下前往巴黎教科文组织的总部，去参加世界广播日的策划会。联合国教科文组织总部坐落在巴黎市中心一处闹中取静的建筑中，建筑历史痕迹很明显，甚至有些破旧，但是艺术气息很浓厚，我们踏进3楼的一个会议室里，看到已经坐满了各种肤色的人，原来教科文组织邀请了非洲广播联盟、阿拉伯广播联盟、加勒比海广播联盟等全球各地的同行参会，当然还有亚太广播联盟的同事，不过他们是在电话线上，所有参会的同行都对上海充满了期待，正是这种期待，还有欧广联两位老兄的表决心，让教科文总部的人觉得我们上海广播人还是挺靠谱的，就这样我们也开开心心地踏上了返回上海的班机。

回到上海就是国庆假期前的最后一个工作日，飞机一落地我们第一时间向SMG领导进行了汇报，并就接下来的工作进行了分工，办公室负责所有来宾的接待、经典947负责策划与执行庆典音乐会，战略部负责论坛与会议，各部门的分管领导各司其职，开始了筹备。接待组在全公司进行了志愿者的招聘，招募外语人才，通过这次招聘，发现上海广播真是藏龙卧虎，意大利语、德语、法语、荷兰语等小语种人才层出不穷，广播人真是厉害啊！国庆节一过，筹备工作正式开始，当然过程中也碰到很多曲折，暂且按下不表。在上海广播人的努力下，我们真的在第二年的2月13日给了全球同行一个精彩，更重要的是相比一天的绚烂，上海听众到今天仍然会在每晚的20:00—22:00通过经典947的电波感受全球最顶尖的现场音乐会。而天涯共此时，欧洲的听众也在感受着来自中国音乐家用音符讲述的中国故事，这一切都是拜电波所赐，是广播让世界听见了上海、听见了中国！

忆上海故事广播的诞生发展之路

陶　青

一、故事立台标志着媒体变革的专业需求

经国家广电总局的批准，2007年12月16日，在东海之滨的上海首个以“故事立台”的专业广播问世了。12月23日，故事广播在上海徐家汇一个很有历史底蕴的“上海老站”举行了以“寻找故事广播密码”为主题的开播式。以“缤纷故事，闪亮生活”为宣传语、全天播音18个小时，频率为FM107.2的上海故事广播凭借着电波飞进了千家万户。

故事广播的推出，作为一种社会文化现象、现代媒体样式及大众传播载体，标志着媒体变革的专业需求和新传播机制的对象更新。随着信息时代的到来，人们生活节奏的加快、多元竞争的加速，受众对媒体传播及娱乐形态的要求是明快的、休闲的、消遣的、便捷的，同时又要带有一定的艺术表现性和审美感染力。这种现状使“故事”的社会需求被大大地激活。有专家说，当前，媒体已经实现从资讯文本向叙述文本的跨越，用以满足受众对诸多生活体验参与、分享的需求。故事类节目满足了人们对资讯深层解读的要求，满足了人们对人类情感家园的追寻。在现实社会中，人们被娱乐、资讯包裹得越紧，就越发渴望用张弛有序的故事来调节他们的心绪。随着大众文化的兴盛、消费文化的流行及市场文化的推动，故事这一传统的样式，终于成为信息时代的受众娱乐形态，并以强大的阵容和强劲的活力，覆盖整个文化广播。从2005年起，全国先后有合肥故事广播、上海故事广播、辽宁故事广播、北京故事广播、重庆故事广播、陕西故事广播、新疆人民广播电台1028故事广播等40多家“故事频率”出现，形成故事广播的集团军。

二、上海故事广播的定位，通过节目呈现架构频率质感

2010年7月，上海故事广播承办了第二届全国故事广播研讨会，开启了故事频率运作模式与节目形态的积极探索。实际上，上海电台早在2005年就做过故事频率的尝试，当时开出10多档故事栏目，但考虑到“故事”用上海话讲像“股市”，故没有直接采用，但由于当时全国的大气候还不成熟，也就没有延续下去，但这毕竟为以后推出故事频率，作了专业的铺垫和艺术的准备。

上海故事广播的前身是“上海人民广播电台文艺台”，播出的是许多连播类的节目，如评书、畅销小说、惊险小说、武侠小说以及电影录音剪辑等这些我们所熟悉的节目样式，团队骨干以资深编辑为主。之后由于集团改革，原“上海人民广播电台文艺台”变身为“新娱乐调频”，团队骨干以年轻主持人为主，播出的是大量音乐娱乐直播节目。2007年，上海故事广播成立之初，整合老中青三代编辑主持团队，经过对基层听众需求的专项调查，团队内部的创意风暴，赴兄弟电台交流学习等，最终确定了“故事+生活”的频率定位。推出了一批本土化，生活贴近性强的栏目，使节目间的承接性更强，也更符合大都市生活节奏快，故事要求短、平、快的特点。

在不断地调整中，我们发现，从历史传统来看，以往的故事，主要是由经典

作者近影

小说、武侠故事、古代传奇为主，结构较为单一，演播较为传统，是属于“欲知后事如何，且听下回分解”式的。而信息时代的故事是与时俱进式的，其结构是开放的，样式是多元的，内容是丰富的。从大概念上讲，即信息的故事化处理。从具体操作概念上讲，即类型的故事化处理。如新闻、时尚、娱乐、消费、法治、爱情、民俗、旧闻、传奇、档案，乃至旅游、养老、健身、饮食都可以作故事化的处理，都可以收进故事这个大箩筐。只要社会需要，只要受众欢迎，故事都可以为你服务，从而让受众倾听故事，让媒体传播故事。

开播之初在栏目设置上除保留了一部分历年来一直受好评的长篇连播类栏目“小说连播”“武侠传奇”“惊险时空”外，还推出了“档案揭秘”“梁辉说法”“财富人物”等一批关注历史、社会、生活的故事类栏目，这些栏目以短篇为主，讲求“新闻故事化，故事人物化，人物个性化”的叙事手段，体现出故事内蕴丰富、语言声音表现力强的特点，个性鲜明，满足现在生活节奏快，人们的关注越来越广泛的需求。这些节目很快架构起整个频率“人文关怀、文化引领”的质感。同行形象地比喻上海故事广播就是“电视剧频道”+“纪实频道”。

三、打造品牌节目，围绕“文化引领”主线，提升频率美誉度

“在电波中还原生活，在故事中记录人生”，当人们从媒体上感受到进入他人生活和情感世界的快感，并且品尝到精神上的欢悦和美感的时候，媒体的美誉度便渐渐形成。上海故事广播通过“故事下出租车队”“故事进街道社区”等方法，大打“亲民”牌，扩大故事节目的社会影响，建立主持人与节目的双重品牌效应。同时，与出版界以及相关部门的跨界合作，也使故事广播的节目内容来源丰富，加上声音的立体呈现，一批品牌节目产生了。

上海故事广播的风格定位既要反映海派文化精神“海纳百川，有容乃大”，又要凸显海派人文理念，反映时尚，展示传统。为此，在栏目的设置编排上，既有本地化、贴近性的历史类、怀旧类、人文类的“闲话上海滩”“档案揭秘”“历史传奇”“文化中国”等，又有时尚化、当代性的“新空气剧场”“在路上”“你的故事我的歌”等，既有通俗性、情趣化的“生活这点事”“金色年代”等，也有睿智性、品位化的“梁辉说法”“拍案冲击播”“书市排行榜”等，从而使上海故事广播雅俗共赏、动静结合、融汇古今、精彩炫动，生动演绎海派故事广播的风格魅力，使老上海人有怀旧的温馨和传统的关怀，使新上海人有体验的快乐和融入的兴奋。

同时故事广播充分运用名人效应，在栏目中设置了“每月故事主打星”，一月一名人，先后有叶辛、刘兰芳、王宝强、柳云龙、秦怡、梅葆玖等成为故事主打星。

经过市场分析发现，出租汽车司机是收听故事频率的重要人群，借助世博会

的召开，故事广播与上海市精神文明建设委员会办公室、上海市公安局交通警察总队等共同组织发起“迎世博，交通文明从我做起”活动，走到司机身边，进行“面对面”的故事宣讲。同时，有近40位行业内优秀驾驶员走进电台直播室讲述自己的故事，在电波中引领行业新风尚。47 000多辆出租车，10万名从业人员，听过故事宣讲的每一位司机都成为义务宣传员，故事频率的影响力通过这样的传递方式，迅速扩大。

四、上海故事广播的内联外拓，面向受众

故事，作为信息时代的受众娱乐形态，要使其做好、做强、做大乃至做出高端，必须调动多种手段和运用多种元素，即观念要开放、思路要搞活，走内联外拓、多元发展之路。如2009年初SMG全成本投拍电视连续剧《三七撞上二十一》，故事广播充分利用了集团的资源和电视的影响力，马上选用确定其为“贺岁小说”，这也是上海故事广播首次尝试制作小说剧，融广播小说和广播剧两种艺术形式于一体，是小说连播节目从单人演播发展为双人对播，多人演绎，配乐配音效的流行趋势，既体现广播小说播讲艺术之长，又展现广播剧表现声音魅力之双重特点，最大限度适应当代听众之审美需求。由于制作精良、演播精彩，又先于电视剧播出，因而被中央台文艺之声、重庆故事广播先后购买播出。之后，2010年贺岁小说剧《婚姻症候群》，2011年贺岁小说剧《非婚勿扰》，都受到市场的欢迎。又比如《做单》《七杀》《第三种爱情》等，在图书尚未出版之际，广播先期介入制作宣传，“上海故事广播全国独家首播”字样和故事频率的logo，出现在书的腰封上，这在广播与图书的合作上作了一次非常有益的探索。

为纪念上海解放60周年、上海人民广播电台成立60周年，5月27日，故事广播推出了《与人民同声》全天特别节目，运用了集团音像资料馆的老节目、老录音，其中有陈毅市长的讲话等，并独家采访了陈毅市长的儿子陈昊苏先生，和旧上海最后一任市长、与陈毅市长完成新旧交接的赵祖康的儿子赵国通先生，让

两位市长的后人在直播节目中回忆上海解放时鲜为人知的历史，并在电波中首度“握手”，展望上海的未来发展。从而使这档特别节目既有历史性又有现实感，故事精彩、内容丰富、亮点频显。

为了扩大影响，对外拓展，上海故事广播还和其他媒体联手合作、互动宣传，与上海市档案局主办的《档案春秋》、上海文艺出版社的《故事会》及《故事大王》《东方剑》《金色年代》《现代家庭》等联合推介节目；与中共上海市纪律检查委员会、中共上海市委党史研究室共同制作纪念中国共产党建党90周年系列节目《作风百典》，2011年8月30日《作风百典》CD全国首发仪式在中共一大会址举行，中央人民广播电台中国之声也播出了部分节目录音，“清风颂先驱、廉政建和谐”故事讲演活动也在全市各红色地标开展起来；与团市委合作“青年创业先锋”系列节目，为“自强不息、勇于创业”的创业者开启一扇窗口，倾听创业者心底的声音，感受他们不同的创业经历，通过“空中电波”为创业者架起一座通往成功的桥梁。《梁辉说法》节目与检察院深度合作，检察官通过电波，围绕“外来务工人员权益保护”“未成年人观护教育”“老年人维权”“和谐家庭”等社会焦点和热门话题，以案说法，帮助提高市民百姓的法制意识，内容更贴近听众。

每年举办“小小故事星”儿童讲故事比赛，出版《金色小船——金话筒主持人讲故事》《勇敢长大》CD等。

为传播先进文化，引领阅读潮流，上海故事广播特别设置书市排行榜，该榜综合上海书城、全国各大出版社、大型网上书店三方的销售情况，由专家选出近期最值得关注的10本书作为候选榜单并加以专业点评，听众、读者投票决定结果，每天滚动播出，倾力打造最具权威最有说服力的图书榜单。

五、上海故事广播深耕内容生产，抢占市场

随着媒体市场竞争时代的到来，对故事广播的要求不仅是制作几档有影响力

受欢迎的广播节目，而是要不断转变观念，与市场对接，与新媒体拥抱，思考如何延展“有声读物”市场价值。把握生活脉搏，立体构制内容，树立品牌节目，互动推波助澜。上海故事广播深耕内容生产，节目借助版权交易平台覆盖到全国15个省区市，包括中央人民广播电台在内的全国近50多家电台引进“上海广播制造”的节目。上海东方广播有限公司版权购销中心于2011年5月1日正式成立，对节目内容方面的衍生业务，进行全新而大胆的尝试。自2007年故事广播成立起就开始进行广播节目交易的尝试，2007年至2011年共销售3万多集作品，销售额近100万元，其中《档案揭秘》《梁辉说法》《小说连播》占据前三名。

六、以市场需求为出发点，故事广播改版的几点启示

从2008年到2010年，上海故事广播共进行过4次改版。改版不仅对现有节目的可持续发展作了一次评估，更是对“满足不同人群的收听习惯，打造不同风格形式的故事节目”进行了一次全面的调研。4次改版取得较好的效果，收听率都在原有基础上有了较为明显的提升。改版后，节目更符合听众习惯，节目间的承接性也更强，品牌节目的前后带动效应明显，故事广播风格定位更为明晰。

通过4次改版，对市场有了更多的了解，主要有以下几点思考。

1. 上海听众喜欢节奏稍快、篇幅稍短的节目内容。小说类连播节目篇幅控制在30—50集。

2. 根据上海城市生活节奏，文学连播内容每天1集较适宜，与北方2集及以上连播的编排有明显区别。

3. 历史题材的系列专题有助于增强听众黏性，但每个选题不宜超过5集，整套系列控制在30集以内。

4. 节目实用性受青睐，直播或专题节目应多关注实事，关注生活。

5. 频率整点设置“书市排行榜好书推荐”和“一周文化信息指南”滚动资

讯，有助于塑造频率“文化引领”的整体形象。

6. 打造沪语故事广播节目，彰显本土特色，“评书”“相声”等北方特色明显的节目归入戏曲曲艺频率。

7. 根据上海出租车驾驶员“做一天休一天”的工作节奏，将首播安排在下午开档，次日上午重播。最大程度吸附出租车驾驶员受众群体的收听。

8. 实行与新闻、交通等主频率的错峰节目编排，将品牌节目安排在全广播网最薄弱的“上午”“下午”非黄金时段，并形成版块，最大限度发挥品牌节目的前后带动效应。

故事广播的诞生是广播发展的产物，无论媒体发展到什么阶段，有一点是肯定的，那就是内容。广播的生存基础是听众，而听众喜爱和需要的恰恰是节目本身。“满足不同人群的收听习惯，打造不同风格形式的故事节目”一直是故事广播立台之本。

作为上海故事广播诞生的见证者、实践者，我有义务和责任分享作为总监带领团队所做出的努力与尝试。2012年，我离开上海故事广播总监的岗位，但上海故事广播的台歌——《在故事里沉醉》的电信彩铃，一直收藏在我的手机中，在温暖的台歌声里，让我为您解析logo的含义，它是由“！。？”这三个标点符号组成的，希望您能记住它！

作者系东方广播中心副主任

阿基米德：新广播、新传播的网络实践

王海滨

2014年初，接到治平书记的电话："你有时间么？想找你聊聊广播，聊聊广播新媒体。"那会儿，自己的精力全部扑在了《直通990》上，一个和政府资源对接做市民政务引导的服务类谈话节目。这节目当时嫁接了十几个政府部门、社会组织，以及一定量的志愿者，以每天直播三小时的大容量承载着市民对政策生活的解读需求。

确定做阿基米德是几个月后的事，是经过上海广播电视台、上海文化广播影视集团有限公司批准，由东方广播中心根据"深度融合、整体转型"指导思想成立的音频网络平台，项目从东方广播内部孵化，再经台集团批准公司化运作，于2015年8月成立了阿基米德（上海）传媒有限公司。

四年来，阿基米德在新媒体广播领域有了较快发展，从上海出发走向全国，从上海的324档节目到全国的16000档节目，内容涵盖音乐、新闻、出行、脱口秀、财经、服务、体育、听书、娱乐、公开课、生活、情感、戏曲、文化、外语、亲子等全年龄段人群需求。湖北、辽宁、贵州、江西、广西等地的百余个省市电台相继签约入驻阿基米德，使得阿基米德具备了超级智能收音机的样态，短短三年时间，除踏遍中国大陆以外，阿基米德用户还覆盖了163个国家和地区。

这又不得不提三年前广播中心党委的正确决策，在移动互联网转型过程中没有固守上海，而是以引领开放的心态要求产品走向全国，经过产品调整形成气候，最终使得产品成为广播行业首创性产品，也得到市委宣传部的认同。

产品的发展同样如此，蹒跚起步必然从一开始的陌生和不接受，到后来遇到退休老同事的赞不绝口，回想起来，路径选择是正确的：阿基米德把广播“转瞬即逝”的线性传播模式改造成便捷回听、高效互动的网络传播，把手机变成收音机，通过图文音及多样化H5形式传递信息，让内容不仅好听，而且好玩。于是，传统的垄断频点在手机上转换成开放的竞争平台，每一家广播电台从时间运营转变成用户运营，在信息中心的基础上再构建一个互联网信息节点，传统广播就成了一个跨平台、跨地域、跨介质的广播生态圈。

上海交通广播的《欢乐晚高峰》是阿基米德上线两年后脱颖而出的一档节目，每晚6点到8点的日播节目，集路况、即时资讯、脱口秀、新闻麻辣点评、点歌、选车牌等多个环节于一体。每次听节目主持人先讲一个段子，然后号召大家按照这个段子的格式自己创作发到阿基米德平台社区里，主持人把写得好的段子读出来。这实在是个令人忍俊不禁的节目，居然有人写：我在等红灯，抓紧给你发个段子……后来，我让数据查了一下：在2014年12月29日至2015年12月28日一年的时间内，节目直播总时长930小时，在阿基米德社区关注人数达8.2万人，总留言量达154 606条，播报路况19 793条，讲段子3 547个，编歌261首，这档传统的广播节目已经成功蜕变为网络交互式的节目了！

传统广播中互动较少的新闻节目制作传播也发生新变化。基于一个明确定位的新闻类广播节目社区，可以有效地将用户UGC生成的内容进行聚合，既聚合信源，也聚合反馈。突破音频的图文直播插件，可以方便用户信源直接介入事件直播时间线中，真正实现“全民记者”的传播路径。直播功能“播菜直播”更是突破了广播的24小时时间限制，实现了经济价值重构。

这个功能留下深刻印象的是在里约奥运会。当李欣、海波等几名主播在万里之外的里约，走在前往贫民窟的路上，气喘吁吁地讲述着自己的见闻，现场声、

作者接受采访

对话声清晰自然地交织在一起，主播实时与听众互动，各种反馈、交互、送花、打赏让这场直播好听更好“玩”。

直播样态原本就是传统广播的常态，这种“交互+信息”传播在形态上与互联网有着天然的匹配度。但只有用户深度参与其中的媒体，才是真正的新媒体。用户直接参与到内容的生产、制作、播出环节，能够影响甚至改变节目的进程与结果，才能真正拉动用户的黏性，用户也会主动对他参与的节目进行社会化的传播。

“播菜直播”帮助传统广播脱离直播室特定环境以及场外直播的高昂转播成本窘境，还将通过连麦、炫酷效果、变声器、VIP变声器等技术手段，把图文直播和有条件视频合并，成为一个完整的直播解决方案。超越了线性时间束缚，成为新的价值增长点。无须高昂的制作成本，无须复杂的后期制作，强交互、多功能的音频直播使得节目可以提供超乎想象的用户体验。

2017年7月22日，台风“安比”在上海崇明东部登陆。阿基米德第一时间成立“迎战台风”小组，24小时关注并实时传播最权威、最新鲜的台风信息。“受台风中狂风暴雨影响，前方记者发声都十分困难”的音画在阿基米德平台的直播中被实时呈现，给了大众更直观的台风感受。同时，阿基米德从“两微一端”传播出发，实现自有新媒体传播全覆盖，充分利用开机屏、首页各项资源合理推广；联动江苏、浙江、上海三地气象台全媒体中心直播“安比”最新消息，共同传播，为广大用户提供实时情况，从而达到高效、全覆盖传播。用户只需打开阿基米德客户端，就可从开机页面直接进入“迎战台风安比”的24小时直播间，突破了传统广播的地域限制，将优质的内容充分传播给更广泛的群体。

当然，我们也意识到介质的改变和评价标准的改变同时发生。评价标准已经从过去的生产能力转化为传播效率。作为广播转型的主动应对，阿基米德收集平台上所有节目及用户使用行为数据，发布广播节目的收听、互动、分享等内容，分析社区表现趋势等情况。目前，入驻阿基米德的节目可以拿到每天的数据报告，包括在社区前20位排名、社区活跃度、收听时长、收听人数、直播互动的热度、粉丝数等。

2017年5月，阿基米德上线了“M店”功能，这是一个以转化率为核心指标、广播全行业7×24小时互为营销的联合广告模式，全面对接电台广告资源的融媒体推广，拓展电台当地新品牌和新渠道资源，主播可以在阿基米德后台挑选商品放入自己节目社区的M店，通过内容导流的方式进行销售，所得的收益电台和主播都参与分成，突破频点广告的时间限制、24小时进账。上线当天，共有14万人次冲进M店，试图抢购上海广播提供的3 000份感恩大回馈特供商品。2018年，实现了单品将近3 000万元的销售业绩。阿基米德希望从机制上让主播成为价值的环节，把主播IP化，让主播的价值成为节目内容生产形态当中重要的一环，成为重要的价值变现的环节。

阿基米德诞生于广播，所以天然带着主流媒体的社会责任感。在对接传统广播做好转型平台的同时，阿基米德精心布局红色内容体系：2018年策划的“十九大精神十九人讲”共吸引了超过1 000万人次的用户听众；在马克思诞辰

200周年之际，阿基米德推出了“给90后讲讲马克思”栏目，讲述了马克思一生中19个有趣的故事，同时贯穿马克思主义基本原理，阿基米德联合24家广播电台同步直播，全国49家主流媒体全网传播，形成2.7亿收听人次。

阿基米德通过移动互联网讲党课也取得了很好的效果。2017年，第一次推出成规模、成体系的在线党课，党员在线学习平台“学习同心圆”构建了红色内容生产传播基地，成为党员学习教育常态化便利有效的新平台。

中央政治局2019年开年集体学习时，习近平总书记强调：党报、党刊、党台、党网等主流媒体必须紧跟时代，大胆运用新技术、新机制、新模式，加快融合发展步伐，实现宣传效果的最大化和最优化。阿基米德的上线初衷是帮助上海广播电台实现融媒转型，为传统广播向移动互联网转型提供系统化解决方案。在发展过程中，阿基米德致力于打造一个跨平台、跨地域、跨介质的广播生态圈。以内容生产、终端用户、广告主为节点，通过多维度的融合，让自身成为三者的核心枢纽。这一生态圈的建设，一方面需要新媒体平台用更好的服务吸引传统媒体和新媒体中的优秀人才为其提供更加丰富的内容资源，另一方面要通过多元化的资源和多渠道的收听方式抓住终端用户，从而达成与商业及媒体的合作，搭建完整的广播新媒体生态环境。在未来的日子里，将有更多广播电台、政府部门、商业机构、研究单位加入生态圈，共同携手，用声音改变生活。

作者系东方广播中心党委委员、阿基米德传媒总经理

广播新闻场地及工具之进化史（1988—2018）

范嘉春

我在20世纪80年代末入行广播，从事广播新闻工作。30年来，我所在的新闻编辑部门办公场地几经易迁，编辑工具也已鸟枪换炮。回头检视这些变化，如同行走在虚拟的广播博物馆中，不仅可以触摸到这一代广播人负重前行的深深足印，也可以管窥到这30年来这座城市的风云变幻。这一场地及工具的演进，全息般反映出广播新闻这30年的进化。让我们就从这物质层面这条线，来说说广播新闻这些年的变化。

上篇：场地篇

场地1.0　北京东路2号

1988年的7月，是我入台报到的时间。那个时候，改革开放已经推行近10年，南方各地春潮涌动，有不少同班同学热血沸腾地去了刚刚建省的海南。而地处东海之滨的上海作为“共和国长子”，还在以经济上的巨大付出默默地支撑着整个国家脱胎换骨的变动，并蕴积着未来一鸣惊人的能量。

当时的广播大楼地址是北京东路2号，就坐落在黄浦江畔，紧贴着现在的

"外滩源"。这幢英国新古典主义风格的大楼说起来是满满的故事。上海开埠后这幢大楼所在地还是黄浦江畔的泥滩地，1856年，德商禅臣洋行来上海拓展，在该地建造行屋。第一次世界大战德国战败，英商格林邮船公司收购了敌产禅臣洋行，于1922年在原址建起新大楼。二战时期大楼又被日军接管。抗日战争胜利后，美军占用，作为美国海军办公楼。直到上海解放，北京东路2号回到人民手中，上海人民广播电台从大西路（即现在的延安西路）搬迁到黄浦江边。

80年代末的上海，外资还没有大规模入驻上海，学习外语相关专业的去向基本就是各个国营进出口公司，一些名牌大学毕业的学生以去刚建起的中国第一个外资管理的五星级的华亭宾馆当服务生为荣。外滩是政府机构、事业单位及大型国企的地盘。在外滩的"万国建筑群"里独占一幢楼，显示的是广播的举足轻重的分量和不容置疑的地位。

当时的广播大楼，襟抱黄浦江，目极东上海。2018年上半年刷屏朋友圈的电影海报《荞麦疯长》画面就是以广播大楼为前景的建设中的东方明珠。当时登上广播大楼天台，可以远眺整个还未被摩天大楼覆盖的陆家嘴和如同一张满弓般展开的外滩"万国建筑群"。上海电视台还在这幢大楼楼顶架设固定摄像机，为天气预报提供背景画面。广播大楼一侧，现在的半岛酒店当时则是上海仅有的几个涉外商店之一"友谊商店"，天天有一车一车的外国游客被带到那里了解我国的丝绸文化。

1988年的北京东路2号大楼基本还保持着1922年英商格林邮船公司样貌。底层和第二层用花岗石砌筑，拱形大门两边竖立着花岗石立柱。门厅采用黑白相间的大理石地坪和大理石楼梯。新闻编辑室作为台里最为重要的部门，占据了楼里最好的位置之一：五楼正中。办公室保留着拼花柚木打蜡地板及三副钢框窗户。值得一提的是新闻编辑室窗外有一条半米来宽的挑檐线，在关键时刻成了保障播出安全的挑战线。有一回，因为刮大风，编辑室门突然被锁上。眼看节目即将播出，而稿件还被锁在门里。当时的编辑室领导（现在是SMG领导）果断决定以身试险，从隔壁房间窗口翻到挑檐线，在高空小心翼翼横行4—5米，再从编辑室窗口翻回去。后来有一次本人值班忘带钥匙，也依法复制了一次，那情景如同不带保险绳拍摄《碟中谍》，现在想起来还是令人后怕。

1992年东方电台横空出世，广播事业在竞争中突飞猛进，北京东路2号不复使用。再则，大楼虽然风华依旧，但里面设施却已老态龙钟，原先沉实的核桃木办公桌椅、墨绿色铁质台灯早不见踪影，代之的是便宜的简易桌椅与塑料台灯。广播要破壳而出，必须找到新的发展空间。

作者（前立者）在上海市第十五届人大二次会议直播现场

当时曾有计划，把原来的上海博物馆大楼（就是在延安东路河南路口，由杜月笙出资造的中汇银行大厦）给广播台，还有一个备选地块是在真北路。但最后市领导还是未雨绸缪，拍板给广播建造一个新的足够的空间。而北京东路2号在给广电局使用一段时间后，成了银行间市场清算所股份有限公司（简称“上海清算所”）的所在地，为上海向国际金融中心迈进再立新功。

场地2.0　虹桥路1376号　主楼二楼、三楼及五楼

上海广播电台选定的地址虹桥路1376号历史上与广播有着深厚的渊源。这个地址最早是国民政府广播事业管理处所属中央广播器材修造所，解放上海时上海市军事管制委员会接管并改名为上海广播器材修造厂。该厂北迁后，原地建起广播发射机房。这一地块原先还有一幢带有游泳池的别墅。

20世纪90年代的上海城区还远没有如今一样规模，对习惯在外滩上班的广播人来说，去趟虹桥等于去趟郊区。广播大厦背后就是水稻田、菜田、鱼塘和养猪场，属于虹二村、龚家浜、沈家宅、马更浪，这些淳朴乡土的名字与现在的红宝石路、蓝宝石路、玛瑙路、黄金城道放一起看对比鲜明。从伊犁南路的职工小区出来上班，得骑车在黑漆漆的田埂上拐十几个弯，等闻到刺鼻的猪圈气味，基本就到电台边门了。

但广播大厦本身还是相当气派、现代的。当时一套是北方风格、方方正正的敦实大楼设计，一套是现代风格、轻灵活泼的圆弧大楼方案。被选中的方案就是放在二十多年后现在看来，其曲线立面、飞碟屋顶、玻璃幕墙在虹桥地区也不显落伍，除了对现在汽车社会估计不足造成设计车位少了一些外，大楼各项功能并没有明显短板。当然，设计者不会想到，正是其估计不足的汽车社会的到来，成了广播抵御未来冲击的最大支撑。

搬迁时间是1996年。上广、东广的新闻编辑室分别被安排在主楼二楼与三楼正中位置，层高都达到罕见的6米，是普通民用住宅的2倍多。编辑记者的空间顿时舒展了开来。

21世纪初广播再度整合后，作为上海电台新闻频率编辑部门的负责人，我参与了编辑室的改造。虽然，我想把6米层高的编辑室往Loft方向发展的想法因各种原因没有实现，但编辑室也按照当时最风靡的北欧风进行了设计再造。以浅蓝色为主色调，地上是浅蓝木纹复合板，桌子是浅蓝有机玻璃，椅子是浅蓝聚酯塑料。我将原先设计的照明灯具直接翻了一倍，照度也是提升一倍，办公室显得极为光亮通明，其隐藏的动机是让大家提神醒脑。早班同志一走进上广编辑室，被高亮度灯光一照，顿时精神飒爽，斗志昂扬，带动了收听率稳居第一。

之后，广播新闻编辑室为迎接新的生产模式挑战，再度进行整合改造。办公区域曾短暂在广播大厦五楼穹顶之下进行过渡。

场地2.1　虹桥路1376号　裙楼二楼、三楼

2003年，我负笈海外求学，在2008年回到广播台时，新闻编辑室已经迁入广播大厦裙楼直播区。这一搬迁，不是简单的地理位置的变化，而是新闻竞争理念的升级。编辑室与导播室合二为一，与直播室一面玻璃相隔，剔除了新闻生产流程中冗余的链条，密切了编播之间的联系，提升了突发新闻的反应时间。

新的编辑室空间构架，让编辑不用再为一条稿子来回过武警岗哨，却让整合后的新闻中心三审监制在两个楼面来回跑断了腿。那时，监制一次早新闻，得来回在二楼、三楼跑五六趟，强度抵得上一次早锻炼。

场地3.0　虹桥路1376号　主楼三楼、四楼

进入2014年，东方广播中心成立将原先分散的上海广播资源统合在了一起，各个新闻资讯类频率的竞争合作进入一个新的阶段；更为重要的是，面向移动终端的新媒体锋芒毕露，向广播AM/FM发起咄咄逼人的挑战。

作为广播“深度融合、整体转型”战略中“硬件、软件、机制”三大支柱之一，广播新闻场地再度进行升级。这次升级之所以是3.0而不是2.2，是因为其理念更新、资金投入都有了一个跃迁。

新的新闻编辑部门场地在原先广播大厦的会议大厅，也就是广播大厦环抱的半球中展开，并扩展至两端过道。新的场地设计贯彻的理念有两个：一是“资源整合”。在这个空间，不仅要放进上广、东广编辑室，还要容纳交通、财经、体育、驾车等资讯类广播。每个频率都安排了一个开放的圆环作为主要工作区域，必要时通过桌面电脑登录，可随时增加工作席位。各个频率在同一个宽敞透亮的屋顶下工作，声气相通，身影相见。会议室、录制间大家分享，会客沙发在两个楼面走几步就有。这个百分百就是现在风行一时的“共享办公”模式。从纽约起步的“WeWork”在2016年才进入中国，而上海广播在2014年就设计出这个基于“新闻资讯广播资源整合”概念的联合办公。而对于三审监制来说，在各个频率间游走不再是一件体力活了。

新场地设计的另一个理念是“面向未来”。我们不能精确预言未来广播是什么模样，又需要怎么样的设施，但我们为未来预留好了足够的接口。在五楼，我们建有电视摄影棚标准的多功能厅；在各个直播室，我们安装了语音触发智能导播的摄像系统；在每一个工位，我们都配备了多媒体编辑系统。

本人有幸在职业生涯中第二次参与新闻编辑场地的规划。设计者为现代建筑设计下面的一个台湾人工作室。当时还曾考虑过一个前卫方案，走美术馆路线，清水混凝土立面，全隐藏式照明，请艺术家设计装置艺术，但最终还是定了个老少咸宜的风格。甲方乙方是各种精疲力竭的互相折磨，其间还经历各种批文旅行、地基巩固、电力改造等磨难，2015年上海广播节期间这个空间首度向全国各地同行展示时，那是“锣鼓喧天，鞭炮齐鸣，红旗招展，人山人海”。本人还受命在各个频率抽调人员组成“临时导游团”，设计固定参观线路，准备导游词和游客问题标准答案，以应对如长假旅游般来临的各路参观者。

这个场地，广播人叫她“广播新闻梦工厂”。

场地4.0　未来……

“广播新闻梦工厂”在很多地方借鉴了英国BBC的设计并有所超越，2015年落成时本人曾对参观者自我夸赞“这个梦工厂在亚洲绝对领先，在全球也是排名前茅。其领先至少可以保持五年，其适用至少可以保证十年”。

到2018年的年中，我们可以看到“广播新闻梦工厂”依然在广播新闻领域处领先地位，而且，各项潜力还可以进一步挖掘。

但这并不是终点。广播自身在发展，周边竞争也在推着广播向前走。对广播新闻场地4.0，我们期待不要那么早出现，因为，我们是那么热爱现在的“梦工厂”；同时，我们又期待能早一点出现，因为，那是广播再一次凤凰涅槃的标志。

下篇：工具篇

工具1.0 北京东路2号

当我1988年盛夏首次踏入北京东路2号5楼的新闻编辑室后，领到的工具就是一瓶糨糊、一把剪刀。糨糊装在类似墨水瓶一样的塑料容器里，剪刀则是普通的塑料柄剪刀。

当时的工具就是这么简单。PC机是不存在的。电台有专人守护接收新华社电传稿及传真机，一有新发稿件便要第一时间送到编辑室。电传稿从针式打印机打出来后是一长卷，传真稿也是长短不齐，编辑撕下需要部分粘贴在A4纸上以保持格式齐整；同样从报纸上剪下来的豆腐干也需“装裱”以方便编辑检索。作为编辑室领导，其特权是可以有实习生专门守在旁边为其在A4纸上粘贴稿件。

记者的稿件写在方格稿纸上，写满一页300字。如果时间紧张，就直接拿到录音室里让播音员来播。那个时候记者和编辑的潦草手书没少被播音员抱怨过，本人的字也被播音员公认为最“让人抓狂”的；如果时间充裕，稿子就需打印出来。这时，就是油印室出场了。在电台有专门的油印室，除了打印给领导看的正式文件外，还兼给新闻部门打印稿件。用的技术是“古法”——活字印刷，打字员需眼明手快，从满坑满谷的几大板铅字中挑出“活字”进行排版。印刷出来的头一两张稿件往往油墨太重而变成黑乎乎一片被废弃。编辑播音员拿过这刚刚印出来的稿件，也是满手油墨余香。

文字编辑工具上我们能省就省，但音频编辑上我们用起资金来毫不手软。广播电台作为“喉舌”出不得任何差池，所以我们用的技术设备都是全世界最为专业、最为可靠的，同时也是最为昂贵的。我们用的设备包括瑞士思德利公司（STUDER）生产的调音台和录音机。看过一个资料，说我们标配的STUDER采购价是2万美元，而当年美国市场上一辆新车平均价格为1.4万美元，一台录音机相当于1.5台新车。而当时，上海电台就有几十台这样的录音机。这个品牌的录音机是音乐史上众多传奇作品的“产房”，时至如今，依然是音响发烧友心目中的“圣杯”，被视为欣赏Hi-Fi音乐的终极武器。

当时录音机用的是开盘带，使用之前需要先上机器进行消磁，过程中需要把左手背在后面以免机械手表受到磁场影响。能够精确操控的录音设备让广播人在上面发明出许多技巧，如录音的“多轨合成”，如播出过程的“跳绷”。但没有上盖的开盘带也是让编辑、播音及值机员噩梦连连的渊薮。几乎每一个需要与开盘带打交道的都遇到过“带子飞了”或是“吃面条”变成一团乱麻的惊险场面，如果是在制作过程中还好，最多麻烦重来一遍；如果是播出过程中，那就是“红色警报”拉响了，收拾好稿件和心情，战战兢兢进行全直播。

开盘录音机慢慢退出广播是20世纪初的事情，但彻底离开一线还是2010年。新闻编辑部门是将这个设备用到最后的部门。之后，这台机器除了技术和媒资部门需要采集历史素材保留少许外，远离了广播人视线。

工具2.0　虹桥路1376号　主楼二楼、三楼及五楼

广播台搬迁到虹桥路，空间扩展的同时，新闻编辑的工具也在迭代。20世纪90年代后期，PC机陆陆续续进占了每个人的桌面。当时的广播从业人员并不是天然的“电脑一代”，每个人都需要进入培训班，从电脑ABC学起，从背五笔打字口诀学起，从处理最简单的word文档学起。对当时年龄稍大的广播人来说，那基本就是一场颠覆性的“革命”。看到当年那些老同志对照五笔输入口诀表，一个键一个键地在键盘上来回寻觅、迟疑不决地按着键不肯放，让人感佩其追赶时代的决心和行动。

这场“革命”也为跟不上的同事留下了后门。新闻编辑部门专门设置了电脑打字员的岗位，打印记者稿件，打印编辑版面，为编辑工具转型提供了足够的缓冲。

这个时期的音频编辑“革命”开始萌芽。记者采访设备从沉甸甸的索尼皮革护套磁带背包机升级到小巧到一手握持的MD机，实现初步的数字化。音频编辑也从各盘磁带的来回倒腾转变为在Cooleditor软件上的非线性操作，便捷性不言而喻。

工具2.1　虹桥路1376号　裙楼二楼、三楼

本人离开电台五年，在2008年回归的时候发现，广播新闻的生产工具已然全面升级换代，如果不迎头赶上的话真就要被时代淘汰了。

这个时期，能够集成新华社广播、兄弟媒体文稿、记者自发稿并且能让编辑在上面进行修改、排版的紫光文稿系统将剪刀、糨糊基本都被赶出了编辑室。虽然系统老旧、BUG也不少，但实事求是地说，紫光系统总体是靠谱的。它忠诚地为广播新闻服务了十几年，至今还是最重要的编辑工具之一。

音频编辑"数字革命"同时全面降临。模拟的录音设备除新闻编辑还在"维稳"之外，都被请出了录音棚和直播室，取而代之的是全套"Infomedia"数字化系统。记者采用该系统采访机采集素材，录音员采用该系统软件录制音频，频率管理员采用该系统编排全天节目。直播室的值机员没了用武之地，全体转型去从事其他保障、开发工作。

数字时代的进步是不容置疑的。

工具3.0　虹桥路1376号　主楼三楼、四楼

应该说，没有移动互联网咄咄逼人的攻势，以紫光和Infomedia为代表的广播新闻编辑工具还是挺好用的。问题是，移动互联网发起了挑战，我们拿着紫光和Infomedia就能与其在传统FM/AM及新媒体各个战场展开全面对搏吗？

答案显然是不行。从2012年左右，广播新闻及技术就开始密谋一场新的"革命"，而我本人也是"密谋者"之一。"革命"成果就是有着上海广播独有知识产权的@Radio系统。这套在全世界范围看也是领先一步的广播制播系统不仅打通了从移动设备、PC到播出设备各个终端，打通了广播新闻生产从采集

到分发全流程，也打通了之前我们一直在分开叙述的文字编辑和音频编辑两个平台。

简要一点来说，@Radio系统就是一个野心勃勃的广播整体解决方案。记者通过客户端，可以采集编辑文字、图片、音频、视频，也可以在PC上进行进一步加工；编辑同样可以通过客户端进行全媒体操作，并分发到包括传统广播到移动App各个平台；主持人可以把网上采集的音频直接拉到桌面上播出；导播可以以此建立听众数据库。而这一切，都基于我们建立起来的“云平台”。

@Radio系统的融入功能还在不断扩展，它将触角伸入了Infomedia的升级版“X1”，使音频调用更加便捷；它还将API对接上上海广播的两个重量级App——“话匣子FM”和“阿基米德”，将整个上海广播的各个新媒体打造成一个气息贯通的整体。

之前的上海广播只是一个被动的文字与音频编辑工具购买者与使用者，而@Radio系统的问世，意味着我们掌握了工具的开发能力，获得工具的输出能力。现在，已经有郑州、吉林等台引进这套工具，还创制出不少新的玩法，需要我们反过来上门学习。

以@Radio系统为代表的新闻工具，是现在我们这个“广播梦工厂”的真正实力所在；而对新工具的开发能力，是上海广播人的未来潜力所在。

工具4.0　未来……

工具迭代永无止境。在@Radio继续扩展排版功能及改善使用可靠性的同时，我们已经把目光投向下一代战略性工具。

这是一个基于人工智能的语音文字工具，可实现语音文字的自动转换，而且可实现文字语音编辑的自动同步。到这个软件成熟的时候，编辑是否可以省下时间从事更有创造性的工作，模板化的天气、股票等播报是否会被机器替代，一切都可以尽情畅想。

其实，这些变化不会来得很晚的。

后记：

我大学毕业于1988年。从这个时候算起，广播一直就没有被人看成最强大的媒体，也没有被人视为最有潜力的媒体。当电视如日中天的时候，有人为广播惋惜；当移动互联网崛起的时候，又有人为广播担忧。但广播就在这一路唱衰声中默默努力，到现在已经成为SMG的“钱袋子”，成为媒体版图中一块不可缺少的拼图，成为从FM到App全方位的平台。

秘诀就在于广播的“自新”能力。从场地的易迁，到工具的迭代，广播从来没有落后于时代，更时时超越于时代。广播的生命力就来自其“自新”能力。

“存活下来的物种，不是那些最强壮的种群，也不是那些智力最高的种群，而是那些对变化做出最积极反应的物种。”——查尔斯·罗伯特·达尔文

我觉得，达尔文这句话说的就是广播。

作者系东方广播中心广播新闻中心副主任

在爱的传递中缔造和谐美

王历来

1992年秋，新生的上海东方广播电台刮起的广播旋风很快跃出浦江，席卷长三角。那年，47岁的我有幸以最年长的资格成为这个活力四射的年轻群体中的一员，在领受台长助理职衔并实施总编室主任职权的同时，又兼任综合部五档栏目——《蔚兰夜话》《半个月亮》《听戏坛》《十二种颜色的彩虹》和《健康乐园》的监制。

那段岁月至今回味无穷。其中外聘嘉宾陈丹燕主持的周播栏目《十二种颜色的彩虹》，因为倾心张罗了一场人间真爱的传递活动而留下佳话，感人的镜头至今难忘。

那个活动的全称叫“为白血病患儿奉献一片爱心”，故事要从那年的12月6日说起。我记得是一个阴转多云的星期天下午，陈丹燕陪同《儿童时代》编辑部的三位嘉宾走进东方电台792直播室，在节目中他们详细报告了在上海新华医院白血病儿童病房的采访所见。此前，陈丹燕已经告诉我，病孩的情形非常让人揪心，她很想为患儿做些什么。作为节目选题，她要向听众陈述调查报告，在新年到来之前，发起一个“爱心捐赠周”，呼吁社会大众为病中的孩子奉献一点爱心，譬如送些玩具、生活用具等。我十分赞同，因为这是任何一个负责任的、富有爱心的媒体人都应该做的。

其时东广开台才一个多月。应邀担任客座嘉宾主持的陈丹燕三十出头，已获得包括中国作协儿童文学大奖在内16项文学奖励，是颇聚人气的中国作协青年女作家。她在综合节目部打造一档励志类抒情谈话节目，每逢星期天下午直播一小时，节目框架主要由《人间故事》《我的信箱》和《我的童年我的歌》等小栏目构成。设定的收听主体人群从成长中的少年儿童到成熟中的青年朋友。她给自己主持的节目起名为《十二种颜色的彩虹》，似乎表示她将着意架设一道色彩斑斓的空中桥梁，要把一片片美好心灵的花瓣尽情播撒。

20世纪90年代初，中国正处于经济体制转型的过渡期，民生中遇到的大量问题考验并呼唤着社会的良知，也提高、规范着社会的道德。开始时，大家对一档周播节目发出的爱心呼吁能得到多大响应心中无底，但此后人间爱心的迅速涌动则让我们惊喜无比：三天中电台门口接待室人流不断，感人情景一再出现：头一件捐赠的玩具是一个卧病在床的10岁女孩托祖母送来的布娃娃；有一个丈夫替患癌症的妻子买了玩具送来，说他们自己是不可能有孩子了；也有一家三口同来捐赠的；有一群医科大学生相约同来；有一个班或学校派代表来的；有受单位委托拿着介绍信来的；有个小孩拿来一袋沉甸甸的硬币，据说是他的同学们为此敲碎了好多个小猪储蓄陶罐……三天中先后有182个团体和个人送来一千多件玩具、礼品和3 000多元捐款。而其他接待点也同样重复着动人画面：一位踩黄鱼车过来的工人眼噙泪花放下百元便走；一位经商者出钱要为患儿们买几十把带轮转椅，而卖椅子的老板又自愿让利免费送货到病房……这样的情景连续震撼着我们的心。受到鼓舞的陈丹燕觉得还应该扩大报道面，我当即陪她去找了新闻部主任李平、综合部主任张福荣和副台长尹明华。经过大家一起商量，决定了两部门三栏目联手的行动计划，并向台长陈圣来作了详细汇报。

12月9日，联手行动如约实施。

早晨，新闻板块《东广早新闻》先行报道了已在进行的捐赠行动；下午，我和几位志愿者随同陈丹燕去了新华医院儿童白血病房，布置一间收纳社会各

作者在广播直播室

界捐赠物品的爱心儿童房。第一批礼物包括一台大彩电、一台录像机、一套CD音响、四台收音机、30把新款儿童有轮转椅、一棵活的圣诞树以及一千件玩具等；稍后，新闻部资深记者江小青陪同台长陈圣来、《儿童时代》杂志社社长邱士龙等也来到医院爱心房，打量并思考着等一会由她主持的捐赠仪式的现场直播报道；与此同时，另一路人马在电台做直播节目的前期准备：综合部《今日新话题》主持人章茜接来当晚的嘉宾——新华医院主任医师姚慧玉和病孩玲玲的妈妈何女士，接着会同《青年报》副主编陈保平、综合部监制张鸣，在走廊临时充当的“会议室”里筹划起来。

18点15分，《今日新话题》开始曲响起，章茜在《萤火虫》乐声衬托下以沉稳深情的话语拉开了节目的“序幕”，把由电台直播室和医院捐赠现场两块衔接播出的“特别节目——十二种颜色的彩虹奉献一片爱心活动”步步推向高潮……那一刻，随着电波的飞扬，所有在收音机旁的人都在爱的传递中感受着人世间的心灵美，也同时合力缔造着文明社会的和谐美。那一刻，在医院，陈丹燕同孩子们以及家长们，一起唱起《世上只有妈妈好》。当江小青主持并完成捐赠仪式的报道，转身请陈丹燕作为捐赠活动发起人谈谈感想时，陈丹燕已经泣不成声。她说，要是知道病儿中的一个已于昨天夭逝，她一定会早一天来的。她还拿着一把剃须刀哽咽地说，这是有人送给12岁小男孩杨波的，希望小杨波能活到青春期，长出胡须，接受一个男子汉的礼物……在场的每一个人都很感动，特别是那些病孩的家长，都不禁热泪盈眶。

那天晚上，无数个拨打东方电台792直播室热线电话的听众，通过电波向孩子们送上自己的一片爱心：一位姓潘的先生代表安徽现代电视技术研究所上海办事处捐款2 222元，他解释选择数字2是表示两颗心，即大家和生病的孩子们心心相印，他希望让人与人之间充满爱，让我们的社会充满爱；一位稚声稚气的女孩说要捐出自己积下的全部压岁钱；南京东路蓓丽妇女儿童商店表示送给每个生病的孩子两套衣服；一家乳品公司要给每个生病的孩子一日一瓶奶；一位年轻爸爸代表健康活泼的儿子捐赠500元；一位战士说："我听了广播很激动，我很同情这些不幸的小弟弟小妹妹，我能做的很有限，但还是想捐点钱。虽然他们很不幸，但我觉得他们应该知道这个社会还是很有爱心的，也许这就是他们很有幸的地方。有很多人在关心他们，他们应该看到也许明天会更好……"他话未说完已抽泣起来。

那天晚上，当陈丹燕与几位志愿者最后走出医院时，一位出租车司机执意要送他们回电台，他说他的孩子就住在这个医院里，刚才他噙着泪花收听车内广播，许多路人在他车旁驻足聆听，唏嘘动情。那天晚上，一片片爱心在电波中传递，或者说电波扩大和加速了爱心的传递。原计划为期七天的捐赠周，结果过了春节，捐款、捐物还在不断送来和寄来。最后总共达到4 000多件玩具、物品和近10万元捐款。

那时候，上海有三家设有儿童白血病房的大医院，除了新华医院，另两家是上海市儿童医院和上医大附属儿科医院。所以，在新华医院建了爱心屋，进行了捐赠仪式的现场直播后，12月17日、24日，我们又先后把第二批、第三批捐赠礼物送到另两家医院，于是，第二间、第三间爱心屋便由此诞生。那近10万元钱，约一小半作为给患儿提供血制品的花费，剩下的给了儿科医院的一个国家级科研项目——建立一个无菌"层流室"，试验以换血的方法治疗儿童白血病。

后来，围绕这个爱心活动展开的直播广播专题节目，获得第三届“中国新闻奖”一等奖。这无疑是对那一场爱心大传递的极好评语，是给那次中国社会人际关系抽样测试打的高分。当然，无论得不得奖，那次奉献爱心的活动，已经在人们心中留下永不磨灭的记忆。

作者系原东方广播电台副总编辑、上海人民广播电台高级编辑

守望者

陈湘云

1977年秋，我来到外滩北京东路2号上海广播事业局报到，被分配在上海人民广播电台戏曲组当记者。走进戏曲组办公室的那一刻我的心情很激动，因为我从小是听着戏曲广播长大的。后来在上戏读书时又主修中国戏曲史，我们班级还为学校编过“中国戏曲史讲座”教材。在编教材的过程中我了解到中国戏曲与古希腊悲喜剧、印度梵剧并称为世界三大古老的戏剧文化，当今唯有中国戏曲还活着。

当时我们戏曲组才六个人，一批在“文革”中被赶出去的老师正在陆续返回。我的师傅杨爱珍老师是一位资深老编辑。老师告诉我由于“文革”的原因，戏曲广播节目极度匮乏。不久赖素娟老师从“战高温”的工厂回来了，她也是一位资深老编辑。两位老师与我聊起电台节目库里戏曲节目的比重绝对是最高的。同时我也知道了磁带是由磁粉涂层和胶带组成的，节目的声音就是通过胶带上的磁粉涂层保留下来的。

刚到组里的那段时间我和老师晚上去剧场采访，白天主要就是整理“文革”中被封存的节目目录。这时我的两位师姐王惠群、余雪莉从其他科室调入戏曲组，丁秀莫老师也从工厂回来了。在目录整理中大家觉得“文革”中被封存的所谓“封资修”内容的节目，其实都是一些非常优秀的节目，可不可以重新开放呢？组长应为和李卓敏及时对人员分工进行调整。老同志按原分工不变，沈琪秀分管沪剧，叶子超分管滑稽，我分管淮扬剧和全国地方戏。首批开放的戏曲节目目录很快就送到了部、台两级领导那里。一开始，这些报批目录都还要送到上海市委宣传部去审批，因此节目开放的速度就比较慢。十一届三中全会召开后不久，审批权就下放到台里了，节目开放的速度明显加快。此时戏曲组开足了马力，原有的审听设备不够用，又在办公室走廊的南面加了一台。在这段时间里我能感受到我的老师和同事正努力地把在“文革”中失去的时间抢回来。此时，听众能感觉到的是文艺广播的春天来了。

在十一届三中全会精神的鼓舞下，戏曲界京、昆、越、沪、淮、评弹、滑稽等剧种的老前辈纷纷复出，再次走上舞台。我们录下了所有演出的实况录音。我也有幸观摩了几乎所有的舞台演出，得到极大的艺术熏陶和滋养。

1977年，上海越剧院复排越剧《祥林嫂》，袁雪芬饰演老年祥林嫂，最后一场当祥林嫂头顶漫天大雪、臂挽竹篮、手拄拐棍、脚踏雪地用弦下调缓缓唱出“雪满地，风满天，寒冬腊月又一年……”时，我已经热泪盈眶。

1979年1月，正值俞振飞八十大寿，上海京剧一团在上海人民剧场演出京剧《金玉奴》。这是童芷苓、俞振飞、刘斌焜“文革”后首次重返舞台合作演出。八十岁的俞振飞神采奕奕、宝刀不老。

在此期间，我们还专门邀请老演员来台录音。徐玉兰和王文娟来台那天录的是《红楼梦》，当徐玉兰的“林妹妹，我来迟了”的叫头一出，所有在场的工作人员都惊呆了，贾宝玉回来了。

筱文艳虽然已年过半百，声音仍然富有磁性，感染力极强。我们对淮剧《女审》组织了来台录音。秦香莲痛斥陈世美的那段情绪复杂多变、曲调悲愤激昂的“自由调”是筱文艳自创的。《女审》是筱文艳的代表作。

在以后的很多年里，戏曲组的同志们晚上在剧场工作到深夜，白天则坚持上班。多年后我们的老台长高宇在他的回忆录中写道：“十一届三中全会以后，上

海电台贯彻上级精神，陆续召回了一些业务骨干，同时吸纳培养新人，全台团结合作，坚决拨乱反正，矢志改革创新。我们首先改变被‘文革’砍得只剩两套节目的衰弱状况，恢复为7套节目、日播107小时。”

1985年秋，我离开戏曲组到电台任办公室主任，节目库刚好由办公室管辖。此时我已知道节目磁带的寿命理论上来说只有十年，十年后磁粉脱落节目就会损坏。如果出现这种情况那么损失将是无法挽回的。经过反复论证，我们终于在局广播科研所陈桥所长和国家广电部计算机中心梁任汪主任那里找到了解决方案。即对戏曲节目进行转录，为今后的数字存储做了准备。台长李森华立即指示成立了由杨爱珍、赖素娟、陆进云、龚敏芝老师组成的广播节目抢救小组。她们首先从戏曲绝版节目磁带做起。陆进云老师为了在转录中尽量保证最高质量，用手指贴着那些已经发脆的磁带，并顺着变形磁带的弯曲度，顶住放机的磁头放音寻求最佳效果。正是由于她们的努力抢救，上海电台的绝版戏曲节目得到又一个十年的延续性保存，最后顺利地迎来了数字存储。

2000年，上海文广集团投资2 000万元，研制开发“广播电视节目资料数字存储、管理、应用系统”，并以此为开端，不断地为系统建设全面注入媒体资产的管理理念。2009年，广播媒资系统上线运营。

从2005年开始至2011年底，由局节目中心丁嵘带领的广播节目数字化工作团队，用整整6年的时间完成了广播节目的数字存储，媒体资产总量达19万小时、80万条数据。

40年中我和我的老师、同事亲身经历了电台戏曲广播改革开放的全过程，而今又欣喜地看到保护民族文化遗产，实现中华民族伟大复兴的新时代已经到来，我们感到无比的欣喜。

作者系原音像资料馆馆长、节目中心主任

我与人民广播共成长
——我在上海电台的日子

秦来来

2019年，上海广播迎来了七十华诞；

2019年，我蹉跎岁月、虚度七十；

古人说“人生七十古来稀”；我能伴随人民广播同生共长，不枉此生。

一、我与“星戏会”

1983年夏天，上海广播电视局第二次向社会公开招聘记者、编辑，历经“过五关、斩六将”，我通过了上海广播电视局举办的公开招聘考试，踏进北京东路2号上海人民广播电台，成为这个单位的一个新成员，梦想成真。

报到的第一天，当时戏曲组的副组长李卓敏老师找我谈话，大致的意思是，我们刚刚开发了《星期戏曲广播会》，考虑到你对戏曲的各个剧种都有一定的了解，我们决定由你担任“星戏会”的编辑，跟着一起搞。当然，后来由于各种原因，“星戏会”不设固定的“编辑”，改由各个剧种的编辑分头负责。然而，毕竟我主要搞了一阵子“星戏会”，而且确实是发挥了我的长处，因此，这份“情结”，一直延续在以后的工作中，至今萦绕心头。

《星期戏曲广播会》是上海电台的品牌栏目，开播于1983年1月。“南北京剧名家汇演”“南北笑星大会串”“浙江小百花越剧专场”在合肥直播的“黄梅戏演出专场”……“星戏会”举办的一台台精彩广播会，曾经在长三角地区的听众群中，留下久久的回味。其中，1985年“上海市青年戏曲演员国庆座谈演唱会”，1987年“大观园赏月唱《红楼》”两场专场演唱会，均由我策划、落实，难以忘怀。特别是，2008年，通过努力，我们又把“星戏会”开进了外交部，办到了“新闻发布厅”，更是创了一个奇迹！

“上海市青年戏曲演员国庆座谈演唱会”

1985年8月24日上午，在上海淮剧团召开上海“青年戏曲演员座谈会”，起因是，不少青年戏曲演员，喜欢通俗歌曲，并且在自己的戏曲演唱中，采用通俗（气声）唱法，在社会和业内引起了较大的反响。于是，有关部门就召开了这样一个座谈会，让青年演员互相交流体会、提高认识。

针对当时一时兴起的戏曲演员唱通俗歌曲的现象，座谈会强调，“只用流行音乐来迎合观众，我们就是放弃了一份珍贵的文化遗产——戏曲艺术”，据此，我正式提出报告，“星戏会”举办特别节目——“上海市青年戏曲演员国庆座谈演唱会”。为了扩大影响，我联系了上海剧协、《上海戏剧》《青年报》《上海文化艺术报》《生活周刊》等共同举办这个活动；上海淮剧团提供技术保障。同时，找到了我的朋友，最后由锦江集团青年会宾馆提供后勤保障：免费提供场地、会后的宴请。

1985年9月26日下午，“上海市青年戏曲演员国庆座谈演唱会”在青年会宾馆宴会大厅举办。主持人聘请了热爱戏曲的电影明星梁波罗，以及刚刚因为在新拍的电影《雷雨》中出演繁漪一角而走红的顾永菲担任。

这次座谈演唱会囊括上海戏曲界的青年英才，如：京剧界的言兴朋、关怀、吴颖、李占华、赵京茹；昆曲界的姚祖福；越剧界的赵志刚、陈颖、华怡青、胡敏华、孙智君、连玉烨、许杰、温沛、董蓓芬、金静、韩婷婷、萧雅、吴国芬、张俐；沪剧界的茅善玉、吕贤丽、徐俊、孙徐春、王惠钧、陈苏萍、华雯；淮剧界的梁伟平、施燕萍、金爱华、卞玉霞、丰君梅、袁虹、高勇明、孙荣伟、张跃忠；评弹界的秦建国、黄嘉明、赵小敏；滑稽界的顾竹君、周庆阳、张小玲、殷群红，共计43人。另外，作为技术保障单位的上海淮剧团，青年队队长谭曙，指导员景兰英，副队长常正军和陈国平参加座谈演唱会。加上主办单位、各新闻单位、文化局有关领导共计105人出席。

这次座谈演唱会，开创了“星戏会”的新模式；同时，为增强各剧（曲）种青年演员之间的交流、学习，提供了良好的平台，对于青年演员之间横向交流、互相借鉴、丰富实践、各自提高，起到了很好的作用。

大观园赏月唱《红楼》

1987年5月3日，我在青浦大观园采访谢铁骊导演，由他执导的电影《红楼梦》正在那里拍摄。去的那天，正好拍摄“元妃省亲”那场戏，李秀明扮演元妃。

采访时，我突然闪过一个念头，我们的“星戏会”在这样的“实景”中，搞一次各剧种的综合演唱会，多好！而且，在数日后的一次采访中，袁雪芬先生就讲过：“越剧就像园林艺术，把环境、生活、歌唱熔于一炉。”

于是，我正式提出《大观园里唱“红楼”》的设想——邀请上海地区的著名演员（演过《红楼梦》的）会串演唱，突出趣味性、欣赏性；并结合场景、故事、剧种、演员综合起来介绍《红楼梦》有关知识。

节目顺序：一、以《红楼梦》故事顺序来组织演唱的片段；二、以《红楼梦》故事景点来组织演唱的片段。

节目形式：采用现场录音，回来合成，再播出的方式。

领导同意我的想法，接下来就是争取青浦大观园的支持。我与倪淑珍一同走访了大观园管理办公室李主任。由于大观园刚刚开放，他们也需要做一些宣传，所以我们的谈判比较顺利。商定由他们无偿提供所有场景，并且提供技术（水、电、照明、桌椅道具等）保障。

由于大观园远离市区，我们的录制在晚上进行，我又找人联系了朱家角镇的有关领导，由他们安排晚餐，招待参加演唱会的演职人员。那天，他们精心准备，并且安排了大闸蟹，以及具有青浦地区特色的河鲜、蔬菜，用现在的话来说，就是“农家菜”。

接下来最大的难题是这期节目的串联稿怎么写？何人写？经《解放日报》老编辑、“红学”专家陈诏老师的推荐、介绍，我找到了研究“红学”的专家、华东师大的邸瑞平教授。令人惊喜的是，她不仅精研“红学”，同时也是戏曲爱好者，更是徐玉兰、王文娟老师的“粉丝”。

我把节目单、演员名单送到她府上不几天，她就把串联稿寄给了我。邸瑞平老师对《红楼梦》诠释的精辟，流光溢彩的文辞；还有她那颗年轻的心（居然还“追星”），在字里行间流淌。京剧界的童芷苓、孙正阳、夏慧华、言兴朋、吴颖，昆剧界的华文漪、岳美缇，越剧界的徐玉兰、王文娟、周宝奎以及刚刚崭露头角的钱惠丽、王志萍、单仰萍、华怡青、董慧敏、方亚芬、裴燕，淮剧界的周雅一，评弹界的杨振言、余红仙，还有来自福建芳华越剧团的“越剧皇帝”尹桂芳和她的搭档李金凤。

这次活动令人耳目一新，这些戏曲界的大艺术家能够聚在一起，也可以说是非常难得的。

“星期戏曲广播会”唱响“新闻发布厅”

外交部新闻发布厅，是中国外交官纵论国是、发布信息的庄严场所。2008年1月5日下午，这里听不到发言人慷慨激昂的论辩，却是声声叮咚弦索；看不见外交官谈笑风生的讲述，而是处处吴侬软语。一台名为《雅韵盛典——2008新年评弹演唱会》正在录音转播。这是上海人民广播电台的名牌栏目《星期戏曲广播会》恢复现场直播后的首场演出。

这台演出，由中华人民共和国外交部工会、上海文广新闻传媒集团主办，上海航空公司协助、上海文广新闻传媒集团广播文艺中心承办。

2007年9月，上海文广新闻传媒集团重组“广播文艺中心”，同门兄弟《星期广播音乐会》长期坚持不败的现状，给了我很大的启发，何不乘着“广播文艺中心”建立的东风，提出恢复“星戏会”现场直播，让“星广会”“星戏会”双星闪耀、携手并进？

要恢复直播，就要有一个好的开头、一个打得响的开锣戏。我就大胆地设想，“星戏会”恢复直播的第一场，就搞评弹专场（因为评弹演出轻车简从），放到外交部去，为外交官们演出，这绝对是出奇制胜的一招。这是广播播出史上的第一回！

在外交部领导的亲切关心下，我的设想被同意了。

我又赶紧联系了上海航空公司的领导，希望他们提供往返京沪的飞机票。因为这是“大头”，这一块费用解决了，其他就好办多了。上海航空公司领导一直支持传统的文化艺术，再加上长期以来我一直与他们保持着良好的联系，上航的领导同意了我的请求。

解决了飞机票，我还是担心，因为几十个人到北京，需要解决在北京的住宿、伙食；还有演出现场的舞美、音响等，这些费用都要开支。我又反复同外交部有关部门领导“磨嘴皮子”，结果外交部只要我们主办单位象征性地出了点钱，就解决了宾馆和吃饭问题；对于舞美的费用，外交部工会也承担一半。

1月5日（周六）下午正式演出以前，部长杨洁篪在著名的外交部橄榄厅亲切会见了主办单位领导。

演唱会上，来自上海、苏州两地的优秀演员分别演出了精彩折子。但是“星戏会”原定是星期日（1月6日）下午的现场直播，由于提前一天到星期六（1月5日）举行，因此只能当场录音，再到第二天的下午播出。当天晚上9点30分，我和赵虹连夜飞回上海，到电台剪辑节目。我剪辑一部分，她赶紧审听，流水作业，一直干到1月6日凌晨，东方发白。我们把节目上传到播出系统，我又抓紧复听一遍，没有发现问题，这才放下心来。保证了第二天的正常播出。

二、我与《星期书会》

《星期书会》是上海人民广播电台一档每周一期的鉴赏性的评弹栏目，2002

年，我接手以后，不仅要负责编辑《星期书会》《广播书场》节目，更让人为难的是编辑还要自己在电脑音频上做一些剪辑的技术活（这对于我一个50多岁的老头子来说，算得上是“60岁学吹打”)。即使在这种困难的情况下，我还是发挥最大的积极性，牺牲一点业余时间，尽可能把节目做得好一点。

有新意有特点

第一个难点在于，2002年7月中旬接手《星期书会》节目时，已经是900多期了，前后历经四任编辑，应该说该想的点子全想过了、该做的专题全做过了、艺术家个人的专辑也都搞过了；再说，绝大部分艺术家已经离我们而去，因此不大可能在演唱会方面起“蓬头”。

我能做的就是：挖潜、再挖潜、深挖潜。我对自己的要求是有新意有特点，尽管前面有900多期节目，我还是要争取不一样。因此，当年“中秋”我把古典诗词中的咏月名篇与弹词中的相关开篇结合起来做文章，不但请来著名的小说演播家梁辉朗诵诗篇，还把“老听客”周柏春（滑稽表演艺术家）请到电台来做嘉宾主持，把一个小时节目弄得形式新颖，内容丰富，又不乏活泼诙谐，彰显作为说唱艺术的评弹的语言文学性。听了古代诗人的名篇佳作，再听音乐化的弹词开篇，确实可以帮听众体会弹词开篇中诗一般的意境，味道更浓了。这种编法以往可以说从未见过。播出后听众的反响很好，《新民晚报》为此专门有人撰文给予好评。当然我编这档栏目所花的精力比平常多出许多。也许，杜老先生“语不惊人死不休”的名句就是我搞栏目的志向。

善于选材不落俗套

我接手《星期书会》栏目时就随机选择以前的《星期书会》栏目，大概不下于五六十期仔细审听、学习。我对自己的要求就是尽可能跟他们做得不一样，提高书会的品位，提高听众的趣味、把准节目精品的定位。比如，长篇弹词《玉蜻蜓》是广大听众非常熟悉的传统书目，有关《玉蜻蜓》的声音资料真是不少，如何选材，考验编辑的功力。同样一曲《认娘》，我选了胡国梁的，让平时不太唱“蒋调”的胡国梁显示了他的“蒋调”功底，也让听众“尝尝新”。胡国梁的这段唱的确到位，让诸多擅唱“蒋调”的老手不敢“夜郎自大”。潘闻荫、王柏荫两位“蒋门”弟子（弹词艺术家蒋月泉先生的弟子）的《洞桥拾子》是会书录音，我们难得播、听众难得听，而且时间不长，正好一小段。因为时间有限，编一个小时的节目难度很大，一个段子如果时间太长，占节目时间太多，就失去它的综合性特点；如果把一个完整的段子截得很短，又会让听众感到不过瘾或不能充分表达编辑的思想。我的这一段片段让听众听到了蒋先生两位主要的弟子一次难得的合作。江文兰的《佛地寻亲》，显示了这位与蒋派艺术有渊源关系的著名弹词艺术家的“蒋调”功力，真是经典，让人难忘。苏似荫、江文兰、沈世华三个档的《庵堂风波》节目紧凑，彰显表演者的说表功力，以苏似荫所演的“老佛婆”领衔，江文兰与沈世华分别扮演的“当家大师太”“二师太”“小师太”等角色，合作演绎了一幕出家人未能脱俗的轻喜剧。有老听众指出：最近听了两期由沈世华、秦建国主持的“谈《玉蜻蜓》”，我听得很过瘾。《星期书会》能正确选题，又能环绕主题，谨慎选材，在一个不长的时间段里，编辑出对听客胃口的内容，使听客得到艺术享受的愉悦，其幕后凝结着工作人员大量的心血和汗水。

审时度势，精编专辑

面对当时苏州评弹出现低谷和评话艺术式微的状况，我又充分调动听众中的“能人”，别出心裁，“借脑借力”请他们一起为《星期书会》出谋划策。

为了让听众有系统地了解评弹艺术历史沿革（纵向）和名家云集（横向）的盛况，我有组织、有系统地推出了一组组专辑介绍。推出“评话名家名段系列欣赏”专辑共12集，比较系统地把电台保存下来的近世评话名家，按照他们的师承和书目作了详尽的介绍，使得老听众感到满意和享受；在吸引新听众方面，也起到较大的作用。

另外像“当代优秀评弹演员”系列介绍的专辑，是为了鼓励和引导听众正面了解当今活跃在书坛的中青年评弹演员的甜酸苦辣和他们作为评弹艺术的传薪者的不易和努力。又比如，2005年，世界反法西斯斗争胜利和中国人民抗日战争胜利60周年之际，《星期书会》推出“不忘国耻振国威·抗战胜利60周年纪念”专辑；2006年7月1日，是伟大的中国共产党建党85周年的纪念日子，《星期书会》又组稿编辑“没有共产党就没有新中国”的系列专辑，对于弘扬民族正气和缅怀革命先烈的丰功伟绩等起到积极的宣传作用。

三、《星期书会》1 000期专场演出

2002年我接手《星期书会》不久，就要迎来它1 000期的喜庆之日，要不要办活动？怎么办？

办，一定要办！一个名牌栏目，办了1 000期，多不容易。

要办，要有思路，要有经费支撑。

首先是拿什么节目来庆贺1 000期。我决定，搞一场“评弹传统节目精彩会书专场”，选好的演员、有人缘的书目。再搞一场“评弹传统节目流派演唱专场”，除了邀请著名评弹作家徐檬丹专门写了一首《星期书会》1 000期庆贺开篇《姑苏雅韵代代传馨，空中书场声声悦耳》以外，我从上海图书馆翻阅了20世纪60年代，评弹节目唱响文化广场的内容，作为专场节目。这个创意受到了听众的好评。我还不满足，评弹被誉为“江南明珠”，陈云等老一辈领导对她情有独钟，应该再造大声势。我想到了中国文联主席周巍峙先生，他是一位受人尊敬的文化界的领导；又是我的一位“忘年交”。我就给他写了一封请求他为《星期书会》1 000期庆贺活动题词的信。

接到我的请求信以后，周部长给我打来电话，仔细询问了节目情况以后，他挥毫书写，寄来他的题词：“姑苏雅韵代代传馨，空中书场声声悦耳。”

领导们的题词，大大提升了这次活动的规格，提升了这次活动的品位。

关于经费的问题，我又联系了朋友，在他们的帮助下，顺利地解决了。

用评弹演绎《乡愁》

2004年初，上海的评弹音乐工作者吕咏鸣先生，独辟蹊径，用评弹曲调为余光中先生的《乡愁》谱曲。当他找到我，征求我的意见的时候，我深感振奋。吕咏鸣先生用具有鲜明江南特色的评弹来演绎《乡愁》，不但令人耳目一新，也是恰到好处的。

不过，苏州方言的评弹，对于更大范围的受众来讲，是有局限的。于是，我对吕咏鸣说，我有两条建议，一是演唱前可以在音乐的伴奏中，邀请优秀的配音艺术家乔榛先生朗诵一遍，这样，不仅可以让所有中国人都能听懂，而且，听乔榛先生的朗诵，本身也是一种艺术享受。二是由我们电台来录音，使其成为一首立体声的音乐作品，并由我们电台率先发布。

2004年5月20日，由我和吕咏鸣先生共同策划、我们电台等单位主办的“乡愁、相思、乡情——江浙沪著名评弹演员联合演出评弹音乐、流派专场”在上海美琪大戏院举行。演出之前，我特地与余光中先生通了电话，把我们电台举办评弹演唱会的策划告诉了他，并把我们的录音发给他，请他听了以后提出意见；同时，向他正式发出邀请，请他到时出席我们的演唱会，现场欣赏评弹谱曲的《乡愁》。演出结束后，余光中先生很高兴。他说：“我没有想到苏州评弹可以这样来表现，尤其是结尾时演唱者的淡出，声音慢慢低沉下去，这是非常好的，体现了一种淡淡的哀愁。”

文艺专题《淡雅、隽永品“乡愁”》，获2004年度上海广播电视奖·广播文艺一等奖，同时获第六届中国广播电视学会广播文艺专家奖一等奖。

四、给黄宗英老师“立传”

“用生命的秋天拥抱艺术的春天”，这是著名电影表演艺术家、报告文学作家黄宗英晚年生活的写照。

黄宗英的艺术人生，充满了辉煌，也经历了坎坷。

2007年4月27日傍晚，当时的综艺部领导传达了市委宣传部领导“给黄宗英老师做节目”的任务。当晚，我们赶到了宗英老师住处。赵虹特地买了很大一捧鲜艳的玫瑰花（36朵表示浪漫），让老人先开心一下。然后，与宗英老师开始了关于制作节目的讨论。经过和宗英老师的沟通，我们终于明白了，宗英老师的意愿是，要录制一套由她担任“主播”的节目。

然而，通过几次接触，我们发现，宗英老师年事已高，加上由于甲状腺手术，影响了她的嗓音，包括音量和音色。因此，每次谈话、录音时间不宜过长；但是，谈话过短，无法达到访谈节目的要求。于是，我们多次议论，我深思熟虑以后提出，干脆不必拘泥于旧有的样式框框，把最新的访谈和库存录音、影视资料、效果音乐全捏在一起，搞它一个“四不像”，就叫作“广播配乐纪实作品”。

为了既照顾宗英老师的休息，又不至于影响节目的进程，我们抓紧“五一”长假的时间，征得宗英老师同意后，登门给宗英老师录音，紧接着放弃休息剪素材。在制作过程中，努力把宗英老师的演播、对宗英老师的采访、音乐素材、电影资料……有机穿插融合，注重细节的推敲，反复修改，力图打造一个广播精品。我们对自己的要求就是，追求样式与内容的审美统一。我们注重把节目的形象化与情感化的合理统一，注重样式的新颖别致，同时把握内容的准确感人。

虽然已是八旬老人，虽然满头银发已经说明她不再年轻，可是宗英老师身上依然散发着上海女人的“嗲”，她好几次因为自己的嗓音不再动听而发“作”地说，“我不录了，我再也录不好了！”在随后的采访中，赵虹特地为老人购置了沙发靠垫，还特地买的老人喜欢的绛紫色，让她坐在沙发上录音的时候可以自在舒服一些，让老人惊喜不已。

宗英老师自己也深有感触地说：“我一直想录制一个这样的节目，但年纪大了，舌头也转不过来，声带也不行了，可把我累坏了，都是节目组每天哄着我，才录完了这个节目。”当然，宗英老师在录制节目期间，每天要与我们节目组碰头两个小时，十分辛苦。

广播配乐纪实作品《黄宗英自述》自2007年6月播出以后，穿插简短的谈话，配以经典的电影音响资料，并以优美的音乐渲染气氛，精心编辑成10集，按时间程序播出后，受到广大听众的欢迎和好评，收听率节节上升，从6月的0.7%，继而1.0%、1.4%，直到7月15日达到1.6%，这样的收听指标，达到甚至超过了原有时段节目的收听率。

这个节目的成功，证明选题是抓对了；也证明，有文化品位的广播精品节目，同样会受到听众的喜爱和欢迎。

广播配乐纪实作品《黄宗英自述》获2007年度中国广播电视学会一等创优常规综艺节目奖。

五、腿勤、嘴勤、手勤，分内分外的工作都做好

上昆在北京

1986年9月，上海昆剧团应文化部调演通知，赴京演出。上昆领导向电台领导提出，邀请我作为随团记者，记录、报道他们在京演出的情况。事情的背景是，“文革”结束以后，昆剧大师俞振飞等一批艺术家，对昆剧的困境深感忧虑，便给当时的总书记胡耀邦写信，要抢救昆剧。中央对此很重视，专门成立了文化部“振兴京昆指导委员会”，对日后京剧、昆剧的振兴起了很大的作用。

因此，这是“文革”结束以后，上海的昆剧第一次进京接受检阅，北京各方面对这次演出都显得十分重视。

在这次随团采访中，有幸采访了习仲勋、姚依林、王蒙（时任文化部部长）等领导。

有幸随俞老等一起去卓琳家里做客，亲耳聆听卓琳讲述她对国粹艺术的见解，也有幸听她介绍，邓小平对京昆艺术的热爱，包括20世纪30年代，邓小平在上海搞地下工作时，还抽空去看言菊朋先生的京剧演出。

有幸遇到了齐心大姐，她在看望演员的时候，发表了语重心长的讲话，要求大家身体力行，传承好中华民族的传统艺术。

采访陈昊苏

1986年9月，我在北京随昆剧团采访，接到了文艺部领导的电话，说文学组要编辑播出铁竹伟撰写的长篇纪实文学《霜重色愈浓》，是介绍陈毅生平的作品。领导要求我赶到解放军文艺出版社，去找正在那里参加改稿的铁竹伟，做一个采访讲话，作为《霜重色愈浓》开播的引子。遗憾的是，等我赶到解放军文艺出版社，被告知铁竹伟日前已回南京（铁竹伟在南京军区政治部创作组）。按理说，这件事我可以汇报了结。可是我总感到有缺憾，文学组满怀希望，有铁竹伟的讲话来开头，让节目播出增添色彩。如今不能如愿，岂不遗憾。我考虑再三，一个大胆的念头在我脑中形成：采访陈昊苏，他是陈毅元帅的儿子，让他来做一个广播讲话，岂不是事半功倍

作者与国家级昆剧表演艺术家蔡正仁（右）、张洵澎（中）在北京国家大剧院

吗？我马上向领导汇报，领导说能采访到当然最好，可是能行吗？我说，就给我一个机会吧。

通过不懈努力，“软磨硬缠”，9月26日上午，北京市副市长陈昊苏接受了我的采访，按要求我做了录音，传回了台里，给宣传陈毅的节目，增添了浓浓的一笔。

电台工作30余年，我不怕困难、不畏辛劳、不计报酬，一门心思就是要做一个好的记者编辑，要做好的节目（当然很多时候能力有限，不一定做得到）。

我曾经有幸先后两次采访过江泽民；采访过中国主管文化艺术管理工作的最高领导，分别有王蒙、周巍峙、英若诚；有幸采访过将门之后陈昊苏；有幸采访到我国顶级的艺术家，像曹禺、黄佐临、俞振飞、白杨、李默然、于是之、朱琳、林连昆、侯宝林、小彩舞、马季、张君秋、方荣翔、裴艳玲；导演谢铁骊、夏淳、林兆华；音乐界有王酩、关牧村、克里木；上海的就更多了。

我具有较高的审美、判别能力，很早就撰文介绍当年初露头角的新秀，像关栋天（关怀）、言兴朋、孙徐春、钱惠丽、赵志刚、何赛飞……

30年来，我当过广播戏曲、文艺节目的编辑，也当过电视戏曲频道的编导；最让我难忘的是，在市政府、广电系统领导的支持下，我和我的同伴们，敢为天下先，成了中国交通广播的开创者，我也有幸成为中国交通广播第一台的第一任台长。

我要感谢改革开放以后，广播电视系统的领导，大胆改革用人制度，真正做到“不拘一格降人才”，才使我们这一大批“闲散”在社会各界的人员，成为重振上海广播电视事业的一支重要力量。

我与人民广播共成长，不枉此生！

作者系上海人民广播电台高级编辑

从《好运，北京》到《祝福你，北京》

胡敏华

在我的广播记者生涯中，曾前后两次成功策划了北京申奥大直播节目，并且在节目中体验了主持人和前方记者两种不同的角色。

1993年北京申办2000年奥运会。当时国内外舆论都认为，北京非常有希望申奥成功。上海电台派遣外语部记者兼《空中体坛》主持人顾陆丰前往申办地蒙特卡洛采访。为了更好地宣传北京申奥，上海电台举全台之力，于9月23日投票当天开设一档六小时的大直播节目《好运，北京》。我受命担任这档直播节目的总策划。当时电脑、网络都还没有，国际奥委会的各项议程和投票全都是封闭或秘密进行的，而且北京奥运申办还涉及政治、经济、外交、文化、体育等方方面面，所以，直播难度很大。为此，我搜集了大量的资料和信息，认真研究国际奥委会的有关章程，仔细核对各项议程的时间节点，把握好宣传口径，最终形成一个比较完整的大直播串联单。当时除上海电台以及北京电台作为申办城市台全程直播外，全国没有电台和电视台进行全程直播。

9月23日21点，《好运，北京》通过上海人民广播电台990千赫和浦江之声广播电台进行直播。我作为《空中体坛》主持人，主持了这档直播节目，和我搭档的是上海电台早新闻播音员王涛。为搞好大直播，整个新闻部也都动员起来了，部里派出多路记者前往北京、香港，以及上海各标志性景点采访，同时联络了中国台湾、澳门地区，甚至对澳大利亚、日本、美国、德国等地的华人进行越洋采访。新闻评论员仲富兰事先准备好了申办成功和失败的两篇评论。

前方记者顾陆丰直播前已在新闻中心紧张地采访各代表团的陈述。为了直播，他事先从新闻中心借了一部“大哥大”，硕大笨重，信号不太稳定。当天五个申办城市柏林、悉尼、曼彻斯特、北京和伊斯坦布尔首先进行陈述，每当一个代表团陈述完毕，前方记者就第一时间拿起大哥大进行直播，无缝连接，完全呈进行式状态地介绍他们的陈述情况。为了抢时效，记者在听陈述时直接用英语做笔记（因为现场陈述使用英语）。直播时，他看着英文笔记用中文口播，既准确又流畅，显示了上海电台记者的高素质。

按照议程，陈述结束后，国际奥委会评估团作评估报告，随后国际奥委会委员向申办城市提问，最后是投票。当时的投票是秘密进行的，使用的是纸质选票，投票时间漫长。前方记者此时转场去了路易第二体育馆，在那里，萨马兰奇将宣布获胜城市。前方记者一到那里，就和家里联系准备直播。现场非常嘈杂，记者拿着大哥大，几乎是扯着嗓子在喊，但没说上几句，信号就断了。等到再次接通电话，已经是半小时以后了，国际奥委会委员在投票结束后都已转场到这里，等候揭晓。北京时间凌晨2点27分左右，当萨马兰奇拿起信封，准备宣布获胜城市时，大家都屏住呼吸，祈祷好运能降临到北京头上。可惜，好运没有降临，萨马兰奇宣布2000年奥运会获胜城市是悉尼。现场的中国代表团因为不敢相信全都惊呆了，我们直播室的空气似乎也凝固了。我刚听到这一结果时非常意外，眼泪在眼眶里打转。但因为是直播，我必须调整好情绪，于是深深地吸了一口气，平静地说：“悉尼获得了2000年奥运会的举办权，我们对澳大利亚悉尼市表示衷心的祝贺。”王涛则气定神闲地用他那浑厚的声音开始播送评论《继续发扬奥林匹克精神》，当然这是一篇为申奥失利准备的评论。

北京申奥失利了，但令我们稍感欣慰的是，《好运，北京》直播节目获得很

作者1996年采访亚特兰大奥运会

大的成功，节目不仅导向正确，更以客观、权威、及时、准确和资料翔实获得各方好评，特别值得一提的是，在直播临近尾声时，前方记者抢播了一条独家消息："北京和悉尼进入最后一轮，但在最后一轮中北京以两票之差败给了悉尼。悉尼拿了45票，北京拿了43票，但这个消息还没有得到证实。"前方记者披露的北京和悉尼的得票数，以及北京以两票之差失利这一消息不仅准确无误，且是国内媒体中最早报道的。《好运，北京》获当年上海广播电视学会二等奖。

时光荏苒，进入2001年，北京决定第二次申奥。经过八年的不懈努力，中国经济实力更强，申办工作更扎实，心态更平和。北京这次将和大阪、巴黎、多伦多和伊斯坦布尔在莫斯科角逐2008年奥运会的主办权。

上海电台又一次得到宝贵的采访名额，台里决定这次派我去前方采访。出发前，我着手准备第二次申奥大直播节目《祝福你，北京》的策划稿。由于有八年

作者1985年采访拳王阿里

前的直播经验，再加上国际奥委会对议程进行了改革，代表团陈述、评估团报告以及最后的投票都公开进行，并对全世界进行电视直播，所以这次策划相对比较顺利。八年前赴前方采访的记者顾陆丰与八年前主持《北京，好运》的资深播音员三涛共同担纲此次申奥大直播主持，我则从八年前的主持变成前方记者。我携带的采访设备也较八年前“鸟枪换炮”了，除采访机外，电脑成了标配，手机变小了，信号也要好很多。投票当天，除了带上自己的手机，我还特意租了部手机，一主一备，确保直播时万无一失。

7月13日，是万众瞩目的2008年奥运申办投票日，投票将在北京时间22点左右进行。《祝福你，北京》直播节目则从19点开始，历时5小时，在上海人民广播电台（990/93.4）和浦江之声电台并机播出。

当地时间早上9点我便坐班车到投票所在地莫斯科世贸中心，随后便马不停蹄地进行采访，其中有杨澜、王治郅、郎平、王楠、刘璇、巩俐、张艺谋、何慧娴以及国际奥委会和各申办城市的官员等。这天我采访和直播双线作战，在几个重要的时间节点，我都做了直播。其中印象最深的是五个申办城市陈述结束后，我马上在直播中分析了形势，并大胆地预测热门城市巴黎将不被看好，而大阪将第一轮最先被淘汰，多伦多将和北京作最后的竞争。北京极有可能在前两轮胜出。当晚22点9分萨马兰奇主席拿着写有获胜城市名字的信封，八年前熟悉的一幕又出现了，但这一次萨马兰奇宣布获胜的城市是北京！事后我拿到大会公报，仔细核对了一下，投票的结果和我在直播中的预测非常吻合。

投票结果揭晓后，我很快完成了采访，正准备去斯拉夫饭店参加新闻发布会。此时，电话又一次响起，主持人临时起意，问我现场还有什么北京奥申委官员可以采访，当时天空飘着小雨，各国记者和北京申奥官员大多已离开，我环顾四周，看到北京奥申委秘书长王伟还没走，正接受美联社记者采访，我随即走上前去和那位记者打了个招呼，直接把手机递过去和王伟秘书长说："我是上海电台记者，我们现在正在直播，希望你能为上海的听众说几句话。"王伟秘书长很配合，马上接过我的手机："感谢上海朋友们对我们申奥的支持，我们一定好好干，带给北京、带给全国一个最好的奥运会，谢谢！"

直播结束后，我坐上了去斯拉夫饭店的班车，在那里北京将作为获胜城市举行新闻发布会，而我一直惦记着能在那里采访到北京申奥大功臣何振梁先生。新闻发布会临近结束时，我看到何振梁欲提前离会，我见状便一路追出去，边走边对他采访，直到他钻进小车离去。

结束一天的采访，我回到下榻的饭店时已是北京时间第二天凌晨两点多了，但我的工作才刚刚开始，还要为几个小时后的早新闻赶制三个录音报道：《北京将信守承诺，办好2008年奥运会——获胜城市新闻发布会侧记》《永远的北京，不远的奥运》《一位充满智慧的奥运老人——访何振梁》。申奥成功的喜悦赶走了瞌睡虫，三个报道很快完成了。这时我才想起自己从早上出门到现在没吃过任何东西，甚至没喝上一口水。

从《好运，北京》到《祝福你，北京》，上海人民广播电台为我提供了一个很大的平台。两次申奥报道，前后八年时光，使我有机会见证了北京申奥成功的历史时刻。作为一名体育记者，我感到非常幸运。

作者系原上海人民广播电台记者、《空中体坛》主持人、监制、新闻部副主任

《月朦胧鸟朦胧》录制记

孔祥玉

一、共同的根

20世纪70年代末，我的好友从国外带来一本书，他说这是在轮船上遇到的几个台湾船员送给他的，很好看，所以大家抢着看，书都被翻旧了……我接过书来，发现书名很特别：《月朦胧鸟朦胧》，又是台湾当代小说，倒是从来没见过，于是好奇地翻看起来，没想到立刻被吸引了，很快一本书就看完了……从此我知道了“琼瑶”这个名字。以后我又看到了她的几部小说以及根据她的小说改编的电影《彩云飞》，逐渐熟悉了她的风格和笔调。她擅长描写青年人恋爱婚姻的故事，作品多以儿女情长、好事多磨著称，婉约缱绻，自成一格。

《月朦胧鸟朦胧》虽然题目很“朦胧”，但实际内容却很明朗，它歌颂了真诚的友谊和爱情，歌颂了中华民族的传统美德，加上小说语言流畅，情节跌宕起伏，人物性格鲜明，戏剧性很强，非常适合改编成电影、电视剧，特别是广播剧！广播剧的最大特点是没有视觉画面，完全靠声音来描绘剧情，这声音主要包括语言、音乐和音响效果，而琼瑶小说的最大特点是语言生动流畅，笔下的人物对话都鲜活明快，符合人物性格特点和当时的规定情景，而且朗朗上口；并且琼瑶对中国的古典文学造诣很深，精通诗词，所以几乎每部小说里都会写一些诗词来抒发情感，这也成了她作品的一大特色，因此在改编成影视剧的同时，还根据她的诗词谱曲成了动听动情的主题歌。我觉得这一切特点都更加适合广播剧，于是萌生了改编广播连续剧的想法。

然而当时改革开放刚开始，以前电台从未播过类似的台湾文艺作品，能不能播出是个问题，但想到我们是希望通过播出这个作品让广大听众了解台湾同胞的现实生活，感知我们和台湾同胞的思想感情是相通的，我们都有共同的“根”，祖国统一、亲人团聚，这个神圣的愿望是一定要实现的！这想法使我有了信心，果然上报不久就得到领导的支持，开始动起来。我赶紧通过在台湾与琼瑶熟识的老作家跟琼瑶打招呼，没想到她很快就表示了赞同，还送了我两本刚刚出版的新书《不曾失落的日子》和《冰儿》。

二、教女有方

这个戏的主要角色是灵珊和韦鹏飞，他俩从互怼到相恋贯穿全剧，戏是最重的，但找到好演员来演是不成问题的，从语言声音、性格气质各方面考虑，我选择了特别适合的丁建华和乔榛，他们很快就进入角色，非常出彩。然而困难在于戏里还有一个刚满6岁的小女孩，她也是贯穿全剧的重要人物，戏很重，而且情感起伏很大，从一开始的蛮横无理到最后的乖巧懂事，不但要大哭大闹，还有很多细腻的感情戏，分寸很难掌握，找谁来演呢？考虑许久，我突发奇想，在众多小“演员”中选择了没什么演戏经验的丁建华的女儿彭年，她当时刚满7岁，只认识227个字，无法看剧本，从未演过广播剧，这样复杂的角色她能胜任吗？不少人为此捏把汗，我又何尝不担心？但考虑到她曾为电视剧配过音，语言声音都很好，年龄又与剧中的楚楚相仿，更可贵的是她自信心强，加上她有丁建华这样优秀又有经验的母亲把着手教，应该没问题。

作者（中）与乔榛、丁建华在“真假 803”联谊会上

果然，她非常“灵”，一教就会。她没法看剧本，所有的台词都得别人告诉她，然后她再记住，一边领会一边说出来，这样虽然慢一点，但效果特好，每一句台词都不是背书而是恰到好处地说出来，很真实。更大的麻烦是有几场戏需要她哭，她却不会哭，于是只好用各种方法启发她，但还是达不到要求，这时丁建华就严厉地批评她：不会演就不要演了！回家去吧！小姑娘满含热泪地扑到妈妈身上大哭起来，戏也就这么顺利地通过了。从此她很容易入戏，另外还有几场戏，比如第一集她父亲打她，以及第九集在医院里与生母相认的两段戏，她哭得那么撕心裂肺，听了真叫人心碎！每次录完后，丁建华一边给她擦眼泪一边心疼地说：“天哪！再这样录下去，非得心脏病不可！”

最后一集的最后一段戏是楚楚给灵珊打电话，真诚地希望这个未来的妈妈不要生自己的气，早点回来。彭年起先是哭着说的：“阿姨，你走了，我才知道我有多想你……”我和饰演灵珊母亲的袁国英（也是此剧的改编者）都觉得她演得不错了，可丁建华却不满意，对女儿的要求非常严格，她说：“不行！你不要一边哭一边说，你应该含着眼泪，想哭，但又强忍着不哭出来，这样说，才能更打动人。”我和袁国英都不约而同地摇起头来：“真是太难为这孩子了！这叫她怎么演？”不料，小年年竟马上领会了母亲的意思，一下子把握住了准确的感觉，把戏演活了。

丁建华可真是教女有方，通过这10集广播剧的录制，小年年俨然成了一个老练的小演员，对如何录制广播剧懂得了不少诀窍呢！

退休后的生活依然精彩

三、好事多磨

琼瑶善写好事多磨，没想到录制她的戏也“好事多磨”！

早在半年前我就把这本书给乔榛看了，并希望他来出演男主角韦鹏飞，我觉得他的声音和气质特别符合这个角色，他也欣然接受，其他演员也都物色好了，但由于录音棚等问题拖到1月初才开始录音，而这个节目按计划春节就要播出，时间非常紧迫，困难又接踵而来！当时天寒地冻，录音棚录音的时候又不能开暖气，演员一个一个病倒了，差点没法工作。首先是乔榛病倒了，他体质本来就弱，又当译制片厂厂长又配音，刚刚连续配了两个主角：《野鹅敢死队》中的上校和《包公》里的包公。晚上又来电台录音，累倒了，高烧不退，医生给了他两周病假，让他卧床休息，可是为了我们这出未完成的戏，他仍每晚准时录戏。他身体那么虚弱、心理负担又那么重，可一到话筒前什么病都没有了，精神焕发，录出来的戏潇洒自如，感人肺腑，这需要多深的技巧和多大的毅力啊！

饰演女主角灵珊的丁建华，在开录后不久，突然心肌炎发作晕了过去，可她休息一下又继续录音，她说绝不能因为她耽误进程。

袁国英因连日劳累加上天气严寒，感冒转成肺炎，高烧咳嗽，喉咙都哑了。医生要她住院，为了录戏，她没有住院，每天拖着虚弱的身体，白天去医院吊针补液，晚上坚持来录音，一天也没有耽误。

《月朦胧鸟朦胧》播出后，受到广大听众的欢迎和喜爱，这也是琼瑶作品在大陆的第一次亮相，之后又改编成电视剧和沪剧，同样受到欢迎，从此，琼瑶和许多其他台湾现实题材作品开始在大陆走红。

作者系上海人民广播电台一级导演

《嫁给了公家人》是这样诞生的……

雷国芬

2000年2月23日下午，在北京广电部礼堂，“金占林先进事迹报告会”正在举行……参加中组部两年一度的“全国广电系统先进集体、先进个人表彰会”的代表们凝神细听，无一不为金占林这位广电人“当公家人、做公家事”的精神所感动。听着听着，我的心里骤然萌发出要创作此题材广播剧的欲望。

作为“先进集体”（上海电台广播剧组）领奖代表的我一回到上海，便立马向有关领导和组里创作人员谈了想法，大家一致赞同，认为此题材有三大优势：一、广播电视“村村通”是政府实施的重大工程之一，属主旋律题材。二、金占林是广电系统的先进人物，作为广电人，宣传他责无旁贷。三、西部开发的号角已全面吹响，而金占林正生活在宁夏边远山区……但大家也充分认识到，真要搞这戏，我们将面临许多问题，最突出的就是对西北农村的生活不熟悉，其次便是金占林的事迹虽然感人，但是否具有戏剧因素从而构成一个广播剧呢？……台领导指示：先下生活，从生活中寻找答案、解决问题。

于是邱洁宇副台长亲自点将，约请著名编剧赵耀民加盟。赵耀民向以黑色幽默风格的作品见长，曾创作了《天才与疯子》《歌星与猩猩》等很有影响的话剧。

1998年，给我们写了广播剧《走进罗布泊》，以其凝练诗意的语言和空灵深邃的意境为上海电台赢得中国广播剧奖（政府奖）单本剧一等奖的荣誉。赵耀民欣然应允的同时也不无担心，因为他从无涉足过此类题材的创作，但他又觉得这对自己是个挑战，他希望自己有所突破。

6月12日，文艺频率总监王小云率赵耀民和我，三人一行飞赴宁夏，受到宁夏广电厅厅长及宁夏电台的热情欢迎。张怀武厅长说："你们不远千里，从东海之滨的繁华都市来到西北贫困落后的边远山区下生活，宣传宁夏的先进人物，为宁夏做了一件好事，我们感谢上海电台为西北大开发所做的努力。"

经过一路颠簸，6月15日，我们三人终于"灰"头"土"脸地站到了同心预旺广漠而贫瘠的土地上。我们参观了金占林生活工作过的地方，和金占林的乡亲、领导及同事座谈；我们来到了金占林的家，和金占林的妻子、儿子拉家常……金占林逐渐从平面到立体，由模糊变清晰，我们听到了他那颗执拗的心的真实跳动，理解了"公家人"这三个字中所蕴含的自豪感、责任感、使命感……

预旺是严重缺水地区，八个月滴雨未下，使本来就恶劣的自然生态环境雪上加霜。我们看到了星夜兼程赶来买水、一眼望不到头的车队，看到了人们如何惜水如金；我们也亲历了招待所停水，早晚都无法洗漱的窘境……后来，在《嫁给了公家人》剧本开头，赵耀民写了这么一段开场白："这地方太穷了。春天一阵风，一年刮到冬。地里没水，成了沙，草也难长。出门不是坡，就是沟，狼都发愁。"这确实是当地自然环境的真实写照。在深切的感受中、体验中，我们又一步步走近了金占林……

这里不能不提一下同心广电局的张宏智书记，是他在上任不久就发现了金占林身上的闪光之处，经过一年多的跟踪、采访，他搜集了大量的第一手资料。在陪同采访中，他为我们忘我投入的创作态度所感动，毫无保留地拿出了全部材料……

赵耀民有创作冲动了，决定从金占林的妻子黑桂芳的视角切入，写出这位公而忘私、公而无私的"公家人"既平凡又不平凡的一生。7月7日，他拿出了第

广播剧《嫁给了公家人》工作照，（左起）赵沛、作者、苏东生、赵组国、康爱石

一稿。他那极富生活气息充满西北味的语言让我们拍案叫绝。接着，第二稿、第三稿……每一稿的修改都经过台有关领导和全体创作人员认真热烈的讨论，直至临录音前我们还在不断地修改。

9月10日，我和音乐编辑杨树华、拟音师苏东生飞赴兰州。为了追求该剧自然质朴的纪实风格，追求生活的原汁原味，我们在台领导的大力支持下，做出了一个前所未有的举动：请西北演员用西北话演西北人。由甘肃省话剧团副团长、1999年中国戏剧梅花奖获得者康爱石领衔，赵组国、赵沛等一批省话剧团和省军区话剧团优秀演员组成了强大的演员阵容，他们一丝不苟、全情投入到排练、演播中。剧中金占林从20岁到60岁年龄跨度很大，康爱石很好地运用了不同的声音气息，把朝气蓬勃的年轻金占林和贫病交加的老年金占林演得栩栩如生。他真诚挚朴的表演使金占林“站了起来”，也使整个戏“站了起来”。

宁夏盛行“花儿”（山歌），金占林也爱唱花儿，我们决定以花儿的音乐贯穿全剧。也许老天有眼，也许纯属巧合，在兰州我们遇上了全国有名的花儿专家李恩春，他一听是有关花儿的事，一口答应全力以赴相助。他帮我们选歌词、定曲调，找唱花儿的演员。于是，周骏和马志雄这两个地地道道的农民走进了我们的录音棚，这也是这两个大字不识一个的人生平第一次。他们演唱的花儿感情之质朴、韵味之浓郁，让我们闻之动容。杨树华又根据花儿的曲调编写了几段单管吹奏乐，这样的音乐运用，使全剧血脉贯通，风格愈加浓烈。

甘肃省电视台的录音棚仅二十多平方米，录音条件非常有限。我们只好因地制宜想办法，硬是在非常简陋的条件下录了立体声。但由于前期录音留下了许多当时无法解决的缺憾，我们只能在后期合成时运用电脑高科技进行弥补。我、杨树华和特邀录音师吴岱德一头扎进制作间，十多天里天天从早到晚，一点一点地对位置，一句一句地修音量，一段一段地拉向位，所付出的努力真是难以言诉。当我们最后合完全剧时，已是9月30日早晨7点了……

值得欣慰的是，《嫁给了公家人》在当年10月举行的中国广播剧奖评比中，一举获得一等奖和最佳音乐单项奖。更让人击掌相庆的是，在2001年中宣部举办的第八届“五个一”工程奖获奖名单中，《嫁给了公家人》赫然在列。专家和评委对此剧给予了很高的评价，说该剧题材、角度、演播、情节、语言、音乐都很好，是一个很有特色的劳模戏。此剧在宁夏台、甘肃台播出后，当地同行难以相信这极具西北风味的广播剧竟然出自上海电台创作人员之手……

在广播剧《嫁给了公家人》的最后，金占林的妻子黑桂芳说了这么一段感人肺腑的话："……瞅着电视机里的老头，我哭了，我笑了。我突然明白了，他这一辈子图个啥了。好老头啊，你这一辈子，值了。我嫁给你，也值了。"在本文的最后，我借用一下黑桂芳的话——我们搞这个戏，也值了。

作者系上海人民广播电台一级导演、一级编辑

永远的小桔灯

黄家基

六十多年前，我还是一个戴着红领巾的小学生。当我第一次读到冰心写的散文《小桔灯》的时候，深深地被她慈母般的爱心和优美精致的文字吸引住了。更有幸的是，当我走上了新闻广播工作岗位后，竟有两次同这位文学大师见面的机会。她对广大少年儿童和我们少儿广播工作的关爱，让我难以忘怀……

记得，那是1980年的春天，冰心老人访问日本回来，途经上海，下榻在延安饭店。我和老编辑山文葆老师得知这个消息后，当晚赶到老人住宿的饭店采访她。

春日夜晚的上海，华灯初上，和风吹拂。冰心端坐在沙发上，围着蓝底白点的丝巾，清秀的脸庞，目光温柔又不失坚毅。花白的头发梳理得很整齐，神态优雅端庄。80岁的冰心身体硬朗，精神矍铄，朗朗地笑着，向我们伸出手。握着她温暖柔和的手，听着她响亮幽默的话语，如有一股春风拂过心头，我们不禁被她充满爱与美的人格魅力感染。我忽然觉得，坐在我面前的这位身材矮小的老人，既是一位德高望重的文学大师，又是一位亲切和蔼的慈祥奶奶！

我打开了录音机，磁带缓缓地转动起来。老人谈了很多访日观感，给我印象最深的，是冰心对中国少年儿童寄予的无限期望。她语重心长地说："我从日本回来之后，我对我们中国的小朋友们，希望更大，想得也更多。"她勉励孩子们要讲文明，守纪律，从小爱祖国、爱人民、爱科学，既专心学习，又会尽情地玩。至今，我还珍藏着冰心老人对上海小朋友生动讲话的录音磁带。那虽然已经是39年前的声音了，但现在听来，我觉得还是那么意味深长，亲切感人，春风化雨般地润泽着我们的心田。

一晃十二年过去了。1992年六一节前夕，我又一次有机会拜访这位文学大师。那年儿童节，正是上海电台对学龄前儿童广播节目《百灵鸟》开播十周年的日子。当时，我们很想请冰心给我们节目提点希望和意见，可又担心打扰这位已是92岁高龄的可敬老人，最后，我和编辑山文葆老师还是怀着矛盾的心情，踏上了北上的列车。在北京，听中国少年儿童出版社的朋友说，考虑到老人年事已高，以往例行在新年里到冰心家拜年的活动也已经取消了。我们怀着试试的心理，很不踏实地来到冰心老人的家——中央民族学院家属区一套普通的住房。想不到，当我们叩开老人的家门，仍然受到了她笑盈盈的热情接待。

在冰心老人整洁的书房里，活泼可爱的大白猫咪咪，静静地依偎在老人身边，那是老人晚年特别喜爱的忠实伙伴。明媚的阳光下，窗台前日本友人赠送的鲜花盛开着，溢出淡淡的幽香。此刻，我们感到特别的安宁温馨。冰心老人端坐在紧靠窗台的宽大的书桌前，满头银发，神态安详。冰心虽然比以前老了些，可说话流畅，思路敏捷。她精神很好，跟我们娓娓而谈。她甚至还记起了十几年前我们在上海采访她的事儿。我们向老人介绍了上海电台开办少年儿童广播节目的情况，也转达了上海小朋友欢迎冰心奶奶再来上海的心愿。老人专注地听着，仔细地问着，脸上不时露出欣慰的笑容。她充满爱心地勉励我们努力办好少儿广播，为孩子们服务。老人动情地说，有机会我一定会再去看望上海的小朋友。冰心深情地让我们转告对上海小朋友的问候。她说，六一节快要到了，祝上海小朋友节日快乐！

最后，冰心老人欣然提笔，为上海电台《百灵鸟》节目开播10周年题了词。

作者在外地摄影采风时留影

老人在题词中说："愿'百灵鸟'在唱了十年之后，更永远为小朋友们唱出促进他们健康快乐地前进的歌！"老人在娟秀有力的题词下方，端正地签上了自己的大名，还盖上了鲜红精巧的小印章，表达了她老人家对少儿广播事业的殷切期望和对广大少年儿童慈母般的关爱。

一代文学大师、亿万孩子的好奶奶——冰心老人离开我们已经20年了。如今，我也退休多年了。但是，冰心给我们上海电台的题词，给上海小朋友的讲话，给一生挚爱的孩子们的作品，犹如一盏充满爱心的小桔灯，永远在我们的心中闪亮，闪亮……

作者系上海人民广播电台主任编辑

一个曾经是电台规模最大的组——少儿组

梅　梅

那是1971年吧，我参加了上海人民广播电台的少儿演播组。在我的印象中，办公室很大很大，里面的老师很多很多。后来才知道，当时上海电台的节目全部是转录中央台的，唯独《对红小兵广播》和《对红卫兵广播》是自制的，所以，原先在新闻组、评论组、音乐组、文学组、科技组……全电台的优秀人才都汇集到了少儿组，因而在《对红小兵广播》《对红卫兵广播》的节目里，新闻、音乐、戏剧、文学、戏曲、科技……广播样式应有尽有，少儿组，俨然成了一个小规模的综合电台。

不仅有“少儿演播组”，还有“少儿合唱团”和“少儿广播乐团”，一百多小孩子浩浩荡荡，逢年过节都深入工厂、农村、部队，举行大规模的慰问演出，寒暑假期间，老师还带领大家到农村摘棉花、拔野草，到生产大队采访、和村广播站的老师一起做节目。那是极其吸引小孩子的，这样的“游戏”，比什么都好玩。

于是，我，我们，一群小孩子，像是一颗颗种子，在充满养料的泥土里孕育长大。我们的老师，都是当时“闲着无事”的作家、音乐家、艺术家和优秀的编辑、记者、播音员……在当时，让这些闲散于社会的各色人等为电台做些工作，

胡文杰老师（左）、作者（右）与新老学生梁正辉（后）、马新宇（中）一起演播

他们是充满感恩之情的，哪怕是教一群顽皮吵闹的小孩子。上课时，他们会用或柔美的，或清纯的，或洪钟般的嗓音叫："别吵啦！烦死啦！"责罚里，满是慈爱和宽容。我们在这里嬉闹，在这里成长。

我们很幸运，在很小的时候，电台就让我们知道自己喜欢什么，可以做什么。所以，到我能够选择职业的时候，我选择了放弃高中时向往的生物专业而投奔广播。为了这个选择，电台组织科专门去高招办协商，请求当年担任高招办主任的副市长特批，得以撤回档案，使我如愿以偿就职于电台。电台的很多小朋友有着对语言独特的敏感，他们学习英语、俄语、法语、西班牙语、德语……学成后，都在各自领域颇有建树。

在我上班第一天去北京东路2号报到的时候，少儿组的"外婆"、《百灵鸟》节目创办人山文葆对我说，"你不要以为声音好，会说几句话就了不起了，你得学，学习做记者、编辑。"台领导找我谈话，语气严肃："你可以没有文凭，但不可以没有文化，去，到复旦中文系旁听，下周就去！"——安排周密慈祥又毋庸

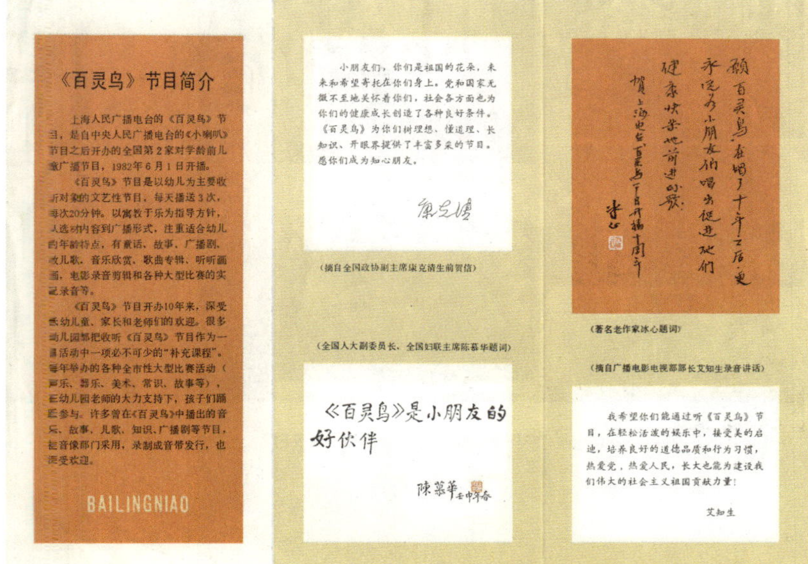

《百灵鸟》节目简介

上海人民广播电台的《百灵鸟》节目，是自中央人民广播电台的《小喇叭》节目之后开办的全国第2家对学龄前儿童广播节目，1982年6月1日开播。

《百灵鸟》节目是以幼儿为主要收听对象的文艺性节目，每天播送3次，每次20分钟。以寓教于乐为指导方针，从选材内容到广播形式，注重适合幼儿的年龄特点，有童话、故事、广播剧、或儿歌、音乐欣赏、歌曲专辑、听听画画，电影录音剪辑和各种大型比赛的实况录音等。

《百灵鸟》节目开办10年来，深受低幼儿童、家长和老师们的欢迎。很多幼儿园都把收听《百灵鸟》节目作为一日活动中一项必不可少的"补充课程"。每年举办的各种全市性大型比赛活动（声乐、器乐、美术、常识、故事等），在幼儿园老师的大力支持下，孩子们踊跃参与。许多曾在《百灵鸟》中播出的音乐、故事、儿歌、知识、广播剧等节目，被音像部门采用，录制成音带发行，也很受欢迎。

BAILINGNIAO

小朋友们，你们是祖国的花朵，未来和希望寄托在你们身上。党和国家无微不至地关怀着你们，社会各方面也为你们的健康成长创造了各种良好条件。《百灵鸟》为你们树理想、懂道理、长知识、开眼界提供了丰富多采的节目。愿你们成为知心朋友。

康克清

（摘自全国政协副主席康克清生前贺信）

（全国人大副委员长、全国妇联主席陈慕华题词）

《百灵鸟》是小朋友的好伙伴

陳慕華 壬申年春

愿百灵鸟，在唱了十年之后，更永远为小朋友们唱出促进他们健康快乐地前进的歌！

贺上海电台"百灵鸟"节目开播十周年

冰心

（著名老作家冰心题词）

（摘自广播电影电视部部长艾知生录音讲话）

我希望你们能通过听《百灵鸟》节目，在轻松活泼的娱乐中，接受美的启迪，培养良好的道德品质和行为习惯，热爱党，热爱人民，长大也能为建设我们伟大的社会主义祖国贡献力量！

艾知生

《百灵鸟》节目获得的部分领导人和名人题词

作家贺宜（中）与孩子们

作家任溶溶参与节目策划

台长高宇（二排左二）、上海市妇联主任谭茀芸（二排中）、上海市教育局局长刘元璋（二排左三）与孩子们

每年一届的《百灵鸟》常识比赛

三排左起：上广文艺台台长李德明、上海市教育局局长刘元璋、上海广播电视局局长龚学平、《百灵鸟》栏目创办人山文葆（女）为小选手颁奖

（左起）尚华、鲍维宙、王丽演播节目

《百灵鸟》“听众日”活动

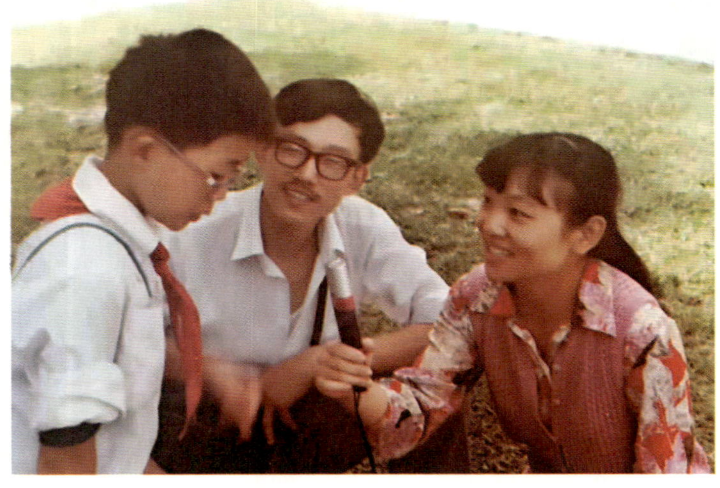

《国庆的一天》黄家基、梅梅在西郊公园采访

置疑，俨然安排自家孩子的前途。

小朋友朱韶俊、梁正辉播少儿节目

20世纪80年代初期，人们张开双臂，以无限热情拥抱“科学的春天”。还是说少儿组吧，她迎来了勃勃生机，节目样式和内容精彩纷呈、人才济济。粉碎“四人帮”后，上海台的第一部广播剧《小爱丽的星期天》是儿童广播剧，诞生在少儿组；大学生纷纷投递求职材料，活跃于各少儿报刊的作者应聘前往；曾经被驱离广播战线的老同志回到了心爱的电台，其中就有歌曲《我有一双万能的手》的词作者孙自伦。1982年儿童节，少儿组又增开对学龄前儿童的广播栏目《百灵鸟》，这时，我从以前的“梅梅同学”变成“梅梅姐姐”。当时在全国的少儿广播界有这样一种说法：“北有《小喇叭》，南有《百灵鸟》。”那时幼儿教学并没有缜密系统的教材，所以《百灵鸟》栏目被幼儿园当作教材，在每天栏目播出时间固定收听，栏目组还不定期出版书籍和磁带，供儿童及家长、老师欣赏使用。

到了90年代初，少儿组开办了一档《中学生热线电话》栏目，懵懂的少年们大胆地向电话那头不见面不认识的“过来人”，向不同于老师、家长、同学的“梅梅姐姐”倾诉烦恼与苦闷，话题涉及各个方面：学习、爱好、穿着、人际关系、性……甚至，家长和老师也热衷于收听，以此了解学生从不当面诉说的内心世界。当时电话局做过一个测试，在电台的收话录音3个小时内，全市共有5 000部电话拨打热线，峰值时，每秒2 000门电话同时拨打，致使交换机房瘫痪。所以电话局特意为少儿组加装了5门专线。也因为如此，少儿组要安排5位

《青春·太阳》主持人陶海、江元

《青春·太阳》编前会

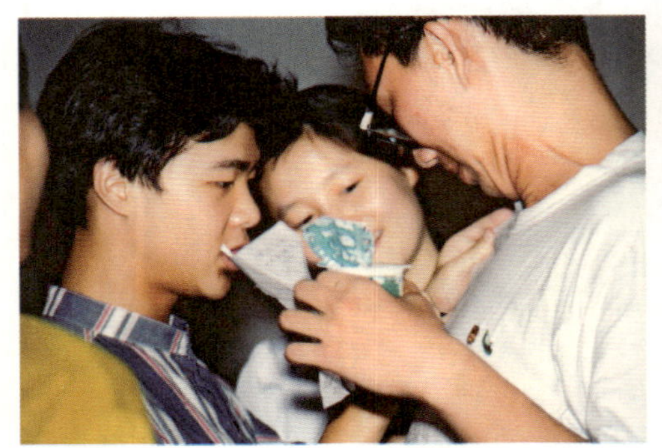

小主持人与听众互动

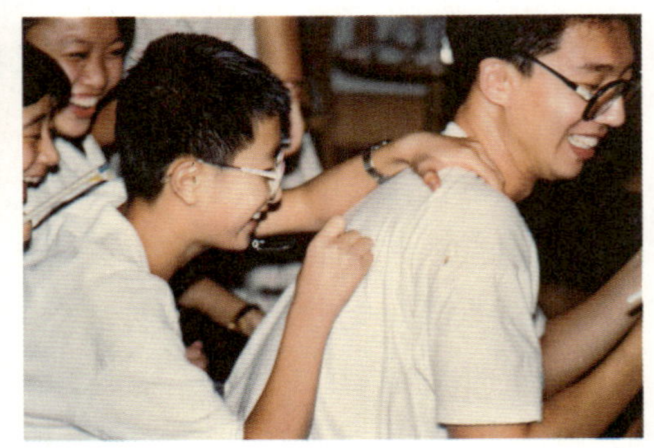

《青春·太阳》记者团成员与广州中学生临别签名留念

“听众日”活动中垂钓的中学生

编辑接听并记录电话，作为节目制作素材。

两年后，一档全新的中学生自办节目《青春·太阳》亮丽开播，吸引了全市中学生积极参与。从几千名学生中筛选而出的佼佼者，组成《青春·太阳》的新闻部、评论部、音乐部、播音部，自己采访、编辑、主持节目。他们还远赴当时改革开放最前沿的广州、深圳，与当地中学生对话交流。节目非常好听，新闻报道是电话连线现场实况的，评论节目是谈话式的，这种样式在当时颇为新颖。朝气满怀的中学生们在周末开完例行编前会后，背着吉他到人民广场去放歌，有时干脆打着响指随性歌唱；在金山海边的“听众日”活动里，他们听潮听浪流连忘返……如此，少儿节目拥有了从幼儿到小学生到高中生的完整节目体系。

我从小就感觉，少儿组好似一座四季如春的温室，为花儿挡风遮雨，让它们开得灿烂开得恣意。

1996年，我做了一次脑外科手术，去除了部分小脑组织。手术后，丧失了语言功能，我以为不可能再坐到话筒前，我以为我的后半生将会在轮椅上度过。我的少儿组同事们伤心不已，但他们，依旧像对儿时的我那样，重新培养了我，又把我拉到了话筒前。吐字、发音、气息控制……录音员耐心地为我剪辑和调试，为我剪辑。说话结结巴巴的我，竟能“流利地”“播”出一篇文章来。我的康复过程，其实是少儿组的同事关照着我工作的过程；现在回头再去听那一时期的录音，真是“惨不忍听”。不可逆的脑损伤，使我的记忆力和反应力急遽下降，为了让我自信起来，台领导决定从此不再安排我直播节目。如果说，我在1996年获得新生命的话，那么，我在上海人民广播电台，在少儿组，恰似一颗种子，又一次破土成长了。

作者系上海人民广播电台二级文学编辑

40年后重听100集广播剧《悠悠中华》有感

张社生　梅　梅

张社生

上海电台少儿组在1988年推出的100集广播剧《悠悠中华》转眼已40载。

这40年，在历史长河中虽只是沧海一粟，但却是我国各项事业的“大变革”“大发展”的黄金时期。特别是广播事业，可以说是脱胎换骨的巨变。

回头聆听40年前用模拟技术录制的百集广播剧《悠悠中华》，感慨万千！有差强人意的不妥，但也存在着不少值得发扬光大，进一步探讨的空间。

首先，广播剧《悠悠中华》在叙事方式上作了大胆新尝试。它一改通常的“话剧录音广播模式”，而采用中华传统的说书形式——这是一种魅力无穷的中国人钟爱的艺术形式。《悠悠中华》主创人员当时就希冀，即将制成的广播剧能巧妙地结合这种写意式的中国特有的说书形式，说好“中国故事”，因为它极符合中国人的视听审美习惯。40年前，《悠悠中华》的说书带演戏的尝试算是一种比较大胆的创新，上海电台少儿组在这方面敢为人先，成了第一个吃螃蟹的勇者。这里特别要感谢郭冰老师，他在剧本“解说词”的空白处，做了各种记号和标注。录音时，通常广播剧叙述般的“解说”，被他的“书”说得有声有色。而对当时的“毛

当年“毛头小子”导演张社生（中）、制作人梅梅（左一）和录音员陈恩言

头小子”张社生导演提出的“商榷”要求，他总是微笑着，录制二版……甚至五版。合成时，导演恍然大悟，原来，郭冰老师的第一版是最符合剧情发展，最有魅力的。后来导演张社生去了央视做纪录片，“阅播音员无数”，再也遇不到上海电台的“郭冰范儿”了，不禁犯起了“能不忆江南”的思乡病来。

其次，1988年前后，正是广播向电视倾斜的年代。电台在各个方面都受到电视的全面挑战，人员资金及设备等制约很多，但创作团队仗着年轻有活力，愣是“螺蛳壳里做道场”，从策划开始，写剧本、送审、录音、配乐合成，总共花了18个月，参与的演员近百人，制作出100集收听率很好且性价比较高的广播剧，在当时可谓开创了一个广播剧制作的新模式。导演张社生，剃着“板刷头”，是个史书蛀虫，酷爱讲历史故事，且多才多艺，《悠悠中华》片头曲的作词作曲，都出自

部分编导演职人员合影

导演张社生（左）给演员陈兆雄（左二）、李国梁（左三）、席与荣讲戏（左四）

高博（左） 张名煜（右）

他的手笔；制片人梅梅还是“小阿妹”，一天三班倒：白天联系各剧团演员来上海电台“聚义厅”，晚上录制《悠悠中华》客串“巾帼英雄”，居然还能同时在上海电影译制厂和上海电视台等地的译制片里配音，空间跨度上万里，时间上下五千年；少儿组长庄大伟，每天审看厚厚一叠剧本，还不忘跟你说几句冷

（从左至右）聂雅亮　席与荣　张名煜

（从左至右）王洪生　魏启明　雷长喜

尚华（左）　许承先（右）

奚美娟（左）　周野芒（右）

笑话，高效、低调和随和。

第三，为了适应听众生活方式、收听习惯的变化，主创人员打破惯例，将30分钟的广播剧时长，改为15分钟一集，使得该剧不仅吸引学生，同时大大吸引了忙碌的家长。从收听效果来看，这是符合社会前进节奏点的，也是合乎当今听众的收听需求的。

百集广播剧《悠悠中华》在40年后的今天听来，显然有些幼稚，但，依然能听得下去，观念不老套，观点能跟上巨变的时代脉搏，这足以让主创者聊以自慰。虽然自己也知道以高标准来衡量，这只是鼠目寸光。

张社生：上海人民广播电台编辑

曾经的那朵小浪花

张　谦

上海人民广播电台迎来七十华诞了，曾经在她的怀抱里工作了三十多年，曾经在她的时代电波和改革声浪中，我也拥有过一朵小小的浪花！回想起来，最值得回味的那一段工作经历是在上海人民广播电台市场经济台工作的那一段。在那一个时段，我主持策划并创新开设了全频率的广播金融证券节目以及一系列的为社会主义市场经济发展服务的专业性节目，为上海人民广播电台在信息时代的发展作出了一个从业者应有的努力和贡献。

回想起来，20世纪90年代初真是上海人民广播“激情燃烧的岁月”。

1992年，上海人民广播事业迎来一个大变革和大发展的机遇。首先是东方广播电台从上海人民广播电台中独立出去，而且东广的成立还带走了一批广播精英人才。原来“一家独大”的上广，立马有了一个锋芒毕露、风头正健的竞争对手。而且一上来，上广这个“大户人家”就处于竞争的劣势之中。暮气弥漫的“老上广”需要寻找新的突破口。1992年，上广的领导经过深思熟虑，决定重新整合频率资源，组成8个特色鲜明的专业台。上海人民广播电台市场经济台就是在这样的背景下应运而生的。

我有幸亲历了广播事业的这次大变革。这年年底，我被上广领导任命为市场经济台负责人。上任伊始，我立即着手与同事分析研究上广原有经济类节目的优劣，并多方进行市场调研和听众需求的调研。我记得，已故的上广副台长张叔侯，当时身体并不好，却亲自同我和市场经济台另一位负责人吕龙章一起跑各种专业市场了解人家的运作情况。我还多次去上海证交所等单位听取专家意见。而市场经济台各个节目组的编辑也通过听众座谈会等各种形式听取意见和建议。在这样的基础上，市场经济台相关频率的节目整体改版就在1992年底水到渠成地推出了。

改版后的市场经济台节目最主要的特点是：在全国范围内，首个推出全天整点播报的成系统的金融证券栏目。其中包括《即时行情播报》《股市走势分析》《金融证券知识介绍》《专家答疑》等。周一到周五，每天早上7点有半小时的《综合经济信息报道》，9点股市开盘后到下午3点30分股市收盘后，不间断地播报即时行情。市场经济台开播的最初两年，中国股市经历了牛市和熊市的大起大落。可以说，市场经济台见证了中国股市起步阶段的各种风雨。有谁会想到，当时上海和深圳加起来不到200个上市公司的股票，如今仅上海发展到近2 000个了。

当时，在互联网远远不如今天普及的情况下，广播的金融证券节目显示出超越其他传媒的独特的优势，这个优势就是信息的时效性。因为任何纸媒和电视媒体都无法像上广市场经济台那样做到“即时播报”。一时间，大街小巷都能听到各种收音设备中传出的市场经济台播音员的声音。市场经济台的收听率一路飙升！一次，有位广播电视局的老领导对我说，他的孩子原先不听广播，现在整天捧个“半导体”在听你们的节目。我有一次去医院看住院的同事，发现从医院的门房间到病房，好几个“半导体”同时在收听我们的节目。记得当时还有一些企事业单位领导出通告，禁止工作时间听市场经济台的广播，因为影响员工的工作状态了。这说明当时上广市场经济台金融证券节目产生的社会影响之大。这一切，都给我带来一点小小的得意，而这种得意是节目改版成功产生的自豪感。

节目的成功，也使原先默默无闻的电台员工成为“广播名人”。最突出的例子就是金融证券节目的播报员晓宇。她原是银行的员工，有相当的专业知识，加上声音甜美，所做的节目很受股民听众的欢迎，短短几个月就出名了，好多单位邀请她出席各种活动，同现在的明星有得一比。

改版后的市场经济台节目还有一个显著特点是：强化原有的名牌节目，创办全方位的市场专业节目。原有的名牌栏目，像《为您服务》《市场旋律》不仅保留下来，还配置了较强的采编力量，使其成为同时段与东广具有较强竞争力的同类栏目。同时，根据市场的需求，市场经济台还相应推出《一周经济述评》《房地产市场》《周末消费》《旅游巴士》等专业特色鲜明的栏目。

市场经济台还将市场直播栏目办到当时最繁华的中百一店楼内。每天下午一个小时，“一百直播室”开播，天天吸引大批市民隔着落地玻璃窗，观看我们播音员的直播。后来，东广的同行也“有样学样”，在马路对面的商场开了直播室。两家电台的直播室成了南京路一景。市场经济台“一百直播室”当时颇为轰动，开播时，当时主管商业的副市长孟建柱还亲临讲话，给予鼓励。

当时，上海人民广播电台8个专业台的布局，体现了信息时代电台广播节目高度细分化、专业化的时代需求，很有前瞻性。这其中，市场经济台的专业化特色显得更为鲜明。

今天，当我们回过头去总结这一段历程，应该说是很有意义的。面对受众市场越来越多元化的情况，广播媒体必须打造出一个个具有个性的特色清晰的频率，才能培养并吸引自己的受众群体。早在20世纪80年代，美国广播就开始走本地化和专业化道路。美国的广播已经摸索出大约几十种专业化的途径，一家广播电台就将一种专业化的节目类型作为自己的竞争手段，比如本地广播电台音乐类型能够分成西班牙音乐台、美国的黑人音乐台、专辑摇滚台、中途音乐台以及老式的摇滚音乐台等，此外，还包括很多全天候的新闻台以及谈话节目台。如此看来，我们上海人民广播电台从90年代初就细化专业分工，成功地开设了8个专业台，这个起步并不晚，至少在全国来说，是起到引领作用的。市场经济台的成功开设正说明它是上海这个金融大都市所需要的，是千百万股民所需要的。正是这两个需要，使市场经济台金融证券节目开播以后，其满意率和收听率都能稳步提升。

这里，值得一提的是，要做好金融证券节目和其他市场类节目，不仅要有较强的技术性，还要有更强的政治性。市场经济台和上广的所有专业台一样，她首先是党和政府的喉舌，节目要为市场服务更要为政治服务。而在股市牛市熊市大起大落的风浪中，节目稍有不慎，就可能对社会产生负面作用。比较庆幸的是，我在市场经济台两年，在和同事的共同努力下，金融证券节目的播出没有出现一起“政治事故”。

二十多年过去了，全球信息化的发展以匪夷所思的速度、深度和广度进行着。明天还会怎么样？我们不知道。但我们看到作为传统媒体的广播已经将自己融入“互联网+”中，广播的青春期一定还会延长！

作者系原上海人民广播电台市场经济部主任

难以忘却的记忆

卢　智

上海人民广播电台走过了70年的辉煌历程。其中，一代代播音员主持人为上海乃至中国广播电视事业的建立和发展，为中国播音主持的创立、继承和创新，作出了不可磨灭的杰出贡献，建立了不朽的功勋，留下了不可多得的宝贵物质和精神财富。

那些老播音员主持人，是上海乃至全国人民广播事业发展的见证者、开创者、建设者，他们曾用铿锵美妙的声音在电波中书写中国和上海，在相当长的一段时间里代表了上海的声音，上海人民广播事业的植根深深地系着他们。

这里仅仅掬捧出上海人民广播电台播音员主持人历史长河中的几朵小浪花，以此纪念上海人民广播电台走过的70周年。

我与《星期广播音乐会》

据台里老同志说，1949年上海解放初期，上海人民广播电台就已经不定期地在星期日上午，播放《星期唱片欣赏音乐会》节目。1953年6月1日栏目改称为

《星期音乐会》，还是以播送西洋古典音乐唱片为主，经编排、合成以后再播出的。

据史志记载，上海人民广播电台为配合各种重大宣传活动，也举办过“广播音乐会”节目。如庆祝上海解放5周年举办的“上海工人红五月广播音乐晚会”、欢迎苏联太平洋舰队歌舞团访沪举办的“音乐广播会”、庆祝中国共产党诞生37周年举办的“音乐界广播音乐会”等。

党的十一届三中全会以后，音乐广播得到解放，1980年6月恢复了《星期音乐会》栏目。1982年1月，上海台正式命名的《星期广播音乐会》栏目开播，每隔一周举办一次，采用现场直播的形式。

从1982年2月1日开始，上海人民广播电台播音组的王丽（王丽君）、文仪（刘文仪）、卢智（卢智）、辛宁（杨新宁）、肖亚（朱音）等部分播音员主持人先后被指定担任上海人民广播电台在上海音乐厅举办的《星期广播音乐会》的现场直播主持工作。现场直播中播音主持需要急于解决什么问题、直播现场的情绪应该怎样把握等被提上了上海台播音主持业务研究的议事日程。1982年3月10日，在上海电台播音组全体播音员的业务学习会上，大家听评了我和文仪的《星期广播音乐会》第三期“室内乐专场”、第四期“上海乐团声乐专场”。大家认为，《星期广播音乐会》现场播音主持的语气还可以再和缓一些，吐字发音还可以再放松些，语速还可以再稍慢些；对象感要强烈，但激动的情绪不要太强烈；语言要抱团。大家特别提出，《星期广播音乐会》的主持与一般的报幕不同，我们是播音员主持人，是《星期广播音乐会》的主人，是我们把各个演出团体请来表演，栏目是我们自己主办的，要有主人翁的态度和表现。

《星期广播音乐会》的成功举办受到广大听众的肯定和欢迎。不少受众来电来信对《星期广播音乐会》及其现场直播主持人给予了赞誉。播音员也与受众建立了良好的互动关系。这从一封听众来信中可以管窥一斑。1984年5月31日，中共上海市委研究室的李虹鸣听众来信说：

如果说两年以前《星期广播音乐会》还是一个弱不禁风的小草，那么，今天它已经成了参天大树，它的根已深深扎根在听众的心里，成为电台众多节目中独树一帜的节目。《星期广播音乐会》在群众中产生如此众多的影响，是您和您的同事们共同努力的结果。如果说演员是“红花”，那么，你们就是“绿叶”，而且是称职的“绿叶”。

就像看了一篇精彩的小说使人难以忘怀一样，听了一次富有特色的广播给人的印象也将是深刻的。我衷心地祝愿您在事业上取得更大的成就，恭听您专来新的佳音！祝顺利！

《星期广播音乐会》从开办到1993年共举办400多期，120多个国内外音乐团体，1 800多位歌唱家、演奏家参加了演出，剧场观众达到30万人次，听众从上海市扩大到苏、浙、皖及东南沿海岛屿，听众来信累计达5万多封。我有幸曾参与其中的22场《星期广播音乐会》现场直播主持。

作者在广播直播室

为国外影视剧配音

1984年8月，上海人民广播电台部分播音员参与上海广播电视局音像资料馆的国外影视剧配音工作。接受的第一部配音影片是《罗密欧与朱丽叶》。除了女主角朱丽叶的配音，其他角色都由我们广播电台播音组的同志担任。我的角色是男主角罗密欧。

译制配音工作完全是在摸索中进行的。整个译制组谁也没有经验，都是第一次，甚至连译制配音导演都没有。现有的机器设备也很简陋，没有录音棚，只能在夜深人静时录音。剧本是由几个青年外语教师用听录音的方法翻译的。因此，在配音时，常常出现剧中人物与剧本中的人物对不上号，剧中人物与剧本台词对不上号的情况。只好一边修改剧本、校对译本，一边配音。但是，整个译制组的工作热情很高，大家克服重重困难，只用了6个晚上（准确地说只用了15个小时），就完成了全部的译制配音工作。我们这些初出茅庐的播音员，在不断地摸索中也得到了锻炼，积累了经验。

我虽然已经干了多年的播音工作，但对影视剧配音却是一窍不通的。这次《罗密欧与朱丽叶》的译制配音实践下来，我觉得播音与配音之间既有相同之处，又有不同的地方，但它们是相通的，也可以说是“姊妹”艺术吧。

罗密欧是剧中的主要人物，作品通过他与朱丽叶的爱情悲剧对封建恶习进行了无情的鞭挞。他在全剧中始终体现着作者的人文主义思想。罗密欧纯洁、善良、追求真挚的爱情，忠诚友谊，热爱生活，厌恶家族之间的纷争。但他也有年轻人的狂热、鲁莽。这就是罗密欧的主要思想行为特征。

所要塑造的形象明确了，最后就是通过人物语言去表达的问题。于是，我就在把握罗密欧基本思想行为特征和行动线索的基础上，赋予这个形象一个独特的语言外壳。这个语言外壳既不是含蓄、深沉的，也不是潇洒、飘逸的，而是纯真、热烈、执着，同时略带幼稚、冲动的。我之所以赋予罗密欧这样的语言形象，是考虑到他所处的历史环境、社会地位，以及他的年龄、经历和修养。也就是说，只能按照塑造典型环境中的典型人物和典型性格的方法去表现他，这样就可以把握住人物的语言特征了。

以播音员为主给整部影视片配音，这对我们来说是初次尝试。尽管还很粗糙、不成熟，但通过这种有益的尝试，我们毕竟迈出了第一步。只要我们不断探索、追求，一定会在新的艺术领域迈出更坚实的步伐，就会有所收获。

筹划举办“上海青年朗诵大赛”

1985年1月4日，“上海青年朗诵大赛”正式启动。这个大赛是由上海人民广播电台播出部筹划、组织的。

从广告招商、聘请评委、赛程安排，到人员调配、部门协作、赛场布置、媒体宣传……这些工作都是非常具体、细微、大量的。播音组全体播音员、主持人全情投入，不辞辛劳，历时一个多月，成就了史上第一个全市性的朗诵大赛。不仅促进了朗诵这一高雅艺术在全市青年中的健康发展，也彰显了上海人民广播电台播音员主持人的团结协作精神和组织工作能力。

1985年1月29日，“上海青年朗诵大赛”颁奖大会在上海市政府大礼堂举行。共青团上海市委书记黄跃金在发奖大会上说，上海人民广播电台举办的这次“上海青年朗诵大赛”很好，可使上海的青年开阔视野，丰富知识，陶冶情操，提高朗诵水平。不少青年来信或当面表示，希望上海人民广播电台多多举办这种情趣高雅的活动。

作者系上海文广新闻传媒集团播音员主持人管理主管

市长表扬“两院院士展望新世纪”广播讲座

许 慎

世纪之交、千年之会，上海人民广播电台《今日科技》节目及时推出“两院院士展望新世纪”广播讲座。以中国科学院顾问严东生和上海市科协主席叶叔华为首的21位中国科学院院士、中国工程院院士，从1999年12月21日至2000年2月3日，每周三次分别莅临上海电台1422直播室，就“生命工程”“宇宙天体”“原子物理”“计算机”等当代科技最新、最前沿的话题。用深入浅出、循序渐进的访谈方式和节目主持人一起，为广大市民和听众开设了一座“空中科普大学堂”。

21讲播完后，应上海市教委，共青团上海市委等有关部门的要求，在广播中续办了“两院院士展望新世纪”的精品回放，市科普宣传办公室资助我们公开出版院士的广播访谈录《两院院士展望新世纪》。上海市市长徐匡迪欣然为该书写了序言，序言指出：“这套节目水准高，前瞻性强且知识性与通俗性融为一体，既能很好地普及科学知识又是实施科教兴市战略的一部好教材。”徐匡迪市长高度表扬一套上海广播节目，在他任期之内实属罕见。

“两院院士展望新世纪”广播讲座的成功举办，至今已近20年，然而，讲座背后鲜为人知的故事，就像昨天发生的事情一样清晰地浮现在我的脑海中。1999

年9月，我从工作多年的“浦江之声广播电台”调至上海电台经济频率《今日科技》节目组工作。国庆节后，通过一个月的调研，我了解到上海是我国科研机构、高等院校最为集中的城市之一，各类科研机构达到1 017个，各类专业人才超过100万人，在全国仅次于北京。上海（当年）有83名中国科学院院士和49名中国工程院院士，他们为上海科学技术进步和经济发展提供了坚实的支持。而党的十五大再次确立“科教兴国”为我国基本国策之一，大力发展科学技术在我国新一轮改革开放中已被提到前所未有的高度，因此，科技节目的选题、筹划必须服从于这一大背景。

常言道：调查研究是十月怀胎，解决问题则是一朝分娩。经过调研和分析，当新千年来临之际，我便自然地产生了以“广播”为载体，以“院士”为主体，以“迎千年”为契机，开展一场重大的科普宣传活动的“创意”：在上海电台经济频率举办“两院院士展望新世纪”大型广播讲座。我的这一初步设想，立即得到经济频率负责人贺锡廉、李慧英、许钟等人的支持。1999年10月底，经济频率将开设院士讲座的计划按程序分别上报，很快得到上海市科委、中科院上海分院和上海电台的领导的支持。我们用了一个月时间，就落实了20多位在沪的两院院士参加广播讲座，为了避免科研领域和话题的重复，经过反复推敲，最后确定了21个话题，由严东生、叶叔华、吴孟超、汤钊猷、杨福家、陈竺等21位院士分别担纲主讲。

两院院士都是我国现代科学各门学科研究的带头人，他们具有极其丰富的专业知识。因此，从1999年12月21日的第一讲到2000年2月3日的第二十一讲，每一位院士的访谈都在社会上引起强烈的反响，如汤钊猷院士关于“人类将在21世纪控制癌症”的预言；叶叔华院士关于“开发月球”的论述；杨福家院士关于新世纪“上海光源”前景的描绘；刘建航院士关于“上海地铁的昨天、今天和明天”的畅叙；陈竺院士关于“人类基因组密码的破译”；等等，无不引起人们的热切关注。

但是，今天回想起来，我不无遗憾地透露，在这21讲中，独缺飞速发展的中国航天这一话题。上海航天界有位被称为“长征火箭之父”的院士，为了邀请他出席讲座，讲解航天领域的科学知识，我曾经多次冒着严寒开着助动车前往上海航天局，并在电话中恳请院士夫人一起做工作，这位科学家鉴于工作的特殊性和繁忙的科研工作，最终没能满足我们的请求，给这个讲座留下了不小的遗憾。然而，老院士为航天科研不分心的执着精神还是让我深深感动。

作者任人民陪审员在庭审现场

上海电台“两院院士展望新世纪”讲座播出期间，许多院士在做学问的同时也向我们编播人员展示了他们低调做人的一面。说来没有人会相信，年近八旬的沈允钢院士竟然骑着自行车来我台做嘉宾，结果，老人家被保安挡在广播大厦门外；中国著名文化志士闻一多先生的侄女闻玉梅院士悄无声息地乘坐公共汽车来录音；市人大常委会副主任叶叔华院士来前再三强调，接待工作一律从简，不许迎来送往；据市科委领导介绍说：徐匡迪市长曾表过态，他如果有空，一定会以中国工程院院士的身份来上海电台“两院院士展望新世纪”广播讲座，宣传科普知识，如果没有时间做嘉宾，就负责撰写相关书籍的序言。院士们这种认真做事、低调做人的高风亮节深深感动了我们所有的编播人员。

上海电台“两院院士展望新世纪”广播讲座顺利结束后，有业界同道撰文评价，说它“体现了上海人民广播电台的三个第一，即建台50年来，第一次有计划地组织策划了21位两院院士参加的广播专题讲座，极具权威地向听众和市民进行科学知识的传播和教育；在全市众多的新闻媒体中上海人民广播电台第一个以如此大的规模进行科普宣传，迎接新纪元；上海人民广播电台新闻与经济两大频率，在李尚智、陈乾年等台领导统一指挥下，第一次就重大选题进行长达一个半月的协同作战，即经济频率《今日科技》栏目播出30分钟专题后，在次日新闻频率的《早新闻》中又播出记者据此专题改编制作的3分钟录音报道，其产生的‘1 + 1>2’的宣传效应是显而易见的”。

同道的好评，我不敢接受。但是，上海电台“两院院士展望新世纪”广播讲座一炮打响，这在当时却是不争之事实。讲座播出的一个多月时间里，《人民日报》《解放日报》《文汇报》《新民晚报》、新华社、中新社等中央和上海主流媒体竞相报道，听众和市民的来信、来电询问不断，上海不少媒体也相继开设了《院士专访》《院士寄语》等专栏，令人自豪的是：上海广播又一次领“风气之先”！

作者系上海广播电视台总编室主任记者

斯特恩为我颁奖

毕志光

1995年11月的一天晚上，第五届上海国际广播音乐节闭幕式暨颁奖典礼在广电大厦演播厅举行，由上海人民广播电台选送的专题音乐节目《一朵“极美丽的古代花朵”》获得“金编钟”大奖。我作为该节目执笔主创者上台领奖，颁奖贵宾是20世纪伟大的小提琴大师之一、美国小提琴家伊萨卡·斯特恩。

从1993年第四届上海国际广播音乐节到2002年第二届“上海之春”国际音乐节，由我执笔主创的专题音乐节目代表上海人民广播电台参加广播音乐节目比赛，共获得3尊“金编钟”奖、2尊“银编钟”奖和1尊“评委特别奖”。

上海国际广播音乐节创办于20世纪80年代后期，每两年举办一次，前三届主要是世界各参与国选送的广播音乐节目展播。从1993年第四届起设立比赛项目。该届由上海人民广播电台选送音乐专题《神州采风》代表中国参赛，获“金编钟”大奖。

由我撰稿、编辑，田静播音，董菁、李福娣录制的专题音乐节目《神州采风》从气势恢宏的古曲《将军令》开始，到婉约空灵的无词合唱《云南风情》收尾，以声乐和器乐相交错的形式，播放了青海的《花儿与少年》、山东的《沂蒙山小调》、浙江风格的小提琴音乐《梁祝》选段、内蒙长调《追风马》、京剧音乐《珠帘寨》、四川民歌《康定情歌》，以及“江南丝竹”、苗族“飞歌”、藏族“弦子”、“广东音乐”、新疆合唱和“东北大秧歌”等近20首歌曲与乐曲，展示了我们中华民族绚烂多姿的音乐文化。

1995年第五届上海国际广播音乐节，上海电台代表中国选送而获得“金编钟”奖的音乐专题《一朵“极美丽的古代花朵”》，其副标题是“介绍我国的古琴与古琴音乐”。该节目以倒叙的手法，从1977年发射的“航行者”号太空船上录有中国乐曲《流水》的镀金唱片说起，介绍了我国具有三千年历史的古琴和古琴音乐，播放了从现有琴谱中最早的一首乐曲《碣石调·幽兰》到古琴新曲《江流》共14首琴曲及琴歌，展现了我国文人音乐的源远流长和博大精深。

从1997年第六届上海国际广播音乐节开始，全国省级电台都可以参与该项赛事。上海电台将以具有怎样地域特色的节目参赛？我想到了我们上海在交响音乐创作上具有杰出成就的朱践耳先生。但朱先生认为，中国丰富多彩的民族音乐和悠久深厚的古琴音乐在世界乐坛上是非常突出的，而交响音乐来自西方，以此参加国际性的比赛我们并不占优势，何况作为大众媒体的电台广播来介绍艰深的交响音乐也并不合适。然而朱先生还是被我说动了，在1997年的5月提供了他的交响乐作品的音响素材和相关的文字资料。在此后的近半年时间里，我边学边干，编撰了音乐专题《攀登音乐之巅的心路——介绍作曲家朱践耳和他的交响乐》。这辑以交响化形式编写的音乐专题以总分第二的排名获得本届比赛的“银编钟”奖。

上海电台参加第七届上海国际广播音乐节的参赛节目是《龙吟》。这是一辑以时间顺序来介绍中国八千年音乐历程的专题节目。于是我对《中国音乐史稿》等多个版本的中国音乐史类图书进行了一读、二画、三抄的方法深入学习，所制成的节目从原始的“鼓”到近现代的民族管弦乐曲《春江花月夜》，介绍了由古及今的我国8种典型民族乐器、8首著名乐曲和5位杰出的音乐家。这是一次无

小提琴大师斯特恩为作者颁奖

比壮丽的“美的历程”！这辑以中华民族的图腾“龙”的“吟唱”来命名的音乐专题夺得了三次音乐赛事的“桂冠”——“金编钟”大奖。

2001年，上海国际广播音乐节目比赛作为“上海之春”国际音乐节的一项内容而展开。由我撰稿、编辑的音乐专题《大漠日出——周成龙敦煌组曲》代表上海人民广播电台参赛，以其新世纪音乐形式表现古丝绸之路音乐风貌而获得“评委特别奖”。

在世界首届“人类非物质文化遗产”的评选中，我国古老的“昆曲”以最高分获得通过。于是我受到启发，以《幽兰飘香——介绍中国的昆曲及其音乐》为题编制了音乐专题代表上海电台参加2002年第二届“上海之春”国际音乐节广播音乐节目比赛，获得“银编钟”奖。

在1993年到2002年的10年里，上海人民广播电台的广播音乐节目能在国际性的广播音乐盛会中获得三“金”、两“银”、一次“评委特别奖”的可喜成绩，

上海电台获得的奖状和奖杯

其原因主要有二：中华民族五千年博大精深、灿烂至美的音乐文化；领导挂帅，集各路高手勠力同心创精品。

广播专题音乐节目是集体智慧与劳动的成果，它需要撰稿、编辑、播音、录制等各路人员的精诚合作，而参加重大赛事，则更需领导的重视和倾力支持。如参与历次参赛节目编制的播音者田静、陈醇、麦风、王涛、宋怀强、朱震国、李欣、路平等，都是上海甚至全国的名家、高手；录音师董菁、李福娣、刘振亚、柯影影、何歌等都是专业圈内的尖子；《一朵“极美丽的古代花朵”》请的音乐顾问是学者型古琴大家龚一，《龙吟》的音乐指导是著名音乐学家、上海音乐学院陈应时教授，《幽兰飘香》的艺术顾问是昆曲专家方家骥；上海电台著名配乐专家杨树华，戏曲频率资深编辑王惠群等都在参赛节目的编制中立下了汗马功劳。

而《龙吟》选题的确立，源于一直关心上海电台工作的前任台长高宇先生提出的“以中国古代音乐为题材，以现代高科技音响制作技术为手段”的建议；也是为了编制好《龙吟》，主管文艺的副台长邱洁宇女士亲自任节目监制，组建了一个创作小组，并扎拨了一笔可观的作曲、组录等制作经费。

2002年第二届“上海之春”国际音乐节之后，上海国际性的广播音乐节目比赛没有继续。但在已举办的6届国际广播音乐节目比赛中，上海人民广播电台所付出的努力和所取得的成绩，在新中国的人民广播事业中还是谱下了令人回眸的绚丽乐章。

作者系原上海人民广播电台一级编辑

在广播，共享未来

毛维静

由习近平主席亲自谋划、亲自提出、亲自部署推动的首届中国国际进口博览会，取得圆满成功！上海市委、市政府发出了致全市人民的感谢信，让我们这些全程参与首届进博会宣传报道、见证进博会精彩时刻的广播人、新闻人备受鼓舞。

回首这段日子，从9月30日台集团党委副书记、东方广播中心党委书记王治平牵头召开专题会议，决定整合旗下优势资源，打造进口博览会专属频率“进宝FM”；到10月19日中国国际进口博览会前方报道组临时党支部，也就是“进宝FM临时党支部”成立，集结精兵强将，吹响重大宣传战役号角；再到11月5日首届进博会开幕第一天上海广播成功转播开幕式盛况和习主席主旨演讲；一直到11月10日推出连续8小时线上线下互动、音频视频联动的进博会全媒体特别直播节目《新时代，共享未来》，将上海广播进博会宣传推向浓墨重彩的高潮……这其中凝聚了全体广播人包括技术部门的心血、汗水和努力。

努力换来的成效是显著的。在我们的全媒体中心进博会宣传指挥部里，张贴着“成不成功看安全，精不精彩看宣传”的标语。上海广播不仅经受住了“成不成功”的安全播出考验，更通过了“精不精彩”的宣传效应的检验。权威机构塞立信研究在上海地区的收听调查数据显示，11月5日到10日，进博会6天期间，上海广播四套频率收听人次近5 000万，较上年同期增长15.3%。其中11月9日单日收听人次达942万，创下2018年以来上海广播单周收听的最高纪录。进宝FM主平台东广新闻台每天直播时段听众规模均为百万级；上海新闻广播平均市场份额比上年同期增长近60%；上海交通广播、第一财经广播平均市场份额分别高于上年同期近3成。

看得见的成绩背后，是看不见的汗水甚至泪水。他们共同融汇成上海广播向上的力量。

55名东方广播中心党员和21名技术运营中心广播技术部党员联合组成“进宝FM临时党支部”，成为进博会重大宣传战役中的中流砥柱，真正发挥了“红色基因”的战斗堡垒作用。“哪里有困难，哪里就有共产党员。”在这次进博宣传中，这句话实实在在落在每个细节中。

进博会6天期间，台集团党委副书记、东方广播中心党委书记王治平，中心党委副书记、主任翁伟民靠前指挥，一线把关，不仅天天上早班坐镇审核最重要的两档广播早新闻，还多次召开专题会，精心策划报道方案，并到前方直播间现场督战指挥。

上海广播70多位记者、编辑和主持人奔走在场馆的各个角落，打造眼前和耳边“第一现场”，场内场外零时差分享。由记者采制的《四叶草札记》《在上海，买全球》《探营进博会》《上海，准备好了！》等系列报道获得高度评价。《进宝第一现场》专栏6天直播连线130多次，创下广播单天直播连线、访谈嘉宾人数最多的纪录。记者姚轶凡在母亲癌症晚期的情况下，依然坚守岗位，直至母亲去世的噩耗传来才匆匆离开战场；记者胡旻珏在赶往“中国新闻奖”领奖的路上，完成了手中2篇进博会的报道，并在领完奖的当天，返回了进博会的报道现场……在场馆内奔走的记者每天要走近3万步，排名微信朋友圈步行运动榜的首位是平常事。

作为进宝FM的主播出平台，调频90.9东广新闻台这次投入了全部的力量。

作者参加广播专题会议

干部和党员更是全体冲锋在前，开启两周无休的轮转模式。殷月萍和余天寅都是频率管理层干部，原本一个负责晚班一个负责早班。这次承担了广播大厦直播间的6天后方安播监制重任，于是早晚班不再“白天不懂夜的黑”，而是每天从早到晚坚守14到15个小时，常常连午饭、晚饭也顾不上吃。曹晨光则连续6天在前方四叶草直播间值守，每天他都第一个到达前方直播间备稿、检查音频。进宝FM主平台在全体党员和员工的倾力付出下，确保了全程播出安全。

上海新闻广播的员工任重、成功、汪磊都是专题节目主持人，这次他们主动提出为990早新闻创作进博会专栏。每天在结束场馆直播后，回到家里放弃休息继续写稿。专栏《穿梭四叶草》在8点新闻播出后获得好评。年轻员工徐梓嘉和周仲洋，每天早上4点到岗上早班，下班后就一头扎进进博会场馆参与采访，晚上回到家再为新媒体写稿，被誉为团队中的“战斗机”。

上海交通广播全员上岗，15位主持人、记者每天深入现场指挥中心、场馆周边道路停车场、轨道交通、公交、出租、铁路、机场等各交通配套保障点全天候驻守，第一时间获取并发布权威信息。王蕾是上海交通广播“进博会报道”的负责人之一，前期策划、统筹安排、指挥协调、直播写稿，还自我加压超额完成采访任务。“铁娘子”背后是一次又一次克服身体不适。“交通达人”小乐被借调到新闻办，领衔保障进博会媒体班车的运营工作。他每天凌晨3点多钟就要起床，晚上则要等到最后一个乘坐媒体班车的记者离馆，才能稍稍喘一口气。

第一财经广播参加这次进博会宣传的党员和积极分子占比超过70%。徐锦华两个月前就开始策划选题，联络嘉宾，她放弃休息，坚持加班，每天确保了各个细节的落实。戚吉毅和唐漪薇都是女同志，家里的孩子年龄还很小，离不开妈妈。但她们硬是克服困难，坚持每天到场馆采访连线，还经常加班到午夜才回家。

负责话匣子App的策划部骨干力量几乎全部是党员。陈敏连续加班，带领部门其他同事，及时高质量完成短视频拍摄、制作，和各平台沟通发布等工作，获得非常好的传播和互动效果。金晓英和向晓薇，连续工作一个多星期不休息，确保客户端新闻发布不出任何差错；向晓薇还承担起进宝FM“长三角三省一市联播”节目的主要协调、落实。

阿基米德App这次进博会的宣传报道充分展现了业务骨干和党员干部“大事靠前站”的精神风貌。张嘉佳坐镇阿基米德进博会前方宣传，每天不仅统筹规划当天报道，还担纲前方记者，用脚丈量进博会场馆，发回多篇报道和上百条新闻素材。

在广播技术部，开幕式播出保障团队、人工智能语音播报保障团队、进宝FM全天直播保障团队、11月10日8小时特别节目视频、音频直播团队中，都活跃着党员的身影。从10月17日晚上9点进场到11月10日晚上9点离场，他们是最辛苦的一群人。台前光鲜的工作照里往往找不到他们，因为他们都在幕后默默地保障，寸步不离。但他们却是我们最需要、最可靠的人。

同样默默在幕后坚守的还有总编室、办公室、战略发展部等后勤保障团队。总编室金少愚、盛蓓蕾分别把关前后方直播保障，经常连续工作十几个小时。盛蓓蕾更是常常披星戴月，好几次拖着疲惫的身体刚回到家里，又被叫回台里。办公室则为前方直播人员的交通、用餐等尽心尽力做好服务工作，是为一线人员排忧解难的大后方。而战略发展部积极助攻，在上海发布、上海观察、今日头条等新媒体上加强对进宝FM自身的宣传，助推了广播进博会宣传的影响力。

进博会宣传，是上海广播有史以来团队阵容最庞大、协调最复杂、融合力度最大的一次战役。说到融和，首先是团队融合。进宝FM集结了上海新闻广播、东广新闻台、上海交通广播、第一财经广播四大频率，合力出击，在技术部门的保驾护航下，圆满完成进博会报道任务。还在阿基米德和话匣子App开通了网络电台专区，同频共振。

其次是媒体融合。整个进博会期间，上海广播进博音频直播节目30场，阿基米德App首页呈现，观看次数达到70多万人次；同时还完成图文直播7场，浏览量达25万多人次；剪辑呈现上海广播各类进博会节目短音频632条。话匣子App，发布音视频、图文报道350多条。同时，抓住广播短视频这一新媒体端传播的爆破口，发布抖音视频15条，总浏览量超过600万次。11月10日，进博会最后一天，阿基米德、话匣子App还与广播一起精心策划，联合推出8小时进博会特别直播节目《新时代，共享未来》。长达8小时的大直播不仅创造了上海广播特别节目直播的时间之最，同时也首次采用了广播演播室和现场新闻内容同步视音频直播的全新融合模式，通过“图文直播+音频单条图文+视频直播流”全媒体呈现，呈现了广播融媒体转型的新方向。

媒体融合还体现在对新技术的大胆使用。进博会期间，上海广播首次在广技部的保驾护航下，使用人工智能语音播报技术，在白天整点新闻时段推出“进宝加速度”，这是上海广播又一次全新探索。

另外，这次进博会期间，进宝FM每天辟出一小时由安徽新闻综合广播、浙江之声、江苏新闻广播、东广新闻台和第一财经广播联合打造《进宝同期声长三角三省一市大联播》节目，邀请长三角地区知名企业负责人做客直播间，展现了长三角更高质量一体化发展的现状和前景，也是长三角媒体间合作融合的一次创举。

新时代，共享未来。这不仅是进博会的主题，也是上海广播未来发展的主题。

作者系东方广播中心广播新闻中心副主任

风雨过后见彩虹
——辰山草地广播音乐节诞生记

沈舒强

2012年是广播的品牌节目《星期广播音乐会》（简称“星广会”）创办30周年，这个让许多听众走进音乐殿堂的老牌音乐节目经过多年媒体生态的风云变化，依然在听众中有着广泛的影响。俗话说“三十而立”，如何在“星广会”开播30年之际举行一个庆典活动，进一步扩大“星广会”的影响力，节目组和上级领导在2011年下半年就开始筹划和思考了。然而作为国际大都市的上海各种形式新颖的大型活动层出不穷，如何能创意一个形式新颖又能吸引听众的而且有影响力的活动作为“星广会”创办30年的庆典，节目组的成员绞尽脑汁做了许多方案，但经过多方考证和研究均因不太有新意和特色而放弃。这时我想起了2009年与时任东方广播有限公司总经理郑丽娟和“星广会”的节目组负责人何红柳一起前往德国观摩柏林森林音乐会给我们带来的震撼，柏林森林音乐会是世界上最大的户外古典音乐会之一，每年的6月底来自世界各地的二万多乐迷齐聚柏林的瓦尔德尼森林剧场欣赏柏林爱乐乐团和世界著名音乐家的精彩演绎，音乐会无论从组织工作、观众素质来说都是令人难忘的，尤其是现场音响的清晰效果更是令人激动，而上海还从来没有做过大型的户外古典音乐会，于是我把做一场大型户外古典音乐会的想法向当时的东方广播公司的两位主要领导郑丽娟和张民权做了汇报，经过几番讨论，领导终于同意这个想法。

当方案确定以后，我们还是非常忐忑的，因为此前虽做过许多音乐会和大型活动，但户外做大型的古典音乐会牵扯到合适的场地、天气、音响扩声、安保等一系列问题，我们一点经验也没有，也没有案例可以借鉴，但梦想都是始于一个勇敢的开始，既然决定做了我们就一步一步做，首先是场地问题，在哪做？2011年12月初的上海天气已经较为寒冷，我与频率副总监何红柳跑遍浦东浦西的各个公园、绿地，看下来都不太理想，不是在市中心毗邻住宅区就是场地不够大或地段不理想，半个月跑下来一筹莫展，一个偶然的机会碰到《新民晚报》资深记者杨建国谈起场地的事情，杨先生说松江刚刚建了一个植物园叫辰山植物园，里面专门建了一个户外剧场，听到这个消息我立刻驱车赶往辰山植物园，到了那里一看，虽然是初冬季节但一片一万多平方米的绿油油的草坪非常好看，而且草坪两边还有三个像鲤鱼一样的巨大温室，背后又是辰山塔，场地是非常理想，但我一看汽车里程表离虹桥路近30公里，这么远的路，听众能来听吗？但转念一想如果音乐会放在春暖花开的季节，一家人能来植物园看看花再听场高质量的音乐会还是可能的（在以后售票中家庭套票占到总售票量的90%，也验证了我当时的猜测）。随后我们立即与辰山植物园协商，得到了园长胡永红博士的大力支持。

场地定下来后就是定日期了，而日期的选择需要与天气相结合，因为交响乐团的乐器都价值不菲不能淋雨，我们翻阅了4月下旬历史上五年以来的天气预报，从资料来看4月22日这天下雨概率最小，所以就把音乐会的日期定在这天。时间、场地定下来后我们立刻找到上海交响乐团，与他们商量策划了一套听众耳熟能详、情绪热烈又能烘托庆典气氛的曲目，由音乐总监余隆执棒上海交响乐团，青年小提琴家黄蒙拉担任独奏，歌唱家魏松、黄英担任独唱。

这一场星期广播音乐会与以往上海音乐厅的室内音乐会要求绝对不同，对于舞台效果的要求极高，为了配合主舞台背后三个亚洲最大的花房夜晚不断变换的光影色彩，为了营造庆典音乐会的幸福与快乐，也为了点缀音乐会最后四射焰火的热烈和激情，这个20米宽、18米深的舞台上用到了平时不太会出现在古典音乐会中的多彩灯光，灯光不能像演唱会那样绚丽多变，但要大气和美感，为此，分配到灯光组配合工作的“经典947”的工作人员在演出前一天就提前去到场地，与灯光师一起商量设计音乐会进行中与散场时使用的灯光变化和准备应急预案。他们根据每首乐曲所表现的音乐意境、速度节奏和情绪的起伏，选择合适的灯光颜色、亮度、闪动速度频率以及背景花片的样式，希望能给音乐的演绎增光添彩，让观众真正享受到一场视觉与听觉盛宴。为了调试最好的音响效果，我们请来了一支学生乐团配合音响师对音响效果的调试，就在这一切开始准备调试、演练了，突然天公不作美，狂风大作，气温骤降，在辰山空旷的中心草地上体感尤为强烈，即便站在与舞台遥相对望的临时搭建的导控室中，也可明显感到穿堂而过的大风，舞台上话筒都竖不起来，我们只能放弃这次调音，改为一件一件乐器对着话筒调试。在舞台灯光方面，由于白天户外亮度比较强，无法准确看到舞台

辰山草地广播音乐节现场

上的灯光颜色和照射角度，工作人员只能拿着对讲机走上舞台，犹如“移动靶”似的与灯光师对话调试，还顶着大风在导控室与舞台之间穿梭，确认每一个灯光环节的准确无误。此时狂风肆虐、异常寒冷，由于没带衣服御寒，只觉得冷风刺骨，浑身打战，但我们顾不得身体的不适，一直坚持着和灯光师一起工作到4月22日凌晨1点。虽然演出前一天天气遇到各种困难，但我们所有人都坚信，明天一切都会好起来……果然第二天阳光明媚，大家都松了一口气，上午9点又开始联排和彩排，但阳光明媚又遇到了麻烦，由于舞台坐东朝西，下午乐队走台试音时，阳光直射舞台，而小提琴、大提琴等乐器都不能阳光直晒，指挥说晒演奏员可以克服，但乐器晒坏了一方面经济损失，另一方面也无法保证傍晚的演出，此刻我们又祈祷太阳快一点落山了，终于在下午4点钟太阳光渐渐减弱，我们抓紧一小时的时间开始试音……

经过艰苦和紧张的工作，17点30分音乐会开始，4 000多位观众在夕阳下，在美妙的音乐声中享受着，所有为此付出努力的工作人员悬着的心都放下了。音乐会受到各方的高度评价，有些观众说道：“今晚不仅音乐好听，舞台真好看，环境真优美，是独特的体验，明年一定再来。”参加过纽约中央公园户外音乐会的歌唱家黄英也激动地说：“这场音乐会各方面一点不输给国外的户外音乐会。”听到这些评价“经典947”所有的工作人员都把半年以来的辛苦和烦恼抛之脑后，充满的只有快乐和喜悦。看到音乐会最后烟火璀璨，在夜空中划出的一道道彩虹，真是印证了“风雨过后见彩虹”！

2012年辰山草地音乐会的成功举办也引领了上海户外古典音乐会的蓬勃发展，在此之后许多公园、绿地都办起了户外古典音乐会，为上海这座国际化大都市增添了一抹亮丽的风采。辰山草地音乐会也是每年举办一次，由于受到观众的喜爱2015年扩展成两天，成为“辰山广播音乐节”，也成了上海的一个文化品牌。

作者系上海人民广播电台经典947总监

广播“网”事

杨叶超

从2000年初次接触广播工作，到一年后正式成为广播工作者，十几年来，我所亲历的上海广播正随着互联网的兴起和发展，发生着深刻的变化。

说起来，我的广播缘最初就和互联网分不开。2000年，在东方广播电台新闻部实习结束后，我的实习报告题目就是《给广播插上网络的翅膀》。当时只是模模糊糊地觉得，互联网可以帮助广播传得更快、更远。

2001年大学毕业，我进入东广新闻部成为一名早班编辑。当时的早新闻编辑还处于“剪刀糨糊”阶段的尾声，剪下报纸上的“小豆腐块”，放大复印后再进行编辑修改，还是每个新编辑的“入门基本款”。但几乎同步地，互联网也走进了广播采编的日常。记得当时做报摘栏目，翻完桌上厚厚一沓报纸后，就要到网上去浏览一些编辑部没有的报纸版面，极大地拓展了报摘的选稿范围。

网络是如此的方便、强大，以至于新闻编辑室的工作很快就走出了本台记者稿件、通讯社稿件和一堆报纸的范围。2002年6月，台领导让我和周炜、黄纬、赵旻等几个年轻人一起组成“特稿组”每天值夜班，并在《东广早新闻》开辟新栏目《昨夜今晨》，还起了一个听起来很厉害的口号——“昨夜今晨，在上海、在中国、在世界”。于是，“扫街”和“扫网”成了工作常态。没有现成的新闻选题，只好由一位编辑钻进采访车，没头苍蝇一样去“扫街”；另一位编辑就拼命刷网，一旦看到有新闻，就千方百计联络当地媒体同行，请他们协助发来报道。就这样，几年下来，也为新闻部积累了一张遍布全球的特约记者网络。

2002年9月4日凌晨，我正苦于没有《昨夜今晨》的选题，手足无措之际接到中国国际广播电台一位记者从南非打来的电话，说她正在约翰内斯堡采访联合国举行的“可持续发展世界首脑会议”，上海获得了由联合国首次颁发的“城市可持续发展贡献奖”。我突发奇想，请她拿着手机采访正在现场领奖的上海市副市长韩正，而我在编辑部通过电话录音。几个小时后，《东广早新闻》播出了《上海获得联合国“城市可持续发展贡献奖”》这条一分多钟的录音新闻。后来，这条新闻因为创新的采访形式和时效优势还获得了《上海新闻奖》和《中国广播电视政府奖》。现在想想，如果当时网络发达，操作起来哪里还会这么复杂？

网络的发展也深深影响和改变着广播记者的采访。记得我刚工作的时候，出差采访对广播记者来说真是一件很辛苦的事。除了采访设备外，还要背上一个又沉又重的电话耦合器，因为要把录音报道传回到台里，必须通过电话线路。

宽带网络普及后，用MSN、QQ或者电子邮件传输录音报道很快成了常态，但新问题又来了：没有固定网络的地方怎么办？当时手机网络还是1.5G和2G的水平，传输音频几乎就是一件“不可能完成的任务”。

2009年春节，我被临时派到东非小国吉布提采访中国海军首次护航亚丁湾。抵达吉布提的当天深夜，为了传回一个2分多钟的报道，我跑到旅馆外的大街上，架起海事卫星电话拨号上网。每秒3 K的传输速度，一个短短的录音报道整整传了十几分钟。传完报道一抬头，身后站了一圈“黑大个”，估计他们也在纳闷：这人半夜三更蹲在路边，还架着一口“锅”，到底在干啥。

也就是在当年3月，去北京采访全国两会，台里第一次给我们配备了3G网卡，插在笔记本电脑上随时都能浏览网页、收发音频，这对出差跑现场的广播记者来说，真的就像是插上了一对翅膀。

作者近影

如今，移动网络、无线网络早已突破了带宽的瓶颈。如果仅仅观察采访现场，已经很难判断记者供职的到底是平面媒体还是广播电视。广播记者拍照片、拍视频、做直播成了家常便饭。随着广播@Radio全媒体采访设备的应用，拿着手机随时发视频、传音频的年轻记者或许已经很难想象，曾经的广播记者要发回作品也是一件很艰难的事了吧。

网络对广播的影响当然还远远超出了“便利”的范畴。微博、微信的兴起，“碎片化”的传播趋势、年轻受众的关注点转移，都给传统广播的收听市场带来巨大的挑战。2011年末，我参加了SMG首次专门为广播开设的“美国班”，四周在美学习交流的主题之一就是“如何应对网络的挑战”。2012年，从采访部回归编辑部，我开始尝试在东广新闻台官方微博发布最新消息的同时，加入记者连线的音频，当时还取了一个名字——“声音微博”。在短视频、短音频还没有流行的那个时期，上海广播的“声音微博”也算是媒体融合的“吃螃蟹者”，很快被不少外地电台的官方微博所借鉴。

如果说，互联网之前十多年的普及发展，对传统广播节目的生产、传播带来的影响更多体现在提供强大的“工具”属性的话，时至今日，网络毫无疑问已经成为广播最重要的传播平台，甚至成为不少广播节目重点瞄准的“市场”。不管是阿基米德App，还是话匣子微信公众号，再到上海广播最近推出的话匣子FM新闻客户端，网络成了广播新闻的第一落点。2017年和2018年，上海广播接连推出《听总书记讲故事》和《给90后讲讲马克思》两个系列的短音频，可以说从节目创意设计、制作包装，播出渠道，都瞄准在互联网上的传播力。

从编辑、记者，到节目创意策划制作，再到负责话匣子FM新闻客户端的生产运营……我所亲历的十几年广播发展之路，方方面面都渗透着互联网的印记，而上海广播也正与时俱进，探索着融合发展的新道路。

作者系东方广播中心广播新闻中心融媒体部主任

广播，用声音对抗遗忘

金　亚

2014年底，上海音像资料馆汪珉告诉我，他们从海外收集到的第二次世界大战中有关上海一个难民区的历史影像，问我有没有兴趣一起考证。因为2015年适逢纪念世界反法西斯胜利70周年，我们正好要策划一些重大选题，所以我仔细进行了观摩。在这段胶片中，我发现了一小段录于77年前的声音：有位年长的法国神父，出入日军炮火，进入上海城隍庙附近的一个军事中立区，给上海的小难民们发糖。他抱着他们，用法语逗他们，孩子们拿到糖，笑得前仰后合。经过和张景岳先生的共同研究辨认，我们在这段历史影像中发现了一个重大史实：1937年11月，侵华日军烧杀抢掠所造成的难民潮从四面八方涌向上海租界。一位名叫饶家驹的法国神父联络各方爱心人士，努力游说斡旋交战各方，在紧挨着法租界的南市老城厢一带建立起了一片收容和保护中国难民的“南市难民区”（又称“饶家驹安全区”）。

这段不足10秒的“战争下的孩子的笑声”引起了我的兴趣，我希望还原历史，揭开未解之谜。然而，由于《拉贝日记》的出版和电影的发行，人们只知道南京安全区。就连土生土长的上海人，也没有听说过今天寸土寸金的上海旅游地标之一的城隍庙豫园曾有过一个难民区。饶家驹这个名字非常陌生，他静静地，在文献和珍贵的历史胶片里，已经七十八年了。我和上海音像资料馆的同事充满了好奇，因为城隍庙、豫园，实在是太有名了。而这段历史，消逝在人们的视线里能够无影无踪，简直不可思议。我们就这样被好奇心驱使着，开始踏上《寻找饶家驹》之路。

寻访之初，遗珠蒙尘，上海民间对此事已淡忘多年。再加上历史上的顾虑和老城动迁，寻访变得异常困难。也正在那一年，上海师范大学的苏智良教授组织了一个饶家驹国际学术研讨会，与会学者发现：1937年11月9日到1940年6月30日，总计历时963个昼夜，以方浜中路为界向北一直到人民路的一平方公里的饶家驹安全区先后有大约30万难民在这里得到了庇护。它不仅是中国人熟知的德国人拉贝创立的南京安全区的母版，而且后来这一模式被推广到武汉、广州、杭州等地，上海南市难民区是中国平民躲避日军炮火的诺亚方舟。这个研讨会使我们和苏智良教授结缘，并成了研究饶家驹的同路人。三年来，在江小青副主任的领导下，上海南市难民区项目组的工作虽然开展得举步维艰，但是有条不紊地向前推进。

2015年4月，上海新闻广播、上海音像资料馆、上海师范大学联手发起的历时半年多的上海南市难民区见证人的寻访工作，开始了抢救性的发掘。对上海来说，这是一分珍贵的声音档案。项目组先是协同当地警署深入原南市难民区所在辖区，一起寻访了大量的老居民和退休民警。但由于老城厢的改造，老居民均已迁出，于是，主创人员开始发挥“广播找人”的优势。4至6月间，通过制作广播宣传片的形式，在各个频率连续投放了一系列宣传片，并开通了62706270的新闻热线。我把这短小又珍贵的“饶家驹和孩子的历史留声”做成宣传片，在广播节目里循环播放，决定尝试“用声音唤起那些和饶家驹在一起得到过糖果的孩子们的记忆”并开通新闻热线，广泛征集南市难民区的见证人。奇迹真的发生了，先是一位亲历老人打来电话提供线索，她的声音被做成“音版”播放，之后滚雪球一样，昔日的孩童，今天的那些九旬老人从四面八方纷纷打来电话，甚至当年在上海见过饶家驹的犹太孩子都打来电话，回忆起那段永远无法忘怀的

作者在户外采集声音

童年，回忆起这个法国大胡子爷爷和那段岁月，饶家驹和童年生活记忆被再次唤起。三个月里项目组共收到听众来电百余个。连南京、福建甚至美国的有关线索也纷至沓来。在做这个项目的时候，作为媒体人，我一直致力于寻找隆隆炮火的背后，上海这座城市里的一些普通人。在他们的回忆中你会发现，这些普通的生命，与侵略者，与疾病、饥饿、恐怖同时也在进行着一场无声的抗战。最后能战胜这一切，存活到今天，同样也是生命的一曲赞歌。

2015年夏天，《拯救历史的记忆：南市难民区的故事》作为上海SMG广播新闻中心纪念中国人民抗日战争暨世界反法西斯战争胜利70周年的一项特别策划隆重发布，包括广播专题节目、影像史料发布会。项目启动半年后，通过广播寻找历史见证人引发了社会广泛的关注，随后引发了一波又一波各家媒体的报道。新华社8月25日刊发了新闻通稿；《解放日报》、上海电视台、澎湃新闻、《东方早报》、《新民晚报》多次在显著版面报道活动进程。8月25日，上海南市难民区影像史料发布会在上海社联举行，美国国会图书馆研究员阮玛霞、潘光、苏智良等众多历史学家与会，见证人李秀凤、傅剑秋、俞光辉等多位九旬老人首次与媒体见面。11月7日，由南京造币厂铸造的“饶家驹纪念大铜章首发式及饶家驹先生事迹介绍会”在上海师范大学举行，上海对外友协、法国驻上海领事馆等中外友好人士参加活动，共同缅怀这位伟大的“上海辛德勒”。

2017年，项目组完成对饶家驹故乡法国桑特，饶家驹墓地德国圣湖，以及瑞士的国际红十字总部的一系列海外寻访。寻访归来，我们惊奇地发现，这个史实不仅上海人不知道，而且饶家驹的家乡也不知道。不仅一般法国人不知道，就连研究法国耶稣会历史的专家也不知道。饶家驹这个名字，躺在了历史的故纸堆里，与今天的人们失去了联系。

回到上海，项目组的成员开始筹划，希望在上海南市难民区成立80周年的日子里，能够在原址用树碑的方式纪念这段不应也不能被我们遗忘的历史，更希望让越来越多的年轻人能够记住这段历史。

三年来，项目的推广让越来越多的年轻人开始被故事所打动。2017年，上海师范大学乡土儿童绘本团队的三位同学汪佩瑶、孙琳玲和朱文颖在了解这段历史后，忽然想到用创作绘本的方式来加入项目。暑假，他们带着自编的绘本讲给身边的孩子听，让上海小孩子先从绘本上了解上海的历史。他们先是自发创作了绘本，带着绘本走进附近学校；后来，在我的建议和协助下，绘本被译成了英文、法文和日文印刷；2017年10月，项目组与新华社上海分社合作，完成中英法日四国语言版本的H5新媒体动画片《口袋里的爷爷》，并用手机向世界推送。

2017年11月，寻访团队来到日内瓦的国际红十字委员总会。在档案室里，历史学家惊奇地发现：饶家驹安全区是被国际认可的，第一个成功建立的国际安全区，它是一个中立区，它没有先例。这个只有1平方公里大的保护区，是卓有成效的。它确保了这个区域中平民的安全，饶家驹安全区开启了一个保护区的新模式。这个模式其实现在仍被一些有冲突的地区所使用，如果人们想建立安全区的话，也会借鉴饶家驹安全区的经验，这个模式1949年被写进了《日内瓦公约》。然而饶家驹1946年就去世了，早已无法见证他一生中这一最大的荣耀：离开中国以后，他又来到敌国德国，救助那里的平民（那里的人民也是难民）实现了他一生中“我将为不幸的人，尽最后的力量”的名言。

我们三年的寻访工作，让饶家驹重回人们的视线。饶家驹的发烧友，从最初的上海人发展到多个国家。2017年11月9日，是南市难民区成立80周年的日子，在德国友人的帮助下，寻访小组找到了柏林郊外的饶家驹墓地。饶家驹无后，连族人也全无。时隔71年，饶家驹又听到了久违的上海话，吃到了我们项目组代表当年难民区的孩子们带给他的上海糖果。

2017年12月14日，中国国家公祭日的第二天，人们从世界各地赶往上海的城隍庙。大殿里，回放着饶家驹神父救助南市难民的历史影像。我和我的团队一起回顾三年来的寻访之路。在城隍庙的山门旁，一组高大的上海南市难民区纪念碑被镶嵌在山门旁的红色砖墙上，这里，曾是昔日南市难民区的一个庇护所。在这里，有情有义的上海人早在1946年就打算为饶家驹树立一块碑，碑做好了，但因战乱终未竖立。71年后的2017年12月14日，当饶家驹重回人们视线的时候，上海南市难民区旧址竖起了一块纪念碑。碑文用中文写着：

> 1937年八·一三战事爆发，日军侵沪，难民潮起。慈善家、法国人饶家驹联络各方，中国政府以民国路（今人民路）、方浜路之间的区域建立南市难民区（1937年11月9日—1940年6月30日）。难民们栖居在城隍庙、豫园、沉香阁、天主堂、福佑路清真寺、小世界游乐场、万竹小学、梨园公会、珠玉业公会等处，前后共有30万中国难民获救。这个战时保护平民的“上海模式”，后来推广到南京、汉口、法国、德国等地，并推动1949年《日内瓦第四公约》的订立。中国共产党人积极参与救助工作，大批难民加入新四军。
>
> 在纪念抗日战争全面爆发暨南市难民区成立80周年之际，特立此碑，以资纪念。

2017年12月14日，上海人民广播电台新闻频率、中国之声、新华网视频客户端、人民日报海外版、*Shanghai Daily*、*China Daily*和梨视频向世界传播了这一消息。电视专题片《寻找饶家驹》（上下集）在上海新闻综合频道播出。

在新媒体时代，讲故事的方式变得多样化。由上海音像资料馆联合看看新闻和上海东方广播中心一起打造的历史专题《寻找饶家驹》，利用上海音像资料馆珍藏的1937年关于饶家驹与其建立的上海南市难民区的珍贵历史影像，结合当今的地标对照、亲历者回忆和专家学者访谈，重温80年前战火硝烟生灵涂炭中的这片安宁之地。这一融媒体产品，也在同时发布。

2018年，伟大的国际人道主义者饶家驹诞辰140周年。根据习近平新时代中国特色社会主义思想，对“坚持推动构建人类命运共同体”的要求与愿景，同时为在国际视野中讲好中国故事，表达文化自信，上海音像资料馆经向文化部外联局西欧处作工作汇报，获得“走出去工程”的外宣扶持。纪录片《寻找饶家驹》（上下集、片长50分钟）被翻译制作成英语和法语版，在外宣平台播出，让这一故事获得更好的国际传播与交流。

5月30日，上海市对外友协特地为饶家驹的故乡法国桑特市市长让·菲利普·马雄（Jean Philippe Machon）安排了一次非同寻常的历史文化寻迹之旅。市长参观了城隍庙南市难民区纪念碑、豫园商城内原安全区遗址，并与黄浦区政府进行了座谈。

2019年4月8日，记录了这段寻访之路的广播纪录片《安全区之声》（The Sound of Safety）入选第45届国际广播特写大会（International Feature Conference，简称IFC），该作品在会议上全本播放并引发强烈反响。这也是大会历史上，第一次有上海广播的作品获此殊荣。

广播，用声音来唤醒记忆，对抗遗忘，这一天，我们努力了三年。

作者系上海人民广播电台高级编辑

“爱搬家”的五星体育广播

顾　洁

动物世界中，蚂蚁是最爱搬家的，快要下雨了，它们就会把家往高处搬，而干旱时，它们又会把家往低处搬，它们的一生一直这样忙忙碌碌。而上海广播界，也有这么一群忙碌的“蚁人”。

在所有十几个广播频率中，五星体育广播（FM94.0）算是最“年轻”的频率之一。但是到2019年才度过第15个年头的体育广播却是所有频率中“搬家”频率最高的一个，从广播大厦到广电大厦，再从广电大厦搬回广播大厦，每一次的搬迁都见证了上海广播电视的发展，也都体现了广电人在不同时期对于广播和电视的不同程度的思考。

第一次“搬家”就是2004年五星体育广播开播的时候，当时是从南京西路广电大厦搬到虹桥路广播大厦。很多人可能会觉得奇怪，为何体育广播会从电视台发端？实际上，早在2002年，刚刚将上视体育部、东视体育部、有线体育台合并的上海电视台体育频道就在旗下设立了“体育广播部”，并网罗了当时在上海人民广播电台体育组以及东方广播电台体育组工作的所有精兵强将，海波、一凝等都是广播部的主力队员，刘阳、吴舜等刚刚毕业的大学生则是体育广播的新人担当。在“制播分离、体育专业化”的思想指导下，广电大厦十六楼的简易直播室，就成为首个在电视大厦诞生的广播直播间。《空中体坛》《强强三人组》《足彩猜猜猜》等各具特色的体育栏目被上广和东广争相邀请“入驻”，虽然没有自己的频率，但高水准的主持、高质量的节目却在各台收听率排行榜上名列前茅。

而当年在广电大厦的简易直播间也出过各种大大小小的意外。让人印象最深刻的是曾经有一次，《空中体坛》节目播出前，广电大厦的简易直播室突然坏了，技术老师怎么弄都无法修好。当时主持人刘阳、吴舜和当时节目监制的我当机立断：“飞”回广播大厦直播！在迅速联系好广播大厦技术人员后，三人在广电楼下拦了一辆出租车，告诉出租车司机有十万火急的事情要赶往虹桥路广播大厦，司机师傅一听是广播的事情，二话不说，猛踩油门，在高架上开着双跳灯花了不到15分钟就抵达了广播大厦。此时，广播大厦的录音师老薛早就等在了大门口，带着大家直奔一条特殊通道，坐上技术专用电梯，进到990直播室，抬头一看，此时离直播开始还有10分钟，大家悬着的心终于放下了。

当然这样十万火急的事情在2002年到2004年间也仅仅出现过一次。而随着北京申奥成功，各地体育广播如雨后春笋般纷纷“冒”了出来。作为国际大都市，又拥有丰富的国际性赛事、全国性赛事资源，拥有自己的体育广播也成为上海广电人心中的一个梦想。2004年8月8日，这个梦想也终于成了现实。只是，直播室到底是在广电设立还是应该回到广播却产生了非常激烈的争论。最终，体育广播的“广播属性派”还是压倒了“体育属性派”，广播大厦九楼办公区和三楼直播区开始动工了。当年，胡敏华主导的装修在整个广播大厦也是领先潮流的，开放式的办公区、拥有电视直播条件的广播直播室可以说一时风头无两。体育总局领导、各路体育明星、奥运冠军都曾在这个直播室留下过声音和倩影。

四年后，五星体育广播迎来第二次大“搬家”。随着五星体育传媒有限公司的成立，旗下电视、广播、报纸等多媒体融合需要进一步深化，体育广播也迎来了新一轮的变革。2008年北京奥运会后，五星体育广播再次回到广电大厦。这一次，“体育属性派”占了上风。由于体育广播的特殊性，赛事转播占比相当大，

作者在广播现场秀现场

每个月的赛事转播可以达到20多场，奥运会、世界杯等大赛年，更是全天滚动赛事直播，而赛事直播也需要电视画面和国际声，同时，广播主持人和电视主持人之间的互相联动也更加频繁。而在同一屋檐下，管理成本也可以降低，出于以上这些多重考虑，体育广播重新回归广电大厦，2008年9月22日清晨6点，五星体育广播（FM94.0）正式在广电大厦五楼的直播间奏响了第一个乐章。新的直播区和办公区建在同一楼层，由于与电视台在地理位置上的接近，也首次实现了音视频同步直播，《强强三人组》等节目都既能在广播中直播，又能在新媒体（如看看新闻网）等上进行直播。

2014年，上海广播启动了又一轮的深化改革，所有的广播频率打破之前上广、东广的壁垒，组成一个新的大家庭，而属于五星体育传媒有限公司的五星体育广播和属于第一财经集团的第一财经广播也结束多年在外的“漂泊”，重回广播的怀抱。2014年8月，五星体育广播迎来第三次“搬家”。虹桥路广播大厦的大堂树起了“欢迎回家”的易拉宝，14个从广电大厦来到广播大厦的体育广播人一踏进大堂，就感受到了家的温暖。尽管当时前备播间改造的直播室又破又小，但是体育广播人知道，不久的将来，他们将迎来一个全新的新媒体直播室。

从广电到广播，其实只有短短的10公里，正常开车的话，半小时就到了。但是体育广播和体育电视的距离却在这几年中，像一根橡皮筋一样，拉伸再收缩，收缩再拉伸。频率频道的专业性，也在不断的实践中融合发展。也许多年之后，我们又会回到当初的那个起点……

作者系上海人民广播电台五星体育广播总监

体育组二三事

司徒伟群

当年上海人民广播电台的外埠新闻，基本都依靠新华社供稿。新闻部有个三人小组，轮班值守那台新华社终端机，等着终端机慢条斯理地吐出一条条上面仅打印一行字的字条，再耐心地将之一条条贴到稿纸上，编号后存档，值班编辑会不时来取。

说句新华社的“坏话”，大概因为新华社发稿层级比较多，层层审查和编辑，很费时间，导致他们的稿子时效性欠佳，很多时候当天白天发生的事情，要等到晚上才能收到稿件。会议新闻、推广什么好经验的新闻，延迟半天大概还能忍受，但是到了20世纪80年代初，中国已恢复国际奥委会会籍，中国各类运动队频频出席各类国际大赛，今天的比赛结果等到隔天再播出，亦即与日报同步，那还要我们广播电台做什么？我们这些80年代体育记者显然不能接受。

电台体育组首次尝试摆脱对新华社电讯稿百分之百的依赖，始于1982年新德里亚运会。那届亚运会11月下旬开幕，我们则早在9月便未雨绸缪，准备三条腿走路：一是新华社电讯稿，二是请中央人民广播电台的老关系张之供稿，三是参考《美国之音》的中文广播。

新华社电稿的弊病前面已经讲过，而请张之帮忙也只是扩展报道的维度和多样性，仍旧无法解决听众最在意的时效性问题，所以利用国外电台才是最关键的一招。只是当时每日收听“敌台”并予以利用，虽然没人会说这是犯法行为，但总不太好，总有些禁忌在那里。幸好那时实际主持电台新闻部工作的副台长闵孝思相当开放和支持，二话不说，立即要我们与广播电视局技术部门联系，请他们提供一部灵敏而稳定的短波收音机，并调校好，安装在我们的办公室里。新德里亚运会开始后，我与奚源昌轮流值守那台短波收音机，从而大大改善我们亚运会报道的时效性。

那回借用“敌台”颇值得一提的事情，是我们在新德里亚运会全部比赛结束前一天，就根据该台报道的赛事结果，推算出中国代表团金牌数肯定超越日本而名列榜首。

后来看到有报道说，率先推算出新德里亚运会中国金牌第一的是张之。我觉得我们与他很可能同时分别得出了这样的结论，他在现场，这么声称无懈可击。

到了翌年的1983年，第五届全运会将在上海举行，在自己家里的事情，不必再麻烦“敌台”了，但如何迅捷地把比赛消息传回电台，还是个叫人头痛的事情。

在相当长时期内，以无线电广播见长和借此安身立命的广播电台，本身的通讯联络方式却严重依赖有线电。譬如，从外面发稿回台，短稿用电话记录方式，长稿则不得不借助电报。生活在手机和互联网时代的年轻人，听到这样的传输信息方式，感觉八成是“骇人听闻”，可那就是当年能够采用的最佳办法，奈何？

无法确切回忆起是哪个机灵鬼的高招了，我想很可能是那年参加全运会报道的新闻部采访组负责人陈乾年想出来的点子：利用对讲机把重要新闻传回台里，具体实施方案请广播电视局的工程师制定。

局里的通讯工程师设计的方案为，在江湾体育场和虹口体育场等重要赛场架设天线，同时在广播电视局及上海人民广播电台所在的北京东路2号顶楼晒台上也架设天线，应该可确保对讲机通讯联络畅通。工程师预先到那两个体育场最高看台及北京东路2号晒台上安装天线，并调试和使用了数回，确定畅通无阻后才

将整个系统交给全运会报道组。全运会期间，我们这些在第一线的记者均借助这套无线电通信系统把比赛结果及时报回台里，余浩峰等人则在电台编辑部负责接收。

1983年9月22日 晚上，朱建华以2.38米打破由他自己保持的男子世界跳高纪录，这条大概是那届全运会最重要的消息，就是奚源昌通过对讲机声嘶力竭地喊回电台编辑部去的。

时移世易，我们当年那些自鸣得意的高招，在现在人眼里大概与原始人学会用尖利的石块切割兽肉而喜不自胜一般可笑吧，但那无论如何是一代广播新闻工作者历经的路程，作为历史陈迹，写下来给后人看看笑笑也好。

作者系上海人民广播电台记者

与上海广播的一段情缘

杨咏朝

上海人民广播诞生70年了。说起我与上海广播的缘分，当属始于1991年末亲身参与采访报道的那次治理太浦河上海段工程，与广播电台的记者江小青合作进行的采访活动，是上海广播电视有迹可循的重要篇章，可以载入上海广播的发展史。

当时我在《每周广播电视报》担任一版编辑。1991年12月初的一天下午，我突然接到报社总编辑指派的一项任务，让我和报社另一位同事马上出发，跟随上海电台的采访车去太浦河工程总指挥部报到，深入采访报道奋战在治理太浦河工地上的建设者。在乘坐采访车去青浦的行进途中，我才较为详尽地了解到，这次的采访报道任务艰巨但又很有意义。因为就在几天前，上海市广播电视局与太浦河工程总指挥部作出了一项重大决定，从12月1日起建立战地广播电台，由上海电台、上海电视台派出精兵强将，赴太浦河工地现场采访报道，并且在一段时间内搭建播出平台，开展广播和电视的联合播音。上海市广播电视局对这次联合采访报道工作十分重视，周密部署，两台均派出了阵容强大的采编力量参加，年轻的主持人和记者编辑占绝大多数，有数十人之多，现场还开来了转播车及时传回音频图像。

当晚在太浦河工程指挥部，领导对我们进行了分工，我与上海电台记者江小青分为一组，第二天一早跟随她去工地现场采访。

晚上就寝的条件非常简陋，大家都是草草地在临时搭建的工棚里入睡。时值初冬，寒意袭人，但是一想到我们身处治水最前沿，大家都兴致勃勃，全无睡意。

晨曦刚过，工地上已经热火朝天、人声鼎沸，红旗迎风招展，大喇叭播放着欢快的乐曲，河道上密密麻麻都是开挖和运送土方的建设者。这里是太浦河上海段河道区域，由团市委和市教委等单位派出的建设者加上当地民工组成治水大军，开挖土方比进度、运送泥土讲速度，不怕苦和累，喊着号子开展劳动竞赛。机械化作业也掺杂其间，偶尔看到有挖掘机在工作。

江小青新闻意识强，作为广播电台记者，她从事采编工作已有多年，业务驾轻就熟。我的任务是与她搭档负责摄影，联络被采访者。我回到报社还要写出广播电视的连续报道在版面上刊出。

“走，我们去采访韩正书记。”江小青跟我说了采访计划，她把首要采访目标定在负责治理太浦河工程的韩正身上。听说电台记者要采访，韩正从远处大步走来。时任共青团上海市委书记的他，和蔼亲民且没有架子，一条白毛巾挂在颈间，人显得很有精神。说起对太浦河工程上海段三期的情况，韩正非常熟悉。他说太浦河是沟通太湖和入黄浦江的人工河道，全长为57.2公里，流经江、浙、沪3省市15个乡镇，上海市境内长度为15.24公里，河道平均宽度为200米。韩正说，太浦河治理工程是引排太湖洪水的骨干工程，也是调剂上海市用水的重要输水工程，上海市政府对此十分重视，除了沿线乡镇分派民工参加工程外，本市高校学生和团市委等单位都派出青年支援太浦河工程建设。预计经过疏浚、整治，将对太湖地区防洪、排涝、灌溉及上海市城市用水起到重要作用，减灾效应十分明显。

采访韩正之后，我们还采访了上海市教卫工作党委副书记的尹继佐，多家高校派出的学生建设者由他负责，在工地上发挥了积极的作用，学生也在这场治水工程中得到了积极的锻炼。在采访青年民工时，江小青发挥了广播记者轻骑兵的

特色，全方位地为听众展现了太浦河治理工程现场的情况，系列报道播出后，在听众中引起很大反响。

可以说，自从经历了那次太浦河治理工程采访活动，广播在我的心目中的地位更为突出了。

太浦河第三期治理背景：

1991年夏，太湖地区发生特大洪水，苏州、无锡、常州大片城乡土地被淹没，形势十分危急，损失上百亿元。时任中共中央总书记江泽民和全国防总总指挥、国务院副总理田纪云，亲临视察太浦河和太浦河节制闸，并在吴江、平望召开江浙沪抗御太湖洪水现场办公会。

同年10月，国务院决定兴建治太“十大工程”，其中排在首位的工程就是疏浚太浦河。同年11月，太浦河工程上海段、浙江段动工。1992年11月，江苏段动工，标志着太浦河第三期工程全面开工建设。

作者系原每周广播电视报社总编室副主任、一级编辑

上海电台的长三角节目

蒋纪明

2018年是中国改革开放40周年，这不由我回忆起改革开放之初，创办的两个以面向长三角、改革开放为主题的专题节目《江南好》和《金三角》，反映了上海人民广播电台追随时代浪潮的创新之举。

那是在1984年和1992年期间，专题节目的报道范围，开始主要是国家对外开放的10个沿海城市，随着形势发展，后来扩大到四省一市。专题节目以经济建设为主，宣传各地内联外扩，改革体制机制，打破条条框框，实行承包责任制，发展生产建设，以及各地的名胜古迹、风土人情和人文历史等方面。六朝古都南京跨上了千里马，城市四周建起了化工、钢铁、电子、车辆等六个开发区，工业生产成倍增长；浙江宁波历来是浙东对外贸易的集散口岸，为改革开放发展生产建设需要，在北仑、镇海两地，新建了规模宏大的海港码头……

《江南好》栏目还组织了一组“运河行”系列录音报道，反映古运河两岸的杭州、嘉兴、苏州、常州、无锡、镇江、扬州、淮阴、徐州九座古城在改革开放中旧貌换新颜。杭州过去是个消费城市，新中国成立后，特别是改革开放以来，建成了冶金、机械、电子纺织和丝绸等工业体系，光是丝绸一个月产量超过了解放前一年的产量。杭州又是旅游名胜地，旅游资源丰富，当时一年接待的中外游客已达两三千万人。嘉兴在发展经济建设和城市建设中，发展外向型经济，成为韩商、日商和美商的投资热土。姑苏的乡镇工业联合发展成大集团大企业，工业产值位居全国大中城市第四位，人民生活起居状况大变，到处盖起了新楼房。无锡发展成了制造工业城市，工业产值超万亿，农村还出了亿元村。原来只有两个半工厂的扬州市也开始了跨越式发展，成为千亿城市，又通了火车，造了长江大桥。五省通衢的徐州，一座座高楼大厦取代了过去茅草棚、矮平房，现代化的马路上奔驰着新式的无轨电车和公共汽车，九里山古战场变成了规模宏大的现代化工业区，千年的废黄河古道也变为花果园，并彻底解决了数千年来危害人民的洪水灾害。千里大运河两岸处处莺歌燕舞，人民安居乐业，一派兴旺发达的人好景象。

这些报道，都是以录音通讯、录音访问记的形式播出，做到选题典型，人物谈话生动，录音音响丰富多彩，形象而有现场感，反映了改革开放产生的变化和给人们带来的福祉。

在报道中，我们也重视宣传各地创造的好经验、好办法。如发展乡镇工业，农业劳动力大量转移后，许多地方出现了农田无人种或耕种不好，这是当时乡镇工业发达的苏南农村普遍存在的问题。我们报道了江阴市三房巷村党支部工业、农业两手抓，工业一年一个样，农业实行了机械化生产规模经营。他们的做法是，在发展工业转移劳动力时，挑选二十多个种田能手组成农业生产专业队，把农田作为投资，集中由生产技术高超的农业生产专业队经营，年终分红。待工业上有了实力，调拨一部分利润支援农业，实行农业机械化生产，不仅保证了农业生产稳定发展，解决了务工农民的粮食和鸡鸭鱼菜等农副产品需要，还有大量多余的产品供应市场。这个村的经验，为当时各地农村发展好乡镇工业，又搞好农业生产，提供了一个榜样。

采编这两个专题节目的人员并不多，只有三个人——姜碧苗、杨泳佩和我。我们采取发展通讯员和特约记者的办法，开辟稿源。我们三个人实行轮流采编，一人在家编写来稿，制作节目，负责节目播出；两人到外地采访，保证了节目质量和报道计划完成。

采编的稿件，我们力争做到短小精干，一般录音报道五六分钟，做到生动形象，以事实说话，避免说教，用词简洁，略带文采。录音报道的人物谈话简短扼要，解说精练，起到画龙点睛的作用；录音音响丰富多彩，具有现场感，听了使人感到生动有趣，乐意听下去。上海新闻界老前辈徐铸成听了《江南好》节目，撰文写道："江南好这类简短而不带说教的节目，开阔了我的视野，我最爱听。"

作者系上海人民广播电台记者

八年相伴　精彩拍案

张建红

看书看电影，这是我的两大爱好，什么类型的书和电影最能吸引我？那就是推理破案类的了。所以，当接手策划破案类的电台节目《拍案冲击播》时，我顿时兴奋起来了，多年的兴趣能和工作相结合，多爽啊！那年是2003年。

福尔摩斯、波洛的名字很多人都知道，而在咱们上海，刑警803的故事也广为流传，扑朔迷离的案情，再加上跌宕曲折的推理，这是最让侦探迷着迷的地方，因此，我们把节目定位在互动破案，听众由被动变为主动，让听众有机会体验惊险曲折的破案过程，过把侦探瘾。

这样的互动探案节目在电台推出，尚属首次，如果只是由我们主持人来主持这档节目，对案例的选择、推理过程的把控、痕迹物证的甄别等，都很难主持到位。于是，我们想到何不邀请公安战线的专业人士来做嘉宾呢？当我们与上海市公安局、《东方剑》杂志社商谈共同主办《拍案冲击播》节目时，大家一拍即合，觉得这是一次很有意义的创新尝试。

好事多磨，当《拍案冲击播》节目策划成熟，准备举行开播式隆重推出时，因为非典特殊时期，无法搞现场活动。我们再次动脑筋创新，与新浪网洽谈，办一场直播的网上开播式。2003年5月28日下午3点,《拍案冲击播》节目在新浪网上海站正式亮相，上海电台、上海市公安局、《东方剑》杂志社的领导共同出席了这场别开生面的开播式，主持人是我和陆澄，还有几位公安专家也出席并带来精彩案例与听众网上互动推理。上海市公安局政治部领导叶海坚在发言中说："上海市公安局和上海电台有着长期良好的合作关系，从《刑警803》到《法庭内外》，都是一些知名的品牌栏目，再到今天的《拍案冲击播》，我相信我们这一次的合作也一定会成功的。我觉得这个栏目的开播确实是一个创新，它将艺术性、娱乐性、参与性结合在一起，更加贴近我们听众，更加适合我们现代社会的一种开放性、互动性的要求，包括我们这次开播的仪式，在非常时期采取这样一种形式，也是一种非常好的尝试。"《东方剑》杂志社领导冯世荣在发言中谈道："全国公安是有着百万人的队伍，在每天的工作时间里面，都发生着一些各式各样的故事，在故事中间有平凡的、有默默无闻的、有惊心动魄的、有刀光剑影的，作为我们杂志来说只是媒体，我们通过我们的杂志向广大读者介绍公安生活、介绍公安民警，今天上广开设这么一个栏目，它是由一种新的媒体向广大听众和读者介绍一些公安战线的工作，我想这是一件很有意义的事情。"上海电台领导李慧英在发言中谈到了栏目创办的起因："上海人民广播电台文艺频率，是以播讲故事、小说为主要内容的一个广播频率，其中有一个栏目叫《惊险迷案故事》，这是非常受听众朋友欢迎的一个栏目，我们这个《拍案冲击播》就是《惊险迷案故事》每星期双休日推出的一个特别栏目。因为《惊险迷案故事》只是播讲故事，听众得不到机会参与，现在我们推出这样一个特别栏目，听众有更多的机会参与我们的节目。我知道听众朋友中有很多侦探文学、公安文学的爱好者，大家可能没有机会穿上警服，参与这样一种特殊战线的战斗，但是大家很想能够亲身经历一下，或者说是尝试一下，从5月31日正式开播开始，我们就为大家提供这样一个空间，创造这样一个空间，欢迎大家多多参与。"

在成功举办网上开播式之后，2003年5月31日，集知识性、娱乐性于一体的、参与性极强的直播栏目《拍案冲击播》正式在电台播出。

直播互动探案栏目《拍案冲击播》邀请公安战线的有关领导、专家、侦察员，以及来自上海公安高等专科学校的教官、《东方剑》杂志的作者等，走进直播室，担任节目嘉宾，每次讲述一则曲折迷离的案例，并提供几条破案线索，主持人开通热线电话，请听众发挥想象力，根据案例和线索判断、破案，过一把“当探长”的瘾。这档节目前期筹备策划周密仔细，编辑、主持人与来自公安战线的嘉宾精心选择案例，推敲案情线索，既讲究案情的一波三折，又把握好舆论导向。《东方剑》杂志还专门辟出版面刊登部分节目案例，为节目做宣传预告。为了激励听众破案的积极性，发挥出色的听众还可以获赠最新一期《东方剑》杂志。

作者（中）参加节目主持

节目提倡多向思维、逆向思维、立体思维，激活听众想象力，摒弃综艺娱乐节目弱智化倾向，帮助听众接近真相、解开谜团。为了让听众产生身临其境的紧张感觉，编辑在节目中穿插了一些紧张音乐、音效，起到很好的烘托渲染作用。扑朔迷离的案情使节目极具可听性，层层铺展的情节考验并提升了听众的逻辑推理能力，使知识层次较高的听众也踊跃参与该节目。另外，在注重可听性、参与性的同时，制作人员把握舆论导向，每期节目通过警方提示，让听众一起关注社会安全和个人安全，使听众获益匪浅。该节目一经推出，收听率即位居上海电台文艺频率第二。

《拍案冲击播》原为30分钟节目，因深受听众喜爱，频率领导也很重视并力推该节目，2004年节目扩版为60分钟，让听众更充分地展示推理分析能力。

2004年，《拍案冲击播》节目获中国广播电视学会广播文艺研究会主办的全国首届广播娱乐节目大赛优秀节目奖。这个节目也引起电台同行的关注。有一次，在与外地电台同行交流做节目的感受时，我谈到了我做的《拍案冲击播》节目，她非常惊讶还有这样的节目，表示回去后在她们电台也尝试和公安合作做一档类似的节目。几年后，我再次遇到她，她很高兴地对我说，她回去后真的开设了一档类似节目，与公安合作，收听效果非常好，也在那边得了奖。我想，一档节目如果既有可听性、参与性，又具有专业性，一定会受到听众的喜爱。

《拍案冲击播》节目开播后迅速拥有了一批忠实的听众，通过节目的熏陶，他们分析案例头头是道，有时对案子的结局说个八九不离十。面对这样一群忠实的听众，《拍案冲击播》特别举办了几次听友见面会，让来自公安战线的嘉宾从幕后走到台前，与听友、侦探迷欢聚一堂，畅谈感想，并现场模拟推理破案，充分体现“《拍案冲击播》，激活想象力”的特色。

我记忆深刻的是2005年9月，《拍案冲击播》开播两周年听友见面会。在上海市公安局和《东方剑》杂志社的大力支持下，在听友和侦探迷的强烈要求下，“2005新震颤——《拍案冲击播》互动探案视听会”以新的面目展现在听友面前。来自公安战线的嘉宾从幕后走到前台，与听友、侦探迷再度欢聚，通过多媒体形式参与多种智力游戏，畅谈侦破案件的感想，并现场互动模拟断案，让现场的听友身临其境地推理、探案、分析、追击。

在一系列破案和考验观察能力的小游戏中，听友感受到新鲜又刺激的强烈震撼。在现场，听友对每项活动都跃跃欲试，争先恐后，公安嘉宾给予听友鼓励和启发，更是带动了全场的气氛，现场互动其乐融融，非常活跃。一些学生听众上完课急急忙忙赶来，顾不得擦去满头的汗，聚精会神聆听教官分析案情。女听友巾帼不让须眉，表现也很出色，有一位女听友在两起案例的分析中，都捷足先登发表自己的见解，反应非常敏捷。

另外，从2005年7月开展的《拍案冲击播》节目卡通角色征名活动，也受到了听友的大力支持，众多的短信和信件提供了种类繁多的卡通名称。在听友会现场，也正式揭晓了《拍案冲击播》两个男女卡通角色的名称：安安、亮亮。

两个多小时的视听会，在听友意犹未尽的参与中圆满结束了。精彩纷呈的视听会带给了听众巨大的满足和巨大的渴望。

从2003年开播到2011年，《拍案冲击播》节目与听众朋友陪伴了8年，8年里的每一个周末都如约与听众在电波中相会，当因为各种原因，节目将要告别听众之时，大家都感到依依不舍。到了今天，依然有听众记得这档节目，怀念这档节目，我相信，是这档节目新颖的创意和精心的制作，赢得了听众的好评。在新媒体崛起、传统媒体竞争压力日益增大的今天，广播人更需要拓宽视野，大胆创新，吸引好资源，强强联手，制作出既专业又贴近听众喜好的节目。

作者系上海人民广播电台故事广播副总监、一级文学编辑

岁月感怀

忽如一夜春风来

邱洁宇

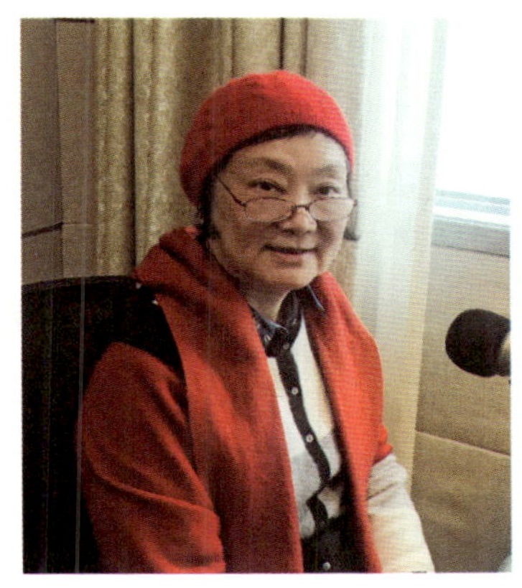

我和外滩还真有缘：父亲母亲在我出生之前都在外滩上班，我的幼儿园就在外滩海关大楼里，那闻名于世的大钟，钟声叮叮当当，陪我日复一日……

没想到，多年之后，我也来到外滩上班。

1980年，上海广播电视系统公开向社会招聘记者编辑——向来严密的宣传单位毅然打开大门，不拘一格招贤纳士，势必引起轰动。毕竟那时"文化大革命"结束不久。

选择自己的人生，改写自己的命运？！犹梦犹幻间，我匆匆写就了"自传"，因为担心投递遗失决定自己送去。就这样，怀揣梦想，我第一次走进了北京东路2号——上海人民广播电台。

眼前是幢花岗岩砌筑的七层高楼，外墙面的沟缝，一道道的很深很深，似乎嵌入了饱经风霜的往事。那英式古典派的遗韵、新文艺复兴风格的气派，厚重敦实高贵。

大楼建于1922年，前身是英国格林邮船公司和美联社等通讯机构。1951年，上海人民广播电台迁入，次年建成全国最大的广播播控系统。大门口昼夜有武警战士把守，因此也成了人们眼中的神秘之地。

后来才得知，公开招聘吸引了超过5 000人报名。

面临赶考，我重新打开了高考复习课本，又借阅了新闻单位的通讯资料，可谓仓促准备忐忑上场，一路如履薄冰踽踽而行。赶考之路难，录取之路更险，筛选过程无从得知，萦绕心头却总有一个个问号：北京东路2号为了打开大门掀起了多大波澜？上千份应聘者投寄的自传数量巨大，由哪些人“沙里淘金”的？颇有难度的书面考卷是谁出的？去展览中心现场采访是谁的好点子？又由哪些人评判？面试主要观察点何在？最终录取的标准突破在哪里？像我这样“先天不足”的“老三届”该过多少坎？……

终于，忽如一夜春风来，吹来了我的录取通知书。报到那天曾留下过一张照片，是一位不知名的工作人员抓拍的。照片后来似乎成了难得的历史印记，现在竟然可以从网上搜到，亲友有次从海外发回这张照片，就是偶尔在网上发现的。

转眼几十年过去了，上海广播电视的历史档案，想来早已为当年的创举留下了浓墨重彩。

百里挑一！ 1981年，我正式成了上海人民广播电台的一员。经过投寄自传、书面考试、现场采访、面谈、外调等一系列严格考查，成为首批录取的幸运儿（据说仅录取了33人）。此时，已过而立之年的我，终于“脱颖而出”，开始了新闻生涯。

记忆中，那是个特别的早春二月。

作者(左)1981年招聘录用后前往报到

作者（右）正在上海虹桥机场现场直播英国女王伊丽莎白二世访问上海

走进北京东路2号，满心感恩。踏上全新的未知之旅，当然仅有汹涌澎湃的激情是远远不够的，重要的是踏实学习倾力躬行。在我眼里，广播电台更是一个新课堂，一所大学校，自己面临的将是更为严格的考试。

令我感到如沐春风的是，我遇到了诲人不倦、关爱后辈的领导和老师，周围是勤勉奋进、创新求索的同事和朋友，有了真诚的指点、支持和信任，我“渐入佳境”，享受着广播工作带来的乐趣……未曾料到的是，4年之后的1985年，我又转岗了，先后被任命为上海人民广播电台新闻部主任、副台长、副总编辑。让我直接到如此关键的岗位任职，是一次又一次破格之举，是莫大的信任和重托。角色转换带来的是更大的挑战，再次面对新的考验，压力之大可想而知，必须用尽全力爬坡过坎。

我赶上了好时代。在改革开放的春潮中，北京东路2号同样潮起潮涌。我有幸参与实施了《990早新闻》的全新改版。正点新闻、录音专访、现场报道、同步直播、实时插播、即时互动、特色栏目、名优主持以及易于收听等广播的优势在同行中独树一帜，引人注目。当年策划组织的“海外游子故乡情”活动，没料到吸引了全国40多家媒体前来报道，由本台记者采写的相关报道，获得了上海广播史上首个中国新闻奖一等奖。更觉荣耀的是，我任职新闻部期间，《990早新闻》报道集体先后4次获上海市劳模集体、2次获全国新闻工作者先进集体称号。

1996年由于扩展事业的需要，电台从外滩搬迁到虹桥路。“创新”仍是我最为关注的课题。在我接着分管文艺中心工作期间，推出了古典音乐、少儿节目专用频率。具有传统优势的广播剧更注重讴歌时代，聚焦热点，动情动听。1997年至2002年精品迭出，有数十部作品先后获得中宣部“五个一”工程奖和专业评比一等奖，《热血男儿》《凝聚》《走进罗布泊》和《嫁给了公家人》等剧在全国400多家电台播出。广播剧组优秀编导的敬业精神至今感动着我。音乐、文学、戏曲、综艺节目也亮点频现。距今21年的1998年，上海广播就首创以“互联网+”的方式，将一套长达数小时的直播节目《网上广播虎年贺岁》同步传至海外，有十多个国家和地区的听众实时收听，瞬间反馈，“天涯若比邻”成了现实。

令我至今感怀的是，广播铺起了我的逐梦之路，历史与现实，过去与未来，引领我不断体验多样人生，开阔视野思索探究。还记得：在一个个披星戴月的清晨，赶往早新闻值班室审稿、监制，为的是准点为这座城市播送最早的新闻。还记得：在两会会场聆听上海海纳百川的蓝图，在浦东开发的热土上目睹一个个世纪工程的诞生，感受城市命运变革的脉动。还记得：在棉纺厂采访闻名全国的劳动模范杨富珍，在残疾人薛伟家中倾听他艰辛的翻译故事，在居民社区欣赏王小毛的海派滑稽，在百姓的喜怒哀乐中品味人生。还记得：在南京东路惠罗公司火灾现场发回口头报道，在东亚运动会、北京申奥的直播现场传递体育的凝聚力，在虹桥机场停机坪组织直播英国女王到访……广播在众多媒体竞争中展示着独特魅力。还有，上海国际广播音乐节吸引了许多大师名家接踵而至，远在德国汉堡，港口音乐会激起了黄浦江的浪花，在友好城市日本横滨，《一衣带水，空中彩桥》节目，首次尝试跨国直播三小时……上海广播的触角从城市出发，走向各地，走出国门，可谓大千世界在眼前，万水千山一线牵。

春去春又来，意想不到的是，2004年我又回到了北京东路2号上班：在上海文广新闻传媒集团演艺中心担任艺术指导。沿着大理石铺成的扶梯，疾疾步入那熟悉的大楼，面临的则是：舞台演出，剧目策划，演艺人才培养，剧团剧场管理……我笑称自己是“跨界”上岗，大器晚成。当时推出的一批剧目，如杂技《ERA——时空之旅》、舞剧《天边的红云》、京剧《贞观盛事》、昆曲《班昭》、交响乐《天地人和》和话剧《秀才与刽子手》等，几经打磨，已成精品。其间我还参与了中法文化年、日本爱知世博会、上海国际艺术节以及中国上海世博会等相关工作，我的生命旅途又留下了值得回味的记忆。

2010年，我告别了职业生涯，告别了朝夕相处的北京东路2号。巧合的是，告别也恰在初春时节。

算来，我在北京东路2号整整度过了21个春天。

作者系原上海人民广播电台副台长、副总编辑

我在电台上早班

陈接章

公交头班车乘客

1981年初，我进电台工作，第一个岗位便是新闻编辑。每天清晨4点30分就要到岗工作，我每天将闹钟拨到3点45分，起床后迅速洗漱，出门后乘坐17路无轨电车的头班车，4点14分的头班车与火车时刻一样准确，坐了4站后到北京东路站下车是4点38分，再步行3分钟到达电台。每天要坐头班车的几乎都是几张老面孔，有几位中年女乘客是三角地菜场的营业员，她们一上车便家长里短地聊起来，给头班车车厢添了许多热闹。后来慢慢知道另几位或是环卫工人，或是送牛奶的工人。我开始在车上从不言语，那些阿姨也弄不清楚这个戴眼镜看上去文文静静的年轻人为啥天天坐头班车。直到1982年我去北京参加培训两个月，回沪后继续上早班，终于有一天有阿姨问我："有段日子没看到你了。""喔，我出差了。""你是做什么工作的?"此后我和17路头班车上的老乘客们便像老熟人一样天天打招呼了。

那个年代，纺织厂等企业上早班的时间是6点钟。在这座城市里，4点来钟上班的大概也就是我们头班车乘客这几类人了。头班车司机和售票员、菜场营业员、环卫工人、送奶工人还有我们电台编辑播音员，我们是这座城市起得最早的人。

海 尔 机

我在电台新闻编辑科工作了6年。这期间的早间新闻时长30分钟，由本地、国内、国际消息和记者采访制作的一两篇录音报道组成。其中国内和国际消息大部分采用新华社电讯稿，接收电稿用的是一部名叫“海尔机”的设备。使用时设备不断吐出大约一指半宽的纸条，稿件内容实际上就是一字一字地蹦出来的，一篇三五百字的稿子差不多要吐两三分钟。我们要将纸条扯下、剪开再一条一条粘在十六开纸上面进行编辑。这种近似原始的方式，现在的年轻传媒人大概很难想象。当时“海尔机”机房在电台三楼走廊东端，编辑室在西端，中间隔着长长的走廊。一个早上，负责机房的陆玉珍大姐和我们几个年轻编辑来来回回要跑好几趟。陆大姐虽然不是编辑，但她慢慢也会判断吐出来的电稿是否重要，以至于我们听到陆大姐在走廊上“咚咚咚”的跑步声，便知道重要消息来了。

和老局长邹凡扬一起上早班

大约是1984年的一天，我一进办公室惊讶地发现局长邹凡扬也坐在早班编辑室里。原来当天北京报纸发表了一篇批判电影《苦恋》的长篇文章，邹局长事先得知消息，为慎重起见也赶来上早班。领导决定用一千字左右介绍这篇文章，并指定我配合邹局长处理。邹局长让我先处理起来，他自己则在一旁静静地看文章。我从未处理过这种几万字的大文章，同时对这次批判的来头和背景全然不知，手忙脚乱勉强编了一篇。邹局长看了后摇摇头，“这样恐怕不行”，然后亲自动手重新编了一次。事后我反复看了几遍邹局长的稿子，深深体会到当一个优秀的编辑绝非一日之功。

我在新闻编辑科有幸遇上两位好领导、好老师，一位解放战争时期就在新华社工作的李学成，一位是60年代复旦大学新闻系毕业的李森华，两位前辈的功底深厚扎实，又宽厚善良。1984年我接任新闻编辑科长，主持早班工作。在那之后，不断有人加入早班。当时台里有个不成文规定，凡进电台新闻部工作都要到新闻早班一两年，从新闻早班出去的人很多成了广电的业务骨干。

笔名辛章

大概是看我常年上早班太辛苦，1986年领导将我调到新闻采访岗位，自此再也不用每天三点多起床了。没想到8年以后我又开始上早班。1994年我调任东方广播电台副台长，当时规定台领导要轮流参与早新闻审稿，由于我分管新闻，因此，其他领导出差或生病一般都由我顶班。到2002年广电体制改革东方广播电台撤销的8年中，我差不多有三分之一的时间上早班。

8年后再上新闻早班，各方面变化很大。所有编辑播音员均由台里派车接送，电脑开始使用，“海尔机”不见踪影，工作效率大大提高。先后主持早班工作的部门领导王治平、陈金宝经验丰富能力强，我们值班台领导只需在他们编排好之后审看一遍即可。但是轻松之外却另有一项压力蛮大的任务，值班台领导每天要为当天早新闻中的“东方论坛”栏目写一篇评论，而且要在审完稿之后用半个小时到一个小时之内写完播出。开始我和其他人一样怕当天没有把

作者在“东方风云榜”颁奖典礼上与歌手在一起

握而在前一天晚上写好，但常常发现当天早上往往有更适合的评论选题。再说新闻要“抓活鱼”，评论同样也应“抓活鱼”，尽可能与新闻贴得紧密。因此，我便坚持当天早上找选题，审稿过程也是我找选题过程。一般审完稿选题也出来了。

久而久之，我对一大清早花半个小时写一篇千字文也逐渐适应，而且有了一种应对挑战的乐趣。8年前竟然也写了近千篇“东方论坛”文章。翻看这些“急就章”，倒也能真切感受到那个年代改革开放、转变观念和我们城市进步发展的风云激荡。记得有一天新闻报道了市委书记吴邦国在干部会上的讲话，其中有我们一定要防止经济建设上去了，党风和社会风气下来了这样意思的三句排比句。当天我写了《“三上三下”的启示》，对邦国书记的这段话作了解读和延伸，还灵机一动将这段话用记者现场录音实况代替播音员念稿。当年的上海新闻奖评选中还因其评论及时和有点“录音评论”的新形式而获得二等奖。

“东方论坛”的文章用的都是笔名，我取名为“辛章”也有一大清早起来写文章辛苦的意思。

作者系原上海人民广播电台编辑科科长、新闻部副主任、东方电台副台长、广播音乐总监、集团音乐部党总支书记、广播文艺中心党总支书记

不忘初心　继往开来

翁伟民

上海人民广播电台建台70年，从大学毕业就进入广电这个领域，已近30年的职业生涯。细细算来，我在广播足足待了13年，即使在电视的职业生涯中，也有8年是分管广播的。突然间发现：我，真的不再年轻！

然而，有意思的是，广播仍然年轻着。而且在新时代的惊涛骇浪中越加充满活力，焕发着生机。

回首这近30年的岁月，我横跨了广播、电视两种业态。总觉得像老歌里唱的“梦开始的地方”是我们的广播。我和广播有着太多共同度过的美好回忆。

1991年的夏天，我记忆中的广播是北京东路2号的老房子，这栋承载着历史的钢筋建筑，每次登楼时，都会传来我穿着运动鞋发出的“嘎吱嘎吱”的脚步声。外滩吹来的风慢慢吹散着我的兴奋与紧张，一切是新鲜、是青涩、是好奇。

2018年10月，我从五星体育传媒再次回到广播。站在沐浴暖阳的广播大厦下，事过境迁却感觉它特别巍峨，特别亲切：1996年从外滩搬迁此处的场景，历历在目，这里承载着我太多的记忆与青春、奋斗的艰辛以及成功的喜悦。

广播给了我很多生动有趣的经历，犹如旅行中的惊喜邂逅：1991年，我进入上海人民广播电台担任《空中体坛》记者，从那一年起，我与广播结缘。粗略一算，从大学毕业后，在我的新闻生涯中，涉足体育、新闻、交通等多个领域，每一段经历都有令人难忘的记忆：1995年，远赴瑞士采访世界羽毛球锦标赛，居然在洛桑奥林匹克博物馆偶遇当时的国际奥委会主席萨马兰奇，在大厅参观的我，鼓足勇气向他提出了采访和合影的要求，于是，一个拥抱、一张合影，刹那间令我感到，幸福原来可以来得那么快；这是年轻与睿智的对话，更是文化中东情西韵的交融……1998年已经前往交通频率担任总监的我，被临时抽调，担任了美国前总统克林顿、时任上海市市长徐匡迪参与的《市民与社会》直播的电话导播，全程闪烁的热线红灯、直播室内外忙而不乱的协调始终令人难忘；和人生一样，广播的种种际遇永远是场无法彩排的即兴表演。从那时起，我感悟到，再稔熟的、再平凡的工作都是可以擦出火花的。

广播给了我拓展的勇气和空间，任由我的梦想头顶蓝天，双脚踩实大地。20世纪末，时任交通频率总监的我，先后策划、主导了“直升机播路况、飞艇路况特别播报”等新鲜实用的举措，更推出了“在交巡警总队监控指挥中心设立直播室、采用双频（中波和调频）播出、由交巡警警官在整点播出路况信息”等一系列举措，这些做法在当时可以说是开了全国交通广播界的先河。当年上海交通广播的《阿丁谈交通》是一档家喻户晓的广播名牌栏目，阿丁也因此获得全国“金话筒”奖，节目的背后、其中的辛酸至今记忆犹新；据AC尼尔森2000年12月的调查数据显示：该栏目专业听众的到达率高达96%。

广播赋予我挑战与机遇。当电波把我的一个创意变得生动而接地气，心里的满足感和喜悦感犹如冬天里滋滋冒油飘香的烧烤。2000年1月，我提议在交通广播设立《幸运降落伞》栏目，当时承包交通广播广告运营的雅林文化公司和我一拍即合，主动承担每个整点100元的现金奖励，节目以其巧妙的构思，简洁的语句，富有创意的制作方式在申城的听众中，尤其是“驾车族”中刮起一股广播旋风，并成为全国各家交通电台纷纷仿效的“样板”节目，据不完全统计，这之后的几年里全国共有30余家电台开设了类似的节目。2001年9月，上海交通广播

成立10周年，北京、广东、湖南等地10家交通广播的当家主持亲临上海和上海交通广播的10位主持人共同参与的10小时“庆祝上海交通广播10周年”10台大直播节目，至今还是业绩堪称的一段佳话，我记得，现任上海电台古典音乐频率副总监的李欣，当时在演播室的发挥嗨到了极致，竟然和她的搭档站着主持了近50分钟的节目……此外，首届车展的“全透明直播室”在当时的浦东会展中心更是吸引众多厂商和观众的眼球，凤凰卫视、中新社、《新民晚报》等媒体纷纷予以报道。

广播生涯主题曲是我含泪带笑的瞬间片段连接而成的，艰辛崎岖的道路终点是繁花盛开的无垠之境。当日历翻到2010年南非世界杯时，我带领的体育广播团队大显身手。当时恰逢世博会在上海召开，我提议在南非馆进行开幕式和揭幕战的现场直播。由于世博会的安保非常严格，举行类似的大型活动可谓难度不小，但是我并不气馁，在团队的支持和配合下，通过和组委会、南非馆包括南非驻沪领事馆的多次协调，以我们的诚意和创意感动了对方，终于2010年6月11日晚上，南非足球世界杯的开幕式和揭幕战的广播现场直播在上海世博会南非馆如期进行，入围世界杯的其余31个国家的世博馆参展人员纷纷派出代表前往南非馆为各自的国家队送去祝福；朱广沪、孙雯、范志毅、徐根宝、吴金贵等沪上足坛名将也悉数登场；激情的解说、精彩的赛事为上海世博会增添了靓丽的色彩，这也是世博会有史以来首次和世界足球锦标赛结缘。

在广播的最黄金时代，我非常幸运能够怀着一颗赤子之心，全力以赴投身其中，深深为彼此的拥有而骄傲。在媒体竞争新的格局下，广播也正发生着巨大变化，新的路径、新的受众、新的样态、新的平台引领传统广播走向新的蜕变。

上海人民广播电台，尽管已经是“古稀之年”，但它一点也不老，它正在经历一场涅槃重生。我也将不忘初心，继往开来，和广播一起走向未来，承载使命，传播向上的力量。

作者系东方广播中心党委副书记、主任

心安之处是吾家

李　珂

“行走异乡的土地，去寻找家园感，你会爱上任何一个地方。”记不得这句话的出处，但安家上海近二十年，这里浩浩的江水、高高的梧桐、熟悉的街巷和身边的人们，都成为我这个“外来妹”爱上它的理由。这其中，还有两位可亲可敬的“陈台长”。

1997年底，第三届全国广播电视主持人金话筒奖颁奖仪式在上海举行，作为获奖者，我和其他九位广播同行受邀，来东方广播电台参观交流。按今天的话说，东方广播电台可是地方台同行的打卡地，它领全国广播改革风气之先，创新力、影响力、竞争力堪称龙头。在广播大厦十五楼会议室，我结识了台长陈圣来先生，他用浓重的江南口音尽着“地主之谊”，我们被东广的办台理念、运作机制、品牌意识、创新氛围深深吸引。当用金色的签字笔在会议室的签名墙上写下自己名字的时候，我无论如何也没有想到，后来竟能鼓足勇气，抱着试试看的心理，把自己的简历和节目样带寄给陈台长……两年后，我有幸加盟东广，成为其中的一员。

1999年5月20日，我来东广报到，还是在十五楼，再次见到了陈台长，还没来得及对他说声谢谢，他已放下手头的工作，关照办公室杨福春老师安顿好我的办公、落户、食宿等相关手续，接着，亲自带着怯生生的我，一个楼层一个楼层地登门拜见新闻部、音乐部、综合部、财经频率的几位当家人：徐威、黎延平、史美俊、张铭等主任大佬；再之后，他力主整合东广当时的“金话筒”主持人资源，推出直播节目《金话筒之约》，张培、蔚兰、方舟、章茜、晓林和我轮流做庄、各显神通。记得我主持的第一期《金话筒之约》节目的主题是“新上海人·海上寻梦”，直播刚一结束，我的中文传呼机上即现陈台的留言：这期节目很好！这六个字，让我这个初来乍到的“新人”的眼里、心里一阵热……2002年，在东方畅想广播创新节目擂台赛（当时大赛的名字）中，我和同事叶波、陶颖合作的创新节目《母子心事》荣获了“擂主大奖”，在浦东通茂大酒店举行的颁奖晚会上，已调离东广的陈圣来台长受邀观礼，我正在寻思着找机会过去敬酒，没想到他竟先举着酒杯，笑盈盈地过来为我祝贺，他用那依然浓重的江南口音说：“嗯，做得不错！”当时的我诚惶诚恐，竟语拙得不知如何感激他的“知遇之恩”。一次很偶然的机会，一位比较要好的同事曾委婉地问起：陈圣来台长和你很熟吧？他对你好像很关照的！我笑笑没有作答，她哪里知道我曾经的冒昧唐突，我至今的心存歉疚：没请过陈台吃一顿饭，没送过陈台一份礼！

后来，接任陈圣来台长的领导，也姓陈，陈乾年台长。至今让我膜拜的是在讨论节目创优过程中，陈乾年台长常若有所思，继而一语中的，令人茅塞顿开，有着点石成金的“金手指”。当年，我主持一档老年节目叫《常青树》，曾采制了一期录音专访：《李琴和她的热线——江苏路街道人民调解员李琴》。在台里组织的节目评奖会上，几个专题节目候选作品竞争激烈、票选结果难分伯仲，陈乾年台长在最后发表意见时，对报道写实纪录片式的表达方式赞许有加，他说：“我们的节目人员如果不沉下心来，走出广播大厦，深入到基层一线老百姓的生活中去，你不知道青菜多少钱一斤，电价又涨了没有，写出的东西就没有血肉，就不会鲜活！”现在想来，他曾大力倡导的就是当今新闻人的“走、转、改”吧！后来，这篇作品获中国广播电视社教专题节目一等奖。2005年，文学巨匠巴金先生逝世，我和商红（都市792总监）带领792节目团队的同事们，连夜赶制推

出的大型直播《一炷心香送巴老——大师远行特别节目》；2006年，在青藏铁路通车之际，我们组织策划播出的《梦想的彩虹——青藏铁路通车》大型直播特别节目，分别获得上海新闻奖（广播社教类）一等奖、中国广播影视大奖等奖项。这期间，陈乾年台长已担任上海文广传媒集团分管广播的副总裁，当我就策划思路和节目方案汇报给他时，他第一时间就节目的角度立意、谋篇布局加以悉心点拨，不吝赐教。可以说，这些获奖作品的“军功章”里，都有陈台长这位“老法师”的大半功劳，而他，始终是那位坐在台下，笑眯眯地为我们热烈鼓掌的人。

感念过往，纸短心长。这其中，既有令人敬重、大家风范的两位“陈台长”；也有老少节目部分管领导王历来老师（时任台副总编辑），他待人温润如玉、谦逊友善，不知当年默默替我们化解了多少工作上的不妥当与欠周全；有史美俊老师（时任台综合部主任），他亦师亦友，常常雪中送炭；还有已远走天国的杨福春、蒋小龙两位老师，当年曾没少给他们添麻烦，可他们总是热心相助，暖如兄长……

那些挂一漏万的人和事以及情感，似乎从来不需要想起，永远也不会忘记，他们永远都如微风拂面，让背井离乡的我，不致有太多的无助、胆怯和孤单。此刻，发自心底最深处的是对我爱的你们无限的感恩和深深的祝愿！

作者系东方广播中心纪委书记

三花芬芳永驻广播激情

吴纯钢

紫 荆 花 开

1997年1月，香港回归祖国前。那是一个温暖如春的冬天。那时，我以主持人的岗位正式入职上海广播电台才一年。对我来说，这是一次职业鉴定——并非新闻科班出身，我只身一人短短一周内赴港跑遍了当时香港重要的金融部门和亚太总部，其中包括香港证监会主席梁定邦。回沪后很快完成撰稿推出《沪港金融论坛》广播系列专题7篇（每集10分钟），主要通过上海与香港两地的金融功能定位差异对比展望香港回归后两地合作的空间和路径，对于当时为数不多的财经媒体来说，这样的选题和视角显现出财经广播的专业性和引领性。节目播出后引来沪上财经界的瞩目。现在也难以想象，一个跨境采访制作的财经系列专题，是一个“半路出家”且资历尚浅的记者完成的。

时间追回至1995年3月29日上午9点，北京东路2号六楼的一个“独立”直播间，发出“东广金融台”第一声，我有幸成为在直播台前第一人。二十多年的历程，从“东广金融台”到“第一财经广播”，承载了很多人的梦想。我不仅从一个广播粉丝成为一个有一定知名度的财经主持人，并且成长为今天上海广播的一个管理者；不仅实现了自己小时候的“广播梦”，还和前后为财经广播发展付出诸多辛劳的伙伴一起创设了诸多“第一”。其中，我撰写于1999年的《上海股民心态调查》入选《中国金融改革论典》。

紫荆花有骨肉亲情之意，回想过去这段创台经历，我忘不了已经故去的一个人——我的恩师张鸣老师，财经广播的第一任总监。他用三年时间带着十来个人筹建“东广金融台”，今天看来，这简直就是神话！对于很多年轻的同事来说，并不知道上海广播曾有这样一位英年早逝的领导。今天，当我们迎接上海人民广播电台70华诞的时刻，我想更应该记得！

格桑花语

2004年夏天，经过组织挑选，并不是“第一人选”的我最终作为宣传系统派出的“上海市第四批援藏干部”，奔赴海拔3 850米的西藏日喀则，这是一场人生洗礼。三年的援藏时光，首要的是抵得住高海拔对身体的各种影响，比如从上海带去的牙膏，到了当地一打开就“蹭”的一下爆出三分之一。在那里，人的大脑和内脏始终处于“膨胀”状态。虽说领队和当地领导会不时提醒注意身体和工作节奏，但是广播电视毕竟有其特殊性，因此，到西藏后很快便进入正常工作模式。最难忘的是有一次跟着年近六旬的日喀则广电局党组书记格桑扎西下乡，中午时分，就在牧区泥草地上，席地而坐，吃起自带的干粮，周遭满是牦牛和牛粪、青藏高原上再普通不过的格桑花……回想起来，觉得当时那片天、那片地、那空气、那远方，纯净而无瑕。而今，老书记布满皱纹的脸常常在我脑海浮现，还有那时他讲述“老西藏”特别能奉献的故事。

三年期间，我在日喀则当地的18个县市都留下了自己的足迹，体验过个把月不洗澡、体验过已经发着烧的无感……当然，援藏最大的收获是人生的体悟，对身体、对生命、对人生，既有记号、也有模式、更有价值意义的蜕变。即便援藏工作过去了十多年，但是“格桑花”勇敢的品格，格桑书记坚毅的身影以及所透射出的“老西藏”精神，始终激发着自己砥砺前行，前行！

茉莉花香

2013年初秋，原广播新闻中心班子酝酿990频率包装。这一方面是内部所需，另一方面也是外部驱动。因分工关系，一开始主要领导并没安排我来牵头负责。在研议音乐样带和制作方式的过程中，我以一个并无音乐专业背景但凭对音乐的天然感觉，‘以少敌多”提出异议。记得当时最主要的意见是，作为一个标志性新闻频率，当与上海城市形象气质吻合，不宜使用“罐头音乐”（单纯电脑合成），应尽可能使用交响乐队（最低）配置进行创制，以体现“大气谦和”。由

作者（中）在广播活动现场

于理由充分有理，自然就成了一道自我加压题。为了体现继承传统，“990早新闻”仍沿用《新四军军区》主旋律，但作了大胆突破，运用和弦、切分、强弱等音乐元素以及“高潮前置”，在二十几秒内完成起承转合。一段时间，每天早上990的7点报时之后，我的内心总会涌起难以言表的自豪感。如果说，这个做法是“继承”，那么选择《好一朵茉莉花》作为素材制作990频率呼号音乐，则是一次完全意义的“创新”。此举并不是灵感迸发而是厚积薄发，大家知道，在中国对外交流的诸多场合、江南文化的音乐表现乃至普通大众日常生活的认知上，“茉莉花”可谓聚于一身。一个广播频率与这样一种音乐形象视觉认知对位，真是绝配！原曲就是抓住“宫商角徵羽”五声音阶这一中国民乐的共性，我借着“简谱”乐理基础，顺理成章萃取原曲精华，让这个台呼号音乐于庄重、典雅、芬芳中见上海之大气。五年来，繁花喧嚣的申城，因为有“茉莉花”而多了一丝清新。

一位广播前辈曾说，做广播的就应该是一个“杂家”。而我，至今被一位原东广的老领导称作“怪才”。我常常想，这“怪”，并非“不专业”“非首选”“无背景”，而是做事情的思路、方法、逻辑以至态度，也是自己作为一个二十多年广播人的无限激情！

作者系东方广播中心党委委员、纪委副书记

上海广播往事

王　庄

关于广播中的上海话

时光倒流六十年，那时的广播是媒体主流。当时，沪语节目在广播中还是有一定量的。尽管与普通话的广播节目相比，播出的时间总量恐怕连它的十分之一还不到，但总还是有《简明新闻》《对农村广播》《知识杂志》《新人新事》《谈时事》以及一些南方戏曲、曲艺等的沪语专题节目。上海听众倒也听得乐在其中，啧啧言赞。在当时的社会生活中，尽管普通话不断推广，上海话却是依然如旧，可谓是“顺其自然，相得益彰”。

“文革”十年中，一度地方广播被取消，全国上下，收音机里清一色都是中央台广播，倒也干干净净，一“听”了然。“文革”后期，地方台广播允准适度自办节目，于是，在恢复上海台自办节目中，沪语节目亦有少量恢复，诸如《简明新闻》《毛主席著作》等节目。

20世纪80年代，沪语广播不但相继恢复，而且还有新的开设，如《家常话》《为您服务》《听众信箱》等节目。深受市郊广大农民欢迎的《对农村广播》节目时间增至每档一小时。这一节目中的虚拟人物“阿富根”人情味浓，人性化强，市郊农民爱听他“谈生产、谈家常”;“文革”中，被喻为根焦叶烂心不死的“屋檐下的洋葱头”——“阿富根”，在上海农村地头遭批斗，并被定性为“富农分子”。

“文革”后二度出山，郊区农民倍感亲切，市区居民也渐渐爱听他那幽默风趣的漫谈，以致家喻户晓。直到今朝，45岁以上的老上海居民还能回味当年一口沪语的“阿富根”和“阿小妹”的对话。然而在20世纪90年代初，电台要成为“推广普通听话的带头人”将“对农村广播”节目改为普通话，“阿富根”也改了口，成为推广普通话的“积极分子”。至于其他沪语节目或干脆撤销，或改为普通话。就这样，从1992年至2002年整整10年，上海广播中上海话播音彻底销声匿迹，沪语节目退出历史舞台。不要讲上海人搞不懂，就连广东人、香港人也看不懂，连连发出“点唔样?”（怎么样？）的疑问和感叹。10年后，广播中的有识之士大胆恢复开设了沪语《谈天说地阿富根》节目。至今，不仅广播，而且电视节目中也陆续有了沪语的“地盘”。

事物的基本客观规律是无法改变的，前进的历史充分证明了这点。我们需要的是顺应、适应，尤其是人民的需要。古人有言:“知屋漏者在宇下，知政失者在草野。”

好男儿就要有担当

前不久，东方卫视播出电视连续剧《焦裕禄》，该剧的主题曲中有这样的歌词:“天上一颗星，地下一个丁，好男儿就要有担当。”每当听到这里，我这“七十小弟弟”不仅心潮涌动，而且还常常联想起发生在我们上海人民广播电台与焦裕禄有关的一件事。

那是1966年2月7日，中央人民广播电台播送了新华社发表的长篇通讯《县委书记的好榜样——焦裕禄》。同一天，《人民日报》全文刊登，全国各地广播电台也都录音转播中央台播发的这篇通讯，上海电台自然也不例外地在多档新闻节目中播送了中央台的这篇录音。而当时上海电台每天中午有一个小时的《对农村广播》节目怎么办？正因这篇通讯讲的是县委书记焦裕禄如何带领广大农民艰苦奋斗，战天斗地，发展农业生产的事情，因此通过《对农村广播》节目及时向上海郊区数百万农民播送这篇通讯，自然也是“必须的”。考虑到当时郊区农民还是习惯于听讲沪语，台党委迅即决定不用中央台的这个录音，而是用沪语播。

作者近影

在这样的背景下，我有幸被组织上指定来播这篇通讯。事后，播音组组长钱乃立同志告诉我为什么指定我来播：一是当时上海电台的男声沪语播音员只有万仰祖老师和我两人（顾超同志来台仅半年左右，还属学员）；二是因为万老师是解放前电台的“留用人员”，在当时那个阶级斗争岁月里，他属于内控使用。而我是25岁的共青团员，命运给了我机会。虽然那一天是万老师值班播音，而我又感冒发烧在家睡着，乃立说台党委的意见仍要我来。赶到电台，台长田志强和副总编辑邹凡扬已在一楼101录音室（这是当时最好的一间语言录音室）外的走廊沙发上坐着等我，乃立赶快将报纸递给我，要我抓紧认真备稿。

整个录音和审听的过程，三位领导始终都在，直到“OK”为止。令我感动的是，凡扬和乃立两位领导都是上海人，在整个录音期间他俩对我用沪语播好这篇通讯有着不少的指导和点拨，而田台长是位“老山东”，听不懂上海话，但是他坚持听到底，就是不走，我认为他是在精神上支持我，鼓舞我。

说实在的，我播这篇通讯是无法与老一辈播音艺术家齐越老师相比拟的。据说他是含着热泪播这篇通讯的，加上他高超的播音艺术，确确实实是演播得声情并茂，感人肺腑。但是对上海郊区农民来说，首先需要的是听懂，然后才是被感染，然而那时正是在“文化大革命”的前夜，“左”的思潮同样也影响着我们电台，因此，电台党委能一切从听众出发，实事求是地作出这样的决定是需要一定的勇气，是需要有敢于担当的责任心的。播出之后虽然没有做过调查，但至少让上海郊区农民能及时与全国人民一起知道中国出了个“县委书记的好榜样焦裕禄”，我们上海台的广播还是尽了一份力的。

往事如烟，何况这是一件很小的往事，然而正是一件“以人为本”的小事，让人难以忘怀。联想到如今不仅在广播，而且在电视中办起了好几档沪语节目或栏目，这正说明了大家对多元文化、多样语言的认同和探索。有理由相信在改革开放的新时代里，我们广电人一定能继续“事不避难，勇于担当”，办出更多、更好的广播、电视节目。

三上三下“阿富根”

上海电台的言论节目“阿富根”诞生于半个世纪前的1961年6月。

这正是我国三年严重困难的第三年。从1961年到1964年上半年，虽然全国上下物质生活困难，百姓勒紧裤带过日子，但是这期间，人们的精神生活却相对比较轻松。上海电台副总编辑邹凡扬以敏锐的政治嗅觉，多次与电台新闻部农村科编辑汪韵之共同商讨，以加强对上海郊区农民进行“社会主义思想教育”为宗旨，拟在《对农村广播》节目中，开辟一个新的言论栏目《阿富根谈生产（家常）》。决定以一男一女广播对话的形式出现，虚拟了“阿富根”和“小妹”这样两个“喇叭头”里的人物，并要求两人的对话人情味浓，说理亲切委婉。

为何叫“阿富根”？因为上海农村有这样的习俗：喜欢在人名前加个“阿”字，以示亲切；再说“富根”又喻义着“拔掉穷根栽富根”。这个栏目由编辑汪韵之专门负责写稿，播音员万仰祖和钱英菲负责播音。一位是笔上写得句句在理，丝丝入扣；另两位是嘴上讲得娓娓动听，声声入耳。三个人一台戏，组合得非常融洽自然。“阿富根”很快就名扬上海郊区乃至当时上海电台所能辐射到的华东各省农村，并且多次获得全国广播节目的奖状，在全国广播界也相当有名气。

从1964年下半年开始，在全国农村开展了“社会主义教育运动”。形势所迫，“阿富根”在电台内部受到批判，理由是“阿富根”同“小妹”的对话“充满了资产阶级、小资产阶级情调”，缺乏甚至根本没有贫下中农的阶级感情。于是汪韵之靠边检查，接受批判，以致他的血压经常处于高压200出头。不久，汪的编辑职务被撤换。节目一度变得只唱高调，干巴巴，广播对话也变成广播对播，你一段，我一段，不贴近生活，不贴近群众，不贴近实际。

1966年6月，“文革”开始，“阿富根”雪上加霜，由内部批判升级为下乡批斗。汪韵之、万仰祖被革命造反派押解到上海郊区农村进行游斗，在低头弯腰中接受贫下中农的批斗，改造。

随之，“阿富根”上升为地主、富农的代言人，理当关进“牛棚”，好在汪韵之、万仰祖两位本人历史清白，表现积极，因此被关进“羊棚”。虽说两位比蹲“牛棚”稍好一些，然而政治上的失落，精神上的痛苦是可以想象的。“小妹”——钱英菲，先是调离播音岗位，“文革”前夕又调离电台到中学教书，在“文革”中期得癌症去世。

粉碎“四人帮”，“阿富根”平反。汪韵之恢复编辑工作，并在20世纪80年代升任至上海广电局局长助理；万仰祖也因“文革”中离开电台被调至南京郊外9424铁矿的食堂工作，后回到电台继续播音直至退休。

20世纪80年代初，广播里重新恢复《阿富根谈生产（家常）》节目。起先由张献祖任编辑。1984年开始，直至1989年，由我负责编辑，顾超担纲“阿富根”播音，李征担纲“小妹”播音。第二代的《阿富根谈生产（家常）》，不但重又受到上海郊区农民的欢迎，而且进一步受到市区市民的广泛欢迎。1986年，在由上海电台和《每周广播电视》报联合主办的“我喜爱的播音员”听众评选活动中，上海电台所有的普通话和沪语播音员同时参加评比，顾超获第一名。事后，顾超说，如果我不是“阿富根”，是不可能有那么多选票的（那时，在听众心目中，顾超即“阿富根”，“阿富根”即顾超）。

直到如今，凡是45岁以上的上海老市民（无论郊区还是市区）仍然记得并认可上海电台有个《阿富根谈生产（家常）》节目。除此，1988年5月举行的“阿富根”编辑研讨会上，“阿富根”稿件和播音得到上海广电局老局长邹凡扬、局长助理汪韵之、上海电台台长高宇以及市农村党委负责同志等的充分肯定与表扬。多年来，市农村党委召开市郊十县县委书记、县长会议时，常常邀请任节目编辑的我列席。时任市农村党委书记倪鸿福说：“‘阿富根’是伲上海农村上情下达最快的好帮手。”

为什么第二代的“阿富根”会得到这样广泛的肯定？

应该说，这一时期的节目主创人员各自都做到了在传承基础上的创新。在稿件上，不但汪老师那种富有人情味的贴心贴肺的话语进一步得到充分的运用和发挥，而且由于挣脱了“左”的桎梏后的那种实事求是、为广大听众着想的去政治口号的语言，让听众听得既实实在在，又入情入理。同样在播音上，不但播得更加娓娓动听，而且又展示出幽默，风趣的风格（在这点上，顾超尤为突出）。

20世纪90年代初开始，由于种种原因，《阿富根谈生产（家常）》又销声匿迹了16年。终于在2007年，“阿富根”重新回到广播中来，回到广大听众中来。彼时的我已退休，我和主持人叶进商讨，新世纪的“阿富根”理应潇洒地走向社会新天地，言论的空间可以更开阔，内容可以更丰富，于是节目名称定为《谈天说地阿富根》，由叶进担纲“阿富根”，肖玲担纲“小妹”，我退休后继续编辑撰稿，同两位主持人融洽共事了三年。“阿富根”第三次敲开听众的心扉，再一次受到听众的欢迎。

作者系原上海电视杂志社社长兼主编

我的带教老师刘念曾

庄大伟

1984年2月进上海广播电台时，我年已33岁。屈指一算，之前在工厂工作了17年，也算是个老师傅，曾经带过几个徒弟。进电台当少儿节目编辑，重起炉灶，一切要从零开始。

那时少儿组隶属于文艺部，记忆中1985年开始称为少儿科。1990年，为了加强青少年教育，电台、电视台的少儿科都升格为少儿部。我进电台时，少儿组的组长是孙自伦、山文葆。刘念曾是文艺部的党支部副书记（后来担任文艺部副主任）。电台招聘期间，经过初试、复试、面试后，刘念曾和山文葆多次与我联系。那时我已经在报刊上发表了一些儿童文学作品，报考的又是少儿节目编辑，比较对路。在商调过程中，由于上级公司的竭力阻拦，我几乎有点绝望。那时我经常与刘念曾保持电话联系，得到她不少帮助与指点。记得1984年1月31日（小年夜），刘念曾下班后特地赶到我家，亲自给我送来报到通知，说是过完年，2月10日就可以到电台报到了。她给我介绍了电台少儿组的一些基本情况。我十分感谢刘念曾、孙自伦、山文葆等几位少儿组的前辈对我的信任，我是直接带着人事局开出的工资关系调进电台的，免去了半年的试用期。

刘念曾成了我的带教老师。她，瘦小的个子，平时话不多。在我印象中，她

1984年，作者在学校采访

似乎一直在办公桌的台灯下，写稿、改稿，改稿、写稿……

记得刘念曾交给我编写的第一篇稿子是《华山抢险记》，她要求我根据报上刊登的一篇长篇报道改写成广播稿。我改完稿子，她字斟句酌地修改。她教我如何将书面文字改得口语化些，如何调整文章的顺序和改变表达方式，如何把长句子改写成短句，如何形成一种独特的语感。“广播稿要求通俗，一听就明白，特别是播讲给少年儿童听，更要容易听容易懂，必要时还要有点‘重复’。”她让我多听听评书、评弹，从那里可以学到一些通俗、形象的表达方式。在写作实践中教学，有指点，有案例，果然有效。我觉得自己的笔下的文字变得顺畅起来，就像平常自己在讲闲话。

我开始编“时事小测验”“小信鸽信箱”，经常去学校采访。记得有一次刘念曾带我去上海宾馆采访。1985年，上海宾馆是上海最高的楼，比24层楼的国际饭店还高。我带着“乌盒”录音机，听宾馆同志的介绍，录制了一篇带响的录音报道《上海最高的楼》，播出后蛮有成就感。1985年，我被聘任为少儿科科长后，刘念曾更是悉心指导。我们少儿科有两个学生课余团体，一个是少儿广播合唱团，一个是少儿演播组，都有很好的指导老师辅导，并且经常有演出和录制节目的机会。我曾经向刘念曾表露过很想把刚进小学的女儿送进合唱团或是演播组，可刘念曾说让自己的子女进合唱团、演播组，恐怕影响不大好。我一想，果然我们少儿科的黄家基、王佩飞的子女都没有享受这种“特权”，于是不再开口。现在想想，今非昔比！

刘念曾退休那天，我们都恋恋不舍，我心中甚至觉得似乎一下子缺了主心

骨……

2012年出访美国参观凤凰卫视美洲台时，我曾经邂逅刘念曾的小儿子，大家谈得很畅，也很感慨。刘念曾的大儿子在中央人民广播电台国际台工作。她的两个儿子子承母业，都在广电战线上作贡献。想起自己在少儿部工作的日日夜夜，常会想起刘念曾，我的带教老师，一位“马列主义老太太”（绝非贬义），一位在广播战线上辛劳耕耘的前辈。

作者系上海人民广播电台一级文学编辑

青春无悔广播

张福荣

1984年，我踏入北京东路2号上海人民广播电台，正式成为一名广播人，至2000年奉调中国上海国际艺术节，前后16年。从35岁到51岁，正是人生最为宝贵的一段年华，按时下对人类生命历程的重新认识，这段岁月也正是已经走过青涩，进入成熟的青春，对自己、对家庭、对社会最有价值的时候，我把她奉献给了广播。5 800多个日日夜夜，无论历经辛苦、磨难，还是收获成功、喜悦，广播都已融入我的血液，化入我的意识，成为我生命中最为重要的章节！

16年的广播真的很辛苦。初进广播，被分配到戏曲组，原先只是对京剧稍有兴趣的我跟着赖素娟、沈琪秀两位前辈学做越、沪剧节目，开始没日没夜地听戏、看戏、做节目，因为不懂五彩缤纷的戏曲流派、曲调，便强迫自己不管喜欢不喜欢全身心投入进去，竭力看懂她们，听懂她们，以至于今天听了沪剧，回家吃饭时莫名其妙会哼出沪剧曲调来；明天看了越剧，晚上睡梦中竟然也会梦呓越剧音乐，弄得太太嗔我“娘娘腔”。20世纪八九十年代的广播还比较“吃香”，影响甚众，稍有差错便会招致听众批评，甚至酿成“政治影响”。我本胆小，做了广播后更是小心，做好的节目录音棚里听了一遍，回到办公室还会再审听一遍；

做成播出带填妥播出单塞进节目盒了，还会取出来再检查一遍。如此日复一日，竟患上职业性的“强迫症”，带入生活中，如离开家门走下楼梯了，还常常会怀疑房门没锁好而回到楼上去检查。1992年参与创建东方广播电台，因为是24小时直播，日夜三班连轴转更是家常便饭。记得创业伊始的两三年我们综合部的年夜饭都是在台里的走道里，把外买的菜肴摊开在茶几上和同事们欢吃的，而且还是“流水席”，为不影响上节目轮换着享用。凌晨回到家中，妻儿已入梦乡，唯留一桌守岁的糖果。我主管792频率20多个综合类节目，基本都是直播，只有选题提纲，没有事先审定的文稿和音响素材，要掌控节目质量就只能靠即时监听，因此戴着耳机听节目成了常态，日常持久，耳朵都听“坏”了，听力锐减，且时有耳鸣。

16年的广播真心很开心。广播，尤其是直播，很有快感！

电波是有生命有情感有温度的，你能在电波这一头真切地感受到那一头听众的喜怒哀乐，甚至他们的心跳脉动。你能用电波和他（她）们沟通、分享、神交，给他（她）们提供我们力所能及的帮助，甚至能神奇地调动组织起庞大的社会力量来挽救一个生命。东广开播不久，深夜节目《夜鹰热线》便收到一位青年的无名无地址的来信，写信人流露因为下岗失去收入，生活陷入困境，计划报复社会后自赴黄泉的念头。高度的社会责任感和挽救生命的迫切感立刻绷紧了整个综合部的神经，主持人王玮在电波中一遍又一遍地呼唤写信人和自己通话，同时为确保能收到他的来电，王玮向收音机前数十万的听众呼吁：请放下你们的电话，让出空中通道！刹那间，直播室五条不停闪烁的来电指示灯全部熄灭，夜空中留出了无比宽广的生命通道，只有王玮充满情感真挚的呼唤和劝导。终于，写信人出现了，他宣泄了郁闷，接受了开导！那一刻，整个直播室和综合部的办公室一片欢腾！重新开放的热线电话更是涌进了无数的愿意伸手帮助写信人的热心听众，夜空月明星繁无比灿烂！那一刻，我们所有参与工作的人都被广播的伟大深深震撼了，也被自己的“伟大”感动得热泪盈眶！前几年参加一个社会活动，人群中忽有人冲着我高喊“张老师”，原来是一位听了三十多年广播的老听众，他如数家珍地向我回忆那些让他终生难忘的节目和主持人、编辑、记者，他说广播给了他一生的快乐，握着我的手连连道谢。那天我竟也被感染得兴奋了整整一天，子夜都无法入眠，16年的广播经历如过电影般在眼前闪现，虽然由于年月已久，记忆衰退，场景都模糊了，但喜悦却让往事充满幸福。

16年的广播让我很有成就感。采访报道、编辑制作、组织活动、撰写论文……各种形式我都乐此不疲；文艺、社教、经济、情感……各类节目我都兴趣盎然；虽无大成，也有小就，且都有小奖，知足矣！更让我自豪的是：这16年间，举凡广播的重大活动，大多有我的参与。如“全国戏曲名家大型研讨暨汇演活动”“上海国际相声交流演播”“华东六省一市戏曲演员歌曲大赛”“首届中国大学生创作歌曲邀请赛”“新世纪序曲——大型激光音乐烟火晚会”，等

1990年4月，《星期戏曲广播会》举办“国际相声交流展播”，作者（左二）与侯宝林交流

等。记得1989年初夏去北京邀请京剧表演艺术家张君秋参加“全国戏曲名家大型研讨暨汇演活动”，同时邀请关牧村、董文华、韦唯等歌唱家参加台里的另一项活动，正逢特殊时期，交通瘫痪，整整两天，我靠双脚来回奔走于北京东西南北，几乎累瘫，最后从总政大院到首都剧场去找韦唯，还是董文华让他先生开车送我，才得以完成任务。而当活动顺利举行，我在幕后听到台下观众如雷般的掌声，那种历尽艰辛终结善果的成就感无以言表。又如1997年做上海八万人体育场建成后的第一场户外音乐会上海国际音乐节开幕式，四个交响乐团，2 000多名歌、舞、音中外演员，却因连日大雨无法排练；100多米宽，30多米高的巨型投影幕布被大风一再撕裂，两根大拇指粗的固定幕布的钢缆也被扯断，大风大雨险将我逼入绝境。然而在台领导和同事、朋友的帮助下，我们坚持过来了，演出非常精彩成功。曲终人散后，我坐在空荡荡的主席台上一遍又一遍在心里高喊：“我们过来了，成功了！”这台晚会获当年中国电视艺术的最高奖“星光奖”。

16年时光在人的一生中不算长，也不算短。但在我的生命中，那16年因为投身广播，却是最为充实、最有价值、最是快乐，铭刻在心灵中的永远的记忆！我感恩引我踏入广播大门的良师益友刘绪源先生！感谢帮助我支持我的所有广播同仁！

作者系上海人民广播电台一级编辑

我和广播剧《刑警803》

王小云

我1988年毕业于华东师范大学中文系，曾是一名热心的广播剧听众和活动参与者。同年，我正式调入了上海电台广播剧科。当时广播剧科有戎雪芬、祖文忠、钱世梁、瞿新华、杨竹林、张芝、孔祥玉、雷国芬、杨树华、杨树竞、张社生、达世新、吴斐。记得1987年12月22日，我第一天借调过来上班，全组人马再加上刚退休的王之倩，在北京东路2号隔壁友谊商店6楼的如意酒家聚餐，席间老老少少谈笑风生，无拘无束地开玩笑，那和谐快乐如一家人的气氛一下子深深吸引了我。

初到广播剧组，忙碌的是广播剧录制过程中的许多琐碎工作。因参与一系列评奖活动和处理日常播出任务的需要，那段时间听了不少广播剧，同时也亲历、见证了上海广播剧的一段辉煌时期。但真正深入广播剧创作过程、深刻感受广播剧影响力的，是从参与筹备大型系列广播剧《刑警803》开始的。

《刑警803》首播于1990年8月10日。那个时期，国家正处于轰轰烈烈的改革开放早期，上海正经历着“一年一个样、三年大变样”的大发展、大变化。社会进步的同时，沉渣泛起，刑事案件也逐渐增多。当时有一起发生在北京东路西藏路南国酒家的袭警案，曾在上海引起轰动。在这起案件中，市公安局刑侦二队副队长盛铃发在侦查案件时遭罪犯突然袭击，他在肝、肺动脉都被刺破的情况下，毫不退缩，逮住罪犯不放，但最终因失血过多而壮烈牺牲。这起案件可以说是促成广播剧《刑警803》创作的巨大动力，盛铃发等公安刑警在主创人员心目中树立起了非常高大和令人景仰的形象。

带着这种崇敬的心情，我随同广播剧组编导及作者一次次造访市公安局刑侦处，采访区县刑侦队以及市直属刑侦支队和许多刑事侦查员。随着了解的深入，我对刑警形象愈益清晰，但与初始又有所改变。

在初始采访中，身边两位真实刑警给我留下深刻印象：一位是年届离休、在警界被称为"江南名探"的原市局刑侦总队长端木宏峪。"老端木"身材高大，长得虎背熊腰。虽穿着便装，但历经风尘、久经沙场的气质显露无遗，看着他会使人好奇地去想象发生在他身上的种种传奇故事。"老端木"看我们时目光一扫而过，感觉得到他能看透我们的心思，而回应我们的又总是非常慈祥和蔼的面容。另一位是与市公安局刑侦处的裘礼庭、谷在坤并称为"三剑客"的市刑侦处处长张声华。张声华形象有点像电视剧《亮剑》里扮演楚云飞的演员张光北，有棱有角的脸上嵌着一副浓眉大眼，但声华更俊秀、更儒雅。他待人彬彬有礼，说话轻声细语，言行举止简洁而干练，给人的印象是务实而贤明，令人毫不怀疑他是一名警界精英。

但给我留下更强烈印象，也是促使我时隔10年之后再续新版《刑警803》的原因之一，是公安刑警们真正"无名英雄"的形象。

"无名英雄"的印象首先来自刑警们的外貌。记忆中多次采访，从机关到基层，很少看到穿警察制服的刑警。凡是要出外勤的刑警，他们外表常常跟老百姓没什么两样，特别在公共场所，完全看不出他们的特殊身份。有一次到火车站北广场找驻点刑警联系工作，走近身边的刑警差点被我误认为是票贩子。惊诧之余不免感慨：这哪有警察的威风？不但得不到众人的尊敬和礼遇，外表还有点邋遢，真是委屈了身怀绝技的他们。

二是他们的工作方式。老端木就曾说："刑事警察，是最苦的一个警种。我们的穿着从来都是邋遢的，因为发生了案件，无论芦苇丛中还是厕所里，都得

在国家广电总局和广电学会领导见证下，作者与兄弟台签署《刑警803》订购协议

钻，而且环境恶劣的案子往往比环境好的要多。接了任务后，那更是上班有时间，下班没时间，家里就像旅馆饭店。有时一连十几夜，每晚都抱着毯子枕头坐在指挥部里，旁边搁着电话机和电台，随时与下面和上级保持联系。有时眼皮一打架，做梦也想着破案。”无论老端木还是张声华，说起结婚有了孩子后，都从没有和老婆孩子一起逛过公园，也没时间陪他们去看电影。夫妻偶尔斗起嘴来，孩子总是站在妈妈一边。许多年轻的刑警，因为工作没日没夜，出入起居无常，以致婚姻成了“老大难”。在老版《刑警803》里，刑警队长刘刚个人的婚姻和家庭生活问题就自然而然地凸显出来，后来成了广大听众普遍关心的剧情走向和议论热点。

老版《刑警803》共创作播出了39部计206集，前后历时五年。这样大型的系列广播剧，因为制作技术比较复杂，创作成本相对较高，很难适应大量播出的需求，而当时的生产方式还跟不上市场化的运行方式，后来就停滞了5年。

到2000年，我担任上海电台文艺部总监、主任等领导职务已有6年，对广播剧的创作及生产管理积累了一些经验。当年6月，经李尚智台长指引，我和广播剧科同事与市公安局政治部宣传处领导同赴市局刑侦总队驻地——中山北一路803号，商讨再一次携手创作新版《刑警803》，各方一拍即合，同时有幸的是，我在电台又结识了一位同行“无名英雄”，以前宣传新版《刑警803》时一向很少提及，她就是时任上广广告公司总经理、原上海广播电台台长秘书陈卓如大姐。在筹措新版《刑警803》创作经费的过程中，她给了我最关键的帮助，帮助我用广告运作的方式，筹集社会资金，解决了大笔资金，这才使新版大型系列广播剧《刑警803》得以投入实施。其间经历的各种新情况和复杂的磨合过程，如没有卓如大姐的鼎力相助，我再有热情恐怕也很难取得成绩。

用广告资金支撑新版系列广播剧《刑警803》，首先对新剧目的播出量提出了新要求。广告商要求新版《刑警803》是一个贯穿全年、每天播出的固定栏目，广告紧跟《刑警803》品牌，不能因剧目播出时断时续而影响广告的持续投放效果。广告商认可老版《刑警803》的知名度和影响力，接受适当重播，但新版《刑警803》剧目一年不能少于100集。广告商对《刑警803》的高度认同对我们已是很大的鼓舞，但当时广播剧组的成员已不足原先的一半，只能另组一套编外班子来完成制作播出，一年100集的数量无疑是一项艰巨的任务。

同样，经费的紧张还来自剧本稿酬和其他创作成本的提高。当时电视剧的编剧稿酬已达上万元一集，而老版《刑警803》的稿酬低至300到500元一集，新版需要提高到3 000元一集……

现在想来，当时的工作还真有点艰辛，但却又是“累并快乐着”。特别是新版《刑警803》播出后，在听众中激起了热烈反响。

复旦大学的曾建国听众来信说：“从去年12月16日起，我每天按时收听广播剧《刑警803》，心中充满了一种安全感和幸福感！我真诚地要大声说：谢谢您，刑警同志——我国社会主义建设事业的坚强卫士！”

家住永清二村的孙佳明听众来信认为：“新版与旧版相比，题材更加拓宽，表现手法更符合时代特征，更注重细节的运用……新版‘803’还有许多吸引听众的亮点，如情节更加紧凑，人物性格更加丰满，演员表演更加生动细腻。”

上海市第八中学一位叫卓浪的同学来信说：“从那天803编辑室播了我来信的第二天起，我就发现周围几位同学都在谈论这位与他们同一学校写信的学友，原来他们都是《刑警803》的忠实听众。我开始感觉到这个节目的听众群的庞大了，我也庆幸自己用了笔名，不然第二天我就要‘出名’了。”

一个笔名“晓璐”的听众来信说：“在这次期中考试中，作文题是《他们不是‘星’却是我的偶像》，我写了‘803’。我既喜欢这‘803’的广播剧，又喜欢刑警这一职业。‘803’是社会的卫士，是正义的使者，是人类的守护神……‘803’不是星，但是我的偶像。”

上海市委宣传部一位副部长某天晚上回家路上扬招“的士”，司机开着空车擦身而过，待发现后赶紧回来抱歉：“对不起，我听《刑警803》听得出神了！”事后领导对编导说：“你们的‘803’真是了不得啊！”

大型系列广播剧《刑警803》从开播至今已走过近30年的辉煌之路，伴随着

《刑警803》，广播剧新人辈出，剧作总量已逾千集，成为国内广播系列剧中播出时间最长的广播剧。《刑警803》还频出精品，获得全国和上海各类专业奖四十余项，可谓硕果累累，成绩骄人。

再回头看那些沉没在茫茫人群和滚滚商业大潮中的诚实和奉献的刑警，他们不是为富有而成为警察的，他们也不在乎新闻稿和记者会。有时最厉害的刑警最少被提起，他们看来就像一般人，没有架子，没有奢侈的生活，经常一天花14到18小时，从事监视、读报告、与人访谈、试着找线人……其实是些很琐碎的工作，但却是非常重要的工作，那是为侦查犯罪案件搜集证据的唯一方法。因他们的奉献，人民才能安定地生活，社会才有良好的环境。

我和《刑警803》的这一段因缘，有些偶然，但也很自然。就像一个人的命运轨迹，总因循着某种秉性的元素。刑警的机敏、细腻是我远不及的，但他们的诚实和奉献精神，似乎先天流淌于我的血液中，使我与他们走得更近。回忆新版《刑警803》的开创过程，包括一群新的青年刑警形象的设计——苗震（探头）、诸葛平（小诸葛）、丁小军（网虫）、乔立娜（名牌），对真、假“刑警803”，我都倾注了真实感情。这一点不会随着我离开工作岗位而淡去，它成了我永远自我陶醉、充满幸福感的一笔精神财富。

作者系上海人民广播电台一级编辑

静夜三思

陆　澄

我自1993年调入上海广播电台至2013年退休离台，主持生涯中一以贯之、“相依为命”的，是始创于1993年7月26日的直播点诗朗诵节目《午夜星河》。二十余年弹指一挥，“星河”早已匆匆流逝。今逢上海广播电台七十年庆，抚今追昔，往事历历纵笔难收，姑且检取刊于1994年、1998年、1999年《每周广播电视报》的旧文小稿连缀成篇，以作纪念。

“星河”之境

“星河”之水并非“天上来”，它源于涓涓细流，没有澎湃之势。当下商潮喧腾，文坛落寞，白日依山尽，文人入“海”流，偏有我等“星河”一族买张旧船票起航于诗歌故道，而且是“午夜”航班，逆水行舟。真所谓“昨夜西风凋碧树，独上高楼。望断天涯路”。此乃第一境界。

可喜的是，星河族们同舟共济，十多位同人虽为各色人等，却同是星河夜归人，相逢何必曾相识，八小时以外共守诗海，观景弄潮，几分潇洒，亦有几多艰辛：主持人即兴成诵，有时虽口中朗朗，却腹中辘辘；诗歌编辑又何其不易，茫茫诗海求取一粟，为选一首诗，“捻断几根须”；音乐编辑夜复一夜，端守一隅为诗作嫁，纵有诗情也“有口难言”，更哪堪伤风感冒，为忍一声咳竟“以泪洗面”……若问星河族图什么，就图诗之雅致、友之情深，甘愿“衣带渐宽终不悔，为伊消得人憔悴”，此为第二境界。

斗转星移，寒暑易节，当“星河”流入第一个春天时，已可见两岸芳草萋萋，听友视这里为“情感的绿洲”“心灵的港湾”“文学的伊甸园”“诗歌的芳草地”；有诗千里来相会，“星河”淙淙传诵着人间真善美的动人故事，弹奏着大都市温馨怡人的小夜曲，蓦然回首，诗神缪斯“正在灯火阑珊处”，此属第三境界。

人生事业得此三境界足矣。

诗歌在行动

——《午夜星河》复播一周年有感

在那“诗人辈出”的年代我未曾写诗，在“诗不景气”的时下我却弄起了诗——不是写情诗，而是做了一档品诗播诗的广播节目《午夜星河》。

世人关于当前诗坛落寞，“写诗人比读诗人多”之说闻之已久，而此说发展的最高阶段，恐怕当推前些时候某媒体根据北京“零点调查公司”的一则报告而发出的“诗歌不受欢迎”的断言，似乎诗歌的“众叛亲离”已成不争事实。

读诗讲究一个“品”字，要“读”懂当今诗坛的境况也须由此及彼，由表及里，见微识著方能得其真蕴。比方说，人们常常把市场经济的崛起与文学艺术的发展看成一对矛盾体，有的甚至在观念上视为对立。殊不知就在那商品味十足的空间里，却不难发现“诗”的芳踪，君不见近年来越来越多的品名店名以“诗”入列？我在街头随处信手偶记便得实例数十条，如轩尼诗、意达诗、波纳诗、安妮诗、蓓丽诗、莉诗、思诗、法诗卡迪、诗芬……有的是用“诗”之意，有的取“诗”之音，“诗”字在商界如此受宠，过去并不多见。

细细想来，这种以诗为美、俗中见雅的情状在大众生活中何止一端：铺天

2010年上海世博会期间，作者在印度馆主持朗诵会

盖地的广告用语中诗句诗意的引用借鉴屡见不鲜；百姓话题说长道短，常常冒出一段颇含意蕴的打油诗；即便“俗”得可以的酒席杯箸间，言来语去也时不时地来上几句合辙押韵的“顺口溜”……

《午夜星河》的迷人光景更能使人领悟“诗坛落寞”的另一面：“星河”之畔围聚着的，既有“鸿儒”——诗人、教师、记者、工程师、艺术家、大学生……也有“白丁”——民工、保姆、老农、生意人、驾驶员、下岗工人、家庭妇女……而恰是这“白丁”一族颇耐人寻思：他们似乎不属于诗，生活中他们也无暇去追求诗的浪漫。然而夜阑人静，他们却愿把一段十分美好的时光留给诗，他们对节目的虔诚每每使我们感动并感奋。尤其是那一声声初识诗歌的惊喜或“久旱逢甘露”般的美意，着实会让每一个闻知者确信：爱诗之心常人有之。

本来嘛，诗歌不是无情物，更非天外客，它伴随着人类文明的脚步从原野绿地上走来。我们华夏古国更是诗源流长，五千年的文化是它生生不息的脉搏，它早已融化在民族的魂魄中，氤氲于四季山川之间，因此它呼之即出，并且活活泼泼。

看来有必要将“诗歌”与“诗坛”相别而论：诗坛为写诗者活动之地，而诗歌则拥有广阔的生存空间。若说诗坛落寞尚有据可依，若说诗歌落寞便有悖实情。我不揣浅陋据实告之的正是：诗歌在行动。

想起了“千人糕”

——写在“金话筒”获奖之后

任何一种景观，总是个体和整体的谐和；任何一次荣耀，总是必然与自然的巧合——做主持人很幸运，做广播节目主持人很欣慰；既在人后，又在台前；乘着电波，驾着语言，驰骋在一个无垠无羁的时空里，而得到的，往往“形象大于思维”，收获高过付出。

小时候读过一篇文章《千人糕》，小小的“口中食”竟让人嚼出了道理，并使我回味不尽：“糕”虽简小，却是众手合力的结晶。遐想那一方送出手的参评节目带（诗歌节目《午夜星河·诗海心潮》），岂不恰如千人之“糕”；那好诗为诗人作就，那妙曲为音乐家写成。而节目的音乐编辑、诗歌编辑更是心慧手巧、精工细作，尤其是直播节目，“来料加工”必须“一次成形”，需要他们多少心血。还有节目的参与者，他们的友善和美意，思想和智慧，更是节目万不可缺的生命养分。所有这一切，离了它，纵是巧匠，也难为无“米”之“糕”。主持人，实是一个聚“精”会“神”的集成者。

而身为主持人，自己能有今天，又何尝不饱受“千人”的恩惠：父母给了我生命和情怀，祖辈的文化遗风，使我自幼喜好金石书画、棋琴歌吟。老师给了我智慧和学养，普通话启蒙于小学一年级那位音色醇美、语言纯正的北京人老师，尽管只一年的师生缘，却让我思念至深，寻找至今；中学老师给予我的不仅是德识才学的身教言传，还有“那个年代”家庭劫难中的人生关怀；而我踏入语言学之门并执教于高等学府的大雅之堂，更离不开大学一对恩师夫妇的引领和提携。还有我亲爱的听众朋友，他们给了我自信和毅力。难忘的一千多个夜晚，要没有他们的守候陪伴，“星河”哪会有夜夜的清波细浪；要没有他们的同喜同忧，“星河”哪会有今天的一抹清亮。人生这样的幸遇太多太多，也太值得珍爱了。

在这披“金”戴誉之时，萦绕于心的，还是小时候父母老师说的话：饮水思源，拾“金”不昧。

作者系上海人民广播电台一级文学编辑

感恩的心

施圣阳

曾做革命螺丝钉，退休即生锈，连脑子都尘封已久，有些记忆却挥之不去。

做编辑几十年，为了谁？

听众。

你怎么知道自己的节目传播后会产生什么社会效益呢？那就从听众来信中去发现，那一份份惊喜与感动，那一份份真诚与期待，那一份份心灵的交流与沟通，令人极为珍惜，有的至今难忘。

记得20世纪90年代初，我读到《光明日报》记者张胜友写的一篇报告文学，以翔实的资料、专家的呼吁，披露了大西北土地沙漠化的重大环保问题，作者的赤子之心、爱国情怀首先感动了我，意欲与听众一起分享。文章播出后，立即引来30多封来信，心灵相通，纷纷诉说他们收听后的深切感受。其中有一封洋洋洒洒写了3 000多字，是一位清华大学的学生写的。他叙述：那是一个除夕的下午，一家人其乐融融地围在厨房里，制作着丰盛的年夜饭，手在忙活，耳朵也没闲着，仍在习惯地听广播。渐渐地，在不经意间，大家被吸引住了，手停住了，围桌而坐，竖起耳朵津津有味地聆听这篇声情并茂的报告文学。电波中的乡土芬芳、爱国热度，仿佛端出了无比美好的精神盛宴。文章播完，余音袅袅，意犹未尽，父亲、母亲、哥哥、妹妹回过神来，你一言我一语地热烈讨论起来，说了个痛快淋漓之后，又欢欢喜喜地准备美酒佳肴。更可喜的是，这位清华学子吃过年夜饭，情不自禁地写下这封来信，反映一家人收听广播的情景及其火热的感想。当我读完这些，不由怦然心动，什么叫文学的真善美？什么叫广播的魅力？什么叫媒体人的责任心？一切不言自明。

有变革创新才有事物的发展。

做了十几年广播人，常与报社同人接触，发现他们多少有些傲慢与偏见，因为使用传媒方式不同，相比之下，他们的文字见诸报端，有形有据，看得见，摸得着，存在感优于我们这些三言两语的广播稿，而且随着电波飘逝于一瞬，无影无踪，留给人们的印象不深，工作成绩也就不能显而易见。其实我们广播人的业务素质并不差，为克服自卑心理，争取业界中的平等人权，我开始业余写作，在报刊上发表一些小散文，试想以这些雕虫小技来扫除对我们广播人的不公。只要自身努力到位，自然不会有人想小觑我们。

这里我要感谢台领导黎家健。

黎家健早年在《解放日报》任副刊主编，能编能写，精通业务，颇有文化领导才干，是我值得尊敬的老前辈，在他的亲切关怀下工作是一种快乐和幸福。老黎对我不起眼的小文章常有些鼓励，而且有意栽培我，为我提供了发挥更多编辑能力的良好机遇，这就是他提议让我自行组稿，创办一个新的散文专辑《上海风貌》。正中下怀，我已经厌倦了老播别人发表的陈年旧作，冷饭几十年如一日地炒来炒去，炒得自己兴味萧索、精疲力竭、智商低下。柳暗花明，生机勃勃，我决意实现家健这个对我来说是破天荒的创意。

经过半年精心筹备，《上海风貌》于80年代中期问世，有袁鹰、何为、峻青、秦瘦鸥、师陀、黄裳、杜宣、菡子、雁翼、赵丽宏等300多位新老作家撰稿，作者阵容强大，文章丰富多彩。随着播出频率增多，社会反响也较多，《文汇报》为此发了《大都市的剪影——评上海风貌散文专辑》的评论文章，肯定其

与丁建华在录音间

一定的思想艺术价值，也得到上海三联书店青睐，由我从散文专辑中遴选了十分之一的作品，结集出版了《上海风情》一书，并于1989年成为上海职工阅读的优秀书目。接着续办了《美丽的江南》，题材由上海的市井文化扩展到自古繁华的江浙，人杰地灵，物华天宝。除了继续引领受众的审美情趣，也收到上海美术出版社的邀请，请我编稿，欲出一本图文并茂的江南风情集锦，但由于我精力不济，无法从命。再后来接龙《人间万象》，放眼天下江山，挥写时代篇章，埋头苦干，乐此不疲，不知老之将至，转眼退休，告老还家。这一切很快成为陈年旧事，曾经想过最后办个专辑，扩展国际视野，神游精彩世界，然而这个心愿已然成了痴人说梦。

烟云过眼，岁月无痕，去年在美国加州小女儿家过圣诞节，结识了一位年轻的朋友，上海人，去美读博，后任高通公司中层主管，成为芯片制造领域的佼佼者。交谈之间他深情款款地说，听《人间万象》长大，高考作文受益匪浅。没想到在地球的另一端，还有人记得读书时收听《人间万象》的学习效应，这无疑给了我意外的大大的惊喜。

赵洁问我有没有与孙道临的工作合影，没有，但他光彩照人的艺术形象一直印在我心里。

我们有一段忘年交无人知道。1976年10月，粉碎“四人帮”，市里决定在文化广场举办一场文艺庆祝演出，这任务落在了文艺部同人身上，我负责出个诗朗诵节目，诗选好后便物色朗诵人选，我觉得非孙道临莫属！那《早春二月》萧涧秋的风流潇洒，那《哈姆雷特》配音的精彩绝伦，令人久久难忘。

当我去电影译制厂找到我心目中的这位艺术偶像时，我不敢相信面前这个人曾是《永不消逝的电波》中李侠形象的塑造者。我说明来意，老孙面有难色，表示自己不能作主，但我不想就此吃闭门羹，决意推他一把，于是他给了我一个线索，去电影局申请一下。我当即到淮海路找到电影局戴书记，他一听我要请孙道临出山，不由发蒙，缓过神来说这要请示市委。事后我知道，市委曾规定孙道临工作只出声不出人，只能在译制片里配音，不可以上台演出。一个电影表演艺术家，被禁锢在无影的政治樊笼中，失去表演机会，等于鸟儿折断翅膀，其灵魂的痛苦与挣扎，我们凡人是无法想象的。戴书记还沉浸在“文革”思维中开导我，不要只盯住“三名三高”，应重视后起之秀，推荐了亭亭玉立、身姿靓丽的潘虹，我同意用潘虹，但不放弃孙道临上台，建议他赶快请示市委。也真快，第二天早上，戴书记来电说，经市委讨论决定，同意孙道临上台演出。当我把这个喜讯告诉老孙时，他不敢相信，为了确证这条禁令解冻的真实性，我拨通电影局的电话，让戴书记直接向他宣布上级领导的决定。拨开乌云见太阳，寒冬过去春暖花开，从此他的人生旅程翻开了新的乐章。当孙道临登上文化广场舞台时，剧场上空热烈的掌声经久不息。

由于我的推波助澜，使孙道临提前亮相于万众瞩目的艺术视野，因缘际会，友谊渐深，我成了他书房中的座上客。后来他任导演，想拍《三国》，于是我把青年作家刘征泰介绍给他，事后老孙让上影厂买断了他的《三国》电影文学剧本的版权，又应《文汇月刊》之约，请我撰写孙道临从艺经历的报告文学。当我看过大量资料和深入采访之后，准备执笔时，刊物主编变卦了，将这么好的选题搁置暂缓，这使我感到十分尴尬，一个杰出的电影表演艺术家，难道还不够一份刊物的文化承载量？

后来我请孙道临支持工作，他有求必应，为我录播了朱自清的《荷塘月色》

《背影》等名篇佳作，成了朗诵艺术的千古绝唱。即使不为我录音，我知道老孙会来，我也会情不自禁地去录音间见上一面，表示问候。有一回正好看到他发火，这是为一个同事录广播剧，有一段台词，导演请他反复录到第三遍，可能交流不畅，老孙觉得导演不尊重自己的艺术劳动，一摔本子拂袖而去。走到电梯口时，我拦住了他，让他消消气。我的友情起了化学反应，他又回到话筒，一切有了圆满的结果。

许多往事渐行渐远，无法追忆。

但这是永远忘不了的，电台培育了我，给了我一个良好的工作平台，使我业务水准随之提高，服务于听众，让电波中的精神文明像花瓣播撒到万千美丽的心灵中……

为此，我无怨无悔。

感恩的心，感谢有你。电台，我爱你！

作者系上海人民广播电台高级编辑

成长的“账单”
——电台里的那些人、那些事

胡　茜

时光倒回到32年前，一个一心想成为奥莉娅娜·法拉奇的女孩，进了上海人民广播电台。遗憾的是，她没能出现在《990早新闻》现场，而是被领进了一间终日皮黄绕梁、弦索铿锵，被称为戏曲科的大办公室，那个女孩就是我。后来心甘情愿地留下来，完全是因为科长王历来老师的一句话：“你是愿意去新闻部写300字的豆腐干，还是留在这里做3 000字的深度报道？”一句话，从此决定了我成长的轨迹。于是，我和戏曲、曲艺结缘。在戏曲科唯一一档可以和3 000字的深度报道相匹配的广播专栏《舞台内外》开始了我的职业生涯。

《舞台内外》虽然归在戏曲科，但我的直接领导陈圣来却是当时的文艺部主任，虽然他是部主任，但他的办公桌还在戏曲科，《舞台内外》节目也还在做，于是变成了我的带教老师，可不知为什么，直到今天，我都没有叫过他一声老师，总是没大没小地和大家一起称他“圣来”，圣来是台里有名的才子，他的节目总是做得很有情怀，因此对于每一档的选题、结构，以及嘉宾的采访、解说词的撰写，都严格要求。这种严谨的带教方式，虽然让我在短时间内进步神速，但也常常让我感到委屈，终于有一天爆发了戏曲科众所周知的“撕稿事件”。

记得那是1987年的建军节，上海市委副书记吴邦国率领上海文艺界众多著名演员前往海军上海基地慰问，我们《舞台内外》栏目做跟踪报道。为了能在第一时间及时播出，采访结束后，我连饭都没顾上吃，便马不停蹄地整理采访、写解说词，没想到交稿后，圣来竟在批注中用了“学生腔”这样一个充满贬义的词，把我的劳动成果间接地给否定了。当时我委屈极了，一把扯过稿子，撕得粉碎，并任性地扔进了废纸篓。这是第二天就要合成播出的节目，办公室里所有的人都傻眼了，而我却扬长而去。好在我的任性还是有底线的，回到家里，我一夜没有合眼，脑子里全是白天在舰艇上的情景，军舰在吴淞口破浪而行，水兵的飘带迎风飘扬，演员们的歌声在风中回荡。终于，一篇全新的稿子在“风”中诞生了。

第二天，当我拿着新写的录音报道“追风”，来到办公室时，只见办公桌上那撕碎的稿子已经被玻璃胶粘得整整齐齐，圣来正伏案疾书，我飞过去的稿子恰好打在他的笔端，于是他停下笔开始审稿，渐渐地脸上有了笑容。他签好字，把稿子递给我的时候，离录音合成还有5分钟。拿着稿子一溜烟跑出办公室时，只听他在后面说：“这下总算有腔调了。”等我合成好节目，回到办公室时，“秦腔”来来，正在绘声绘色地向大家描述着“张调”福荣，如何把我的稿子从废纸篓里捡出来，再用玻璃胶一条条对齐粘好，他自己又如何和副科长沈琦秀一起，一路艰辛找到我在上海机械学院校园里的家，只可惜我们一来一去正好错过了。

一场小脾气，搞得整个办公室一地鸡毛，却因为圣来的一句“有腔调”而风平浪静地结束了。不过那以后，我的节目真的越做越有腔调，同年，还获得了“汾曲香杯全国戏曲广播节目展播”一等奖。我和圣来一起去宁夏领奖，当时我是最年轻的获奖者，他是最年轻的文艺部主任。记得在颁奖晚会上，圣来用独特的视角、大气的格局和创新的表达所诠释的“上海腔调”，让我倍感自豪。正是这种上海腔调，不仅孕育出了后来的东方广播电台，也让我们这群小字辈的戏曲编辑，有了更多的实践机会。东广成立后，由于戏曲科的中坚力量几乎全跟着圣来开疆拓土去了，我们便开始小鬼当家。在当时的文艺部主任戎雪芬的支持

录制《戏闻大点击》后合影，（左起）陈明旷、周东亮、作者、陈澄、李政成

下，我和赵洁、谢雷、小雪，也学着东广的样子，开始自采、自编、自播，一起“吹”响了《戏苑四重奏》，之后又做了文化生活节目《海上新空气》。我们从合作的广告公司，借来当时最时髦的“大哥大”，然后通过无线电话，打通直播间和采访现场，形成互动，在第一时间介绍着上海市民的文化新生活。有时遇到多个点同时报道，采访车不够用，龚学平局长的座驾，也常常被我们征用。那时候，为了工作，我们经常任性到没大没小，无法无天。幸运的是几乎所有的领导，都甘为公仆，为我们这些工作在一线的编辑记者保驾护航。

1995年，上海有线电视戏剧频道成立。我和小雪等十几个来自电台各个部门的同人，又跟随戎老师再次启航，到未知的电视戏曲领域创业。那时的我们就像打了鸡血似地铆足了劲，以一当十，在汾阳路上海艺术研究所的一幢小楼里，撑起了一个电视频道。一年后，我又开始没事找事，开始尝试拍摄电视系列小品《百味人生》。有道是无知者无畏，因为完全不知道电视的游戏规则，只是凭着一种信念和一股热情去干。所以从开机起，就风波不断，一会儿剧本告急，一会儿资金出现缺口，好不容易拍完了，又被告知需要拍摄许可证方能送审、播出，总之一路上险象环生。好在每个关键的当口，总会相遇贵人，化险为夷。最后，《百味人生》不仅顺利通过审查，如期播出，还获得局审片小组的一致肯定，而我也因此完成了从广播到电视的蜕变。现在想起来，这所有的一切，并非我的运气，而是许许多多老领导、老前辈、老同事一次又一次地在为我的幼稚、任性和冒失“埋单”。正是因为他们的宽容和付出，才有了我的成长和成熟。

作者系上海人民广播电台一级编辑

往事并非如烟

褚雪梅

最近微信朋友圈在转发公众号“三生”的滑稽视频《上海有腔调之“夫妻相骂”》，我由于曾经做过13个年头的滑稽节目的编导，这一标题吸引了我，便打开了视频。一看，那些熟悉的人和事件夹带着温暖的回忆扑面而来，原来这是我23年前录制的滑稽艺术家杨华生、绿杨两位先生表演的滑稽经典《如此爹娘》的片段。当时两位大师已是古稀之年，绿杨老师腿脚不好，在表演中，有几次站不稳，她顺势表演，处理成由于戏中角色——凶女人朱娟因性格张扬跋扈，走路姿态蛮横而摇摆。这一段录像是我在1995年为上海人民广播电台主办的有线戏剧频道录制的滑稽艺术家经典名作中的一则。有一个观众在“三生”公众号留言：“这才是滑稽的精髓。”这则视频让我的记忆顿时穿越到了1995年，那时我刚加入有线电视戏剧频道的筹备工作。因为新成立的戏剧频道还没有独立的办公地点，还因为背靠电台这颗“大树”有利团队开拓工作，我们这支由广播人组成的电视节目团队全体“赖在”北京东路2号——上海人民广播电台的办公楼，这一“赖”就有半年之久！有线电视戏剧频道播出前后，租借了汾阳路112弄的上海艺术研究所的一楼，戏剧频道团队这才有了独立的办公地点。

当时我28岁，做广播已有6年，戏曲、综艺、大型活动均有涉猎，做广播勉强算熟手了，但做电视，则完全是个“门外汉”。有线电视戏剧频道创始人，是戎雪芬老师和周介安老师，他俩均是广播戏剧、广播戏曲的业界大腕。我很荣幸被两位领导选中，进入戏剧频道的创始团队。几天后，两位领导通知我，让我负责电视频道每天一小时的曲艺节目。我问，现在库存有多少时间曲艺节目，他们回答说不知道，你去了解。两位领导把我将要负责的节目名字给我，这是我第一次看到《七彩哈哈镜》《喜剧撷英》《上海滑稽》《相声小品》等栏目的名字。这些节目将伴随我未来七年的工作。当时我的心情像在洞房花烛夜见到蒙着红盖头新娘的傻子新郎。周介安是戏曲名家、曲协领导，也是著名评弹节目主持人，曾任上海人民广播电台戏曲科的科长。他一直是我的顶头上司，他看出我的状况，说：“吓么现在也没用场，大家都一样，侬看我也是从零开始。”周介安说到做到，一个广播名家身体力行从电视基础开始，第一个学会了电视导播。广播界的名人都放下身段，从零开始，我们这些小字辈，还能有什么顾虑，赶紧“捋起袖子加油干”呗。可袖子捋起了，怎么干？从哪里开始干？我脑中乱成一锅粥。领导指明我两条道路，一条道路赶快整理出“买”节目的所有路径，“买”到所有可能“买”到的曲艺节目，我这里为买这个字打上双引号是非常负责任的做法，因为这种“买”其实就是让我们想尽办法去白拿节目！另一条道路，赶快组建拍摄制作团队，因为《七彩哈哈镜》是一档每周一小时的原创节目。领导指完了路，就再也不管我了，以至于后来的几天，我如梦游般处于焦虑和浑浑噩噩交替的状态。直到领导下令让我和另一位年轻同事胡茜火速去全国各地联系片源“买”节目，并明确给出了每小时20元的标准“买”节目，这才吓醒我的梦游，进入完全焦虑模式。我通过业内行家，初步了解了当时购片价格，知道领导给出20元想“买”外地台的节目，这简直是“痴心妄想”。领导催得紧，我和同样是年轻人的同事胡茜开始了“购片”的第一站：安徽电视台。我和同事胡茜出发前合计一下，一致认为我们此行是华山一条路，险！我们商量了计策：每到一地先找到当地的熟人和朋友叙旧、诉苦、想办法找路子。到安徽合肥，我们通过黄梅

1996年，录制《七彩哈哈镜》春节节目，（左起）傅子明、周柏春、姚慕双、笑嘻嘻、作者

戏著名演员黄新德联系安徽台“买”节目，当时是一位姓金的中年女主任接待我们。一开始她听说上海人民广播电台准备办电视频道，觉得很好奇，在了解到我们准备以20元一小时“买节目”，她就知道我们是名副其实的外行了。她向我们介绍了一下当前的购片行情，基本和我之前了解的情况相似。金主任客客气气，就是再也不提购片之事了，我俩也觉得自己理亏，再也不敢提“买”节目了。那天会面后，我俩是灰溜溜回到旅馆，准备打道回府。没想到第二天黄新德先生通知我俩再去一趟安徽台。到了安徽台，金主任告诉我们，她向台领导汇报了，台里决定支持上海电台的工作，我们可以直接去节目库房，翻节目卡片，看到需要的尽管拷贝！当天几台机器一起工作，我俩狠狠地拷贝了二十小时的节目。那一刻心情是又兴奋又遗憾。兴奋的是找对了道路。遗憾的是当时频道管购磁带的老

耿同志好说歹说只肯给报销买二十盘新磁带的钱，眼看我俩像老鼠掉进米缸，但没法背更多的“米”回上海。当天晚上，金主任还和安徽台一位领导请黄新德先生、胡茜和我吃徽菜宴，席间才知金主任和这位领导都是从电台转到电视行当的，对电台的情况很了解，对上海电台也很有感情。我们两人算是他乡遇贵人，初战告捷。之后的几个月，我北上北京，南下福州，“买”到各电视台的曲艺节目，走通了领导指明的第一条道路。如今戏剧频道的曲艺节目家底是丰厚的，有戏剧频道多年的生产积累，也有当年友台的大力支援。

领导给我指出的第二条路是赶紧成立创作拍摄团队，自己生产节目。当年我是如此不知天高地厚，居然连夜开出了两张节目单，作为戏剧频道《七彩哈哈镜》栏目的开播节目，其中有著名滑稽艺术家姚慕双、周柏春、杨华生、绿杨、笑嘻嘻、吴媚艺、王双庆、童双春、翁双杰、李青、筱声咪、孙明、嫩娘、于飞等老艺术家，以及众多中青年演员参加录制的“传统独脚戏”系列和“滑稽名家经典作品”系列。领导看了戏码，表示很满意。向台领导汇报后，同意我拍摄这两个系列。就在我信心满满，准备脚本时，收到之前已约定合作的著名滑稽导演王辉荃老师的一封来自香港的信，信中有三个意思：一、计划有变，他这次无法和我合作。二、我的这两个拍摄构思估计难完成，因为老艺术家们已经七八十岁了，体力、精力和脑力都不一定跟得上。三、当红的年轻滑稽演员在这么短的时间里肯定拿不下这一批传统滑稽戏。王导在信尾还劝我趁早改弦易辙。收到此信，我胸闷了几天。现在回想，我真是一个有着执念的傻人，幸运的是我拥有传说中傻人的福气。承蒙著名滑稽作者，也是姚慕双、周柏春先生的“双字辈”学生张双勤老师的鼎力相助，两组系列节目的演员总算排定，进入现场对词排练阶段。张双勤老师提出老艺术家的排练地点和时间必须由这些老人家自己定，我提出必须上门看排练，同时提具体拍摄要求，尽可能节约老艺术家们的时间和精力。中年演员和年轻演员们的排练当时就集中安排在云南南路上的一家咖啡馆，这样也可以节约一些节目组人员的时间和精力。排练第一天，毛猛达老师竟然比其他演员早到很多时间，我正要表示谢谢他，毛老师带着他标志性的诚恳态度郑重地向我辞演，说这么短的时间里，他和搭档沈荣海肯定拿不下传统独脚戏《逼煞》，毛老师说不想砸还未开播的有线戏剧频道的牌子，实际上是他怕砸了他和沈荣海这一响档的牌子。毛老师客气又带着抱歉地走了。王辉荃老师之前一封信给我一记响拳，现在毛猛达老师上门辞演又给我一记闷棍。我的信心倍受打击。虽然在准备拍摄过程中，我受的打击远不止这两记，为什么要指名道姓写上王辉荃老师和毛猛达老师呢？原因是我和王辉荃老师、毛猛达老师三年后的1998年成为最牢固最知心的合作伙伴，我们共同开创了上海电视荧屏第一个脱口秀节目《七彩哈哈镜之笑道新闻》，并成为上海有线电视台的“十佳”栏目。我们属于“不打不相识”！

有一个月时间，我在云南路咖啡馆以及老演员的家中穿梭看排练。担心和焦虑时常笼罩心头，心情是越来越踏实和愉快的。尤其是和滑稽老艺术家接触，他们给了我这个“孙女”辈的电视新人最宝贵的信任和支持。许多有趣的回忆永远留在我的脑海里。周柏春老师家住美琪大戏院附近，当时他听力下降，儿女为他装了助听器，但他似乎不大喜欢戴，我问他为什么不喜欢戴，他说戴了助听器，身边人讲话也听不大清爽，对面美琪大戏院黄牛倒卖票子倒听得清清爽爽。我那时还真信了，现在想想，应该是周老师在出噱头。印象中，周老师是个上心事的人，姚慕双老师则是大大咧咧的顽主。姚老师的妻子白苹师母对姚老师总是体贴入微，甚至有宠爱的倾向。那天在姚家排练，姚老师身上不时发出各种各样奇奇怪怪的叫声，姚慕双老师像个小囡一样炫耀地让我们猜这是啥个虫叫，然后从贴身衣服里掏出他的那些昆虫展示给我们看猜得对不对。而白苹师母忙里忙外，各种操持……笑嘻嘻老师住凤阳路，那天在笑嘻嘻老师家谈录制《盯巴》这段节目，节目原长半小时，节奏有点拖沓，他准备压缩，于是他一边讲一边表演，把一个乞丐演得鲜龙活跳。笑嘻嘻老师在没有上手演员的情况下，一个人排练了所有台词。笑嘻嘻老师的妻子对他的照顾也十分周到，又是为他拿资料又是倒水，一下午，笑嘻嘻老师一直坐着在讲，师母提醒他要上卫生间去方便一下，笑嘻嘻老师才想起要站起来走走，师母马上把拐杖递了上来，笑嘻嘻老师借助拐杖才颤巍巍站了起来。看到这一幕，我想到王辉荃老师信里的提醒，老艺术家们上台身体吃得消么？我心里真正七上八下害怕起来了。等到笑嘻嘻老师回来，我把我的担忧说了，他哈哈大笑了，说："别看我在台下是有点抖抖霍霍，上了台精气神就足了。"师母在一边连连点头。等到录制那天，笑嘻嘻老师把拐杖和他的深度近视眼镜一同交给他妻子，走上舞台。在台上的笑嘻嘻老师完全变成另一个人，那15分钟，笑嘻嘻老师演一个乞丐，嬉笑怒骂，满场飞跑，把苏毓荫演的大老板逼入啼笑皆非的绝境。那一刻，我看呆了，滑稽艺术家对艺术和舞台的热爱竟然有着如此神奇的力量！……当时还录制了传统独脚戏《黄鱼调带鱼》，据姚慕双、周柏春、笑嘻嘻三位大师自述已有40年未合作这一出了，于是三位七十多岁的大师相约对词走位。令我讶异的是他们排练之流畅根本不像40年未演出的段子，似乎上周刚演出过。现场录制时，周柏春老师还担心服装师准备的服装不到位，他自己备了服装。当他穿上女式织锦缎棉袄，头戴绿色的绒线帽从换装处（饭店洗手间）出来时，场下观众已经忍不住大笑起来，周老师对观众佯装嗔怪地讲，你们现在笑是不对的，应该等一歇正式拍摄时笑，现在笑，是浪费！听他这么说，观众更是笑得前仰后合……拜访杨华生老师相对比较晚，杨老师知道我们要在戏剧频道开播前的一个多月准备这么多节目，当即就建议，节约我的时间，不用我登门了，他可以在电话里演给我听，让我掐秒表后，再提要求。我深深感谢杨老师的好意，但还是执意要上门亲聆指教。杨老师家在新锦江大酒店附近的一栋新式里弄里，杨老师和他的妻子宋老师把小楼收拾得窗明几净。他俩彼此恩爱以及对后辈的善意体贴给我留下很深的印象。我因为一直没能见到杨老师的合作搭档绿杨老师，心里一直不放心。杨老师问我属什么，我说属马，他很开心，说他和妻子宋老师都属马。让我放心，现在三匹马碰到一起，他和绿杨老师的节目录制会马到成功的。最后我还是听从杨老师的建议，因为绿杨老师家住六楼，又没有电梯，杨老师年纪大了爬不动六楼。绿杨老师腿又不好，她没有大事是不下楼不会客的。杨老师还像戏里的人物孙平一样拍胸脯说，他一定会劝说绿杨老师出场，并和绿杨老师在电话里对词。记得杨老师送我出门时，还让我放心，因为他是亲哥哥，绿杨老师是他亲妹妹，妹妹总归要听哥哥的！几天后，杨华生和绿杨两位滑稽大师成功录制了经典滑稽戏《如此爹娘》的片段。也就是文章开首被如今的观众交口称赞的那段滑稽视频《上海有腔调之“夫妻相骂”》。

如今我在编审岗位审片以及在自媒体都会看到当年无偿“拿”的节目以及老艺术家在晚年倾力录制的绝版影像，感慨和感谢总是充盈心中！1995年有一批广播人听从上海人民广播电台的安排做起了电视，我们在北京东路2号上海人民广播电台大楼最后半年的工作时光，是我们集体记忆中的美好时光。往事并非如烟。

感恩广播给我的滋养，让我变身“电视人”时遭遇如此多的幸运！

作者系上海人民广播电台二级导演

阳光灿烂的日子

谢　雷

我进戏曲科工作的时候，正赶上改革，文艺台成立。

戏曲科是个大办公室，一大排窗户面对的正好是黄浦江对岸的东方明珠。我们一屋子的同事就像是一大家子，办公室就像一个大庙会，大小机器不停歇地播放着各剧种的录音资料。一进门是京剧，大锣哐哐；再往里是昆曲，丝竹声声；接着是评弹，弦索叮咚；然后是滑稽戏；再往里还有越沪剧，那个嘈杂哦……可是30年后的我会定期发作，找一段戏曲听听，就像久居海外的人对咸菜肉丝的渴望。这是六年戏曲科的滋养。

老师是从串联词开始教的。余雪莉老师让我用书面语和口语各写一段串词，然后对比录音效果，从中感受广播需要的表达。后来张鸣老师逐句逐段调教我怎么写录音报道，看似简单的文字处理要花费的心思简直匪夷所思，从此对广播心生敬畏。

那时候戏曲科有一项重要任务是组织大型演出，我有幸参与了戏曲科鼎盛时期的众多演艺盛会。跟着张福荣老师去北京邀请侯宝林、张君秋等名家；跟着孙介璋老师做统筹，从印节目单到车辆安排，从宾馆入住到夜宵点心……事无巨细样样管。现在想想，当年那样的情形搁到现在，一个中型演艺公司也不见得能扛下来。我们是一个多么能战斗的集体啊。

虽然从事传统戏曲的传播，但师长一点也不守旧，不老土，相反非常地活跃和新潮。起初周介安老师总让我有一种错觉，他应该走进隔壁的音乐科，该是流行音乐的编辑，因为他有着一张西化的脸，更有一身时尚的打扮，让我暗暗仿效，直到30年后还是觉得他的风格最时尚。20世纪80年代中期，喝咖啡还没有成风，以三合一为主，可是孙介璋、张鸣、胡茜他们常常中午去德大咖啡馆喝一杯现磨咖啡。没想到，现在胡茜迷上茶道了，成了品茶专家。外文水平最好的赵洁，我以为她随时会出国的，却是留守戏曲科最久的。

在这样的环境下，我和小雪两个小字辈是幸福的。我被宠坏了，张福荣老师布置我的任务是做一套《相声史话》节目，懒散的我一拖再拖，最后只交出了简化版，生生浪费了电台宝贵的资源库，至今无颜面对他。

《星期戏曲广播会》25周年之际，作者（右一）与部分戏曲科同事合影

戏曲科的时光，是阳光灿烂的日子。那时候没有收视率考核，却有收视率奖励，记得文艺台收视率排行的前两位节目总被《滑稽王小毛》和《说说唱唱》占据，我这个职场草莓，戏曲盲也由此沾光不少。那个时候，我们会毫无顾忌和领导争论，对于稿子的写法和节目的编排强调自己的一知半解。王历来老师对谁都是先认真倾听再循循引导，结果就是我越来越感到自己的半瓶子水在晃荡。

后来我们陆续离开戏曲科，虽然各奔东西，但依然保持手足之情，每年至少一次聚会，依然三代同堂其乐融融，一晃30年了。

现在我常常想起这样的场景：盛夏的中午，播放机都关了，办公室一下安静下来。大家展开工会发的红白条纹帆布床，找个角落午睡。赖老师呼唤我们小字辈，总要从小赵开始，小钱小孙小李点过一圈名，最后要找的还是身边的小赵。张福荣、王惠群就势调侃一番，王历来老师中间插个冷笑话，葛明铭、于金玲在的话，群口相声就开始了，嘻嘻哈哈中就打了个盹。这样温暖的场面，源于我们的大家长王万来，他的宽厚谦和、关爱长幼，让我们有了家的感觉。至今回味温馨，幸福感绵长。

作者系上海人民广播电台二级编辑

忆张培

赵　洁

翻开上海人民广播电台建台60周年文集，张培的文章《播音组那些人那些事》赫然在目，它记叙了钱乃立、陈醇、杨磊等播音前辈的故事。再次捧读，见字如面，清新、真切、温暖而富有灵性的气息扑面而来。

哀哉，不过是数年之间，音容笑貌犹在，那美丽的灵魂却已然飘向天堂。2011年5月，一代播音主持典范，生命的刻度却仅仅停留在55岁！

转瞬建台已将70周年，为张培献上一点文字，成为我徘徊不去的心愿。

说真的，我和张培在电台共度了25年，有过业务的往来，却没有亲密的过从。台里台外，她有太多亲密的朋友、要好的同事，远比我更了解她。但是，为她写过悼词、为她编了文集，我和她在身后也有了一重特殊的缘分。

我进电台的时候，张培的事业正如日中天，已是上海主持界的“一姐”，她经常出现在我们办公室里，亲亲热热地和每个人打招呼、开玩笑，毫无名人架势，我也跟着大家随随便便地叫她“查子”（她本名查蓓莉）。每个人都喜欢她，喜欢她的坦率真诚，喜欢她的醇美音色，喜欢她出类拔萃的演播能力。那时，编辑写完稿子是点名请播音员来播的，我们都喜欢点查子，尤其是大型活动，非她莫属。她那么稳重大方地在台上一站，出来的就是你心里想要的感觉，大气而不失机敏。她已经成了品质的保证。

那时的我，觉得张培的出色是自然天成的，直到读了她自己的总结和他人的追忆才恍然：她的成功除了归功于她的天赋，更有她的刻苦和顶真。她曾说："我们这种人，看起来挺随意的，骨子里总想追求完美。"

我曾做过一个统计，从1983年元月《星期戏曲广播会》开播第一期，到1992年10月第300期，张培独自或与人合作主持的场次达90场之多！我听了那么多她的实况录音，从来没有听到断句错误或者机械读稿，连迟疑都很少，她的临场发挥总是恰到好处。我经常看到的是：每次演出之前，她来跟编辑探讨：这段文字要表达什么主题，这位演员是什么情况，那样介绍是不是更妥帖……不做到胸有成竹，她是不会上场的。她是那样看重每次亮相，以至于有二十多年舞台经验的她还会常常因为紧张而在上场前感到胃疼。她，从不允许自己失败。

1988年8月，举办《星戏会》"粤沪戏曲新星大会串"时与张培在珠海合影

听老节目，听到最多的是张培的声音，诗歌、散文、电影录音剪辑、少儿节目还有报题，无所不包，她演播的长篇小说更显示了非凡的功力，1996年的《紫藤花园》、1997年的《不是忏悔》、1999年的《烟尘》、

1990年4月，举办《星戏会》“国际相声交流展播”期间，戏曲组部分员工和侯宝林合影，前排右二为作者

2001年的《肇事者》，全都获得全国小说连播金奖，并在1999年赢得“全国小说连播演播艺术家”的称号。荣誉并非“得来全不费工夫”。刚进电台时，她看陈醇老师演播小说，小本子上密密麻麻做足了功课，深深震撼，从此处处以老师为榜样。

张培的卓然出众不仅在于她过硬的业务能力，也在于她的伯乐之眼和容人之量。记得1989年《星期戏曲广播会》双百华诞，我们请来张君秋、陈伯华、陈书舫、马金凤、马泰等各地剧种代表人物，和俞振飞、袁雪芬等上海戏曲大家及他们的优秀传人相聚上海，举办两场盛大演出，女主持的不二选择当然是张培，而男主持的选择则颇费踌躇，张培力荐在大学生主持人大赛中表现优异的曹可凡。当时的曹可凡不过是医学院一名二十几岁的研究生，既无专业背景，也无漂亮履历。就这样，在张培的扶持下，曹可凡走上了大型演出的舞台，不久又主持了《星戏会》“国际相声交流演播”，赢得了普遍的赞誉，从此，张培、曹可凡黄金搭档成为上海各类大型晚会主持的最佳人选。

那时我做评奖节目总喜欢请她来录音。有次，她说：“我推荐个人，声音条件、语言处理都很好的，你试试吧，不会失望的！”说得极其真诚恳切，她推荐的就是方舟。

后来，我又多次听林华说起张培如何在《三个女人一台戏》节目中为她保驾护航。

张培的挚友梅梅说：“张培的可爱，就在于她的真：真实、真诚、率真，以至于太过天真。”诚然，张培待人是赤诚率真的，不止一人、不止一次收到她的礼物，通常是她旅游、逛街的时候，看着合适就给朋友们买下的；朋友组织的下社区公益演出，没几个钱，她也照样一叫就去。她最后的遗像，就选用了一次公益演出的留影，当时，她已经深受颈椎疼痛的煎熬，只是还不知道病魔已经潜伏。

梅梅又说：“她正直、疾恶如仇，眼睛里容不得半点沙子，所以，她太容易受伤害，所有的问题她自己扛了。”努力给身边人温暖和鼓励，努力以豁达之心看向不平、苦恼甚至愤懑，张培就这么扛着，终于扛不动了。

她走后，报纸铺天盖地的报道，网络数以万计的点击，那个大雨滂沱的追悼会，近万名市民手捧鲜花赶来送行……这份哀荣如果张培在天之灵有知，或许是会吃惊而道“大可不必”的吧。她有如潮的美誉和如日的名声，但她从来都活得平实，毫不张扬。

“你已安静地睡去，而这座城市将永远记得你温婉如水、魅力永恒的美丽人声！”热爱她的听众如是说，这也是我作为一名广播人在上海广播电台成立70周年之际想说的。

作者系上海人民广播电台一级文学编辑

我轻轻地打开话筒

李蓓蓓（方舟）

小学二年级，我考进了电台的少儿演播组，在那里度过了很多少年时光；大学读的是北京广播学院，工作在上海人民广播电台，广播成了我人生的关键词，我也因此有了一个别名：方舟。

记得小时候第一次走进播音间，就好像进入了一个奇妙的梦境，我站在外面，隔着玻璃窗，看着小伙伴在里面录音，羡慕得发了呆，竟径直推开播音间的门去给人递水，被一群老师、同学拉了出来。为什么会发生这段可笑的插曲，至今我也匪夷所思，但也许就是从那一刻起，我迷上了广播。

如今我和广播结缘31年了，在上海人民广播电台70年的历史中，我经历的这30年，正是国家改革开放40年中的一段黄金岁月，广播超越发展、不断进步，我能身处其中，与有荣焉。

我是1987年进台的，就在这年的5月，广播刚刚经历了一次重要的改革，从原来的综合台变成了系列台，有新闻台、文艺台、经济台，我被分在新闻台播音组，台长是李森华老师。李老师儒雅谦和，是一位好领导，更是一位谦谦君子，说着一口有点广东味儿的普通话。副台长是邱洁宇老师，一个干练利索、说一不二的女台长，一双大大的眼睛，笑盈盈的。我们播音组组长是老前辈杨磊老师，他对我们特别和善，遇事总是笑眯眯地和我们商量，一点没有长辈的架子。播音组和编辑组同属一个科，叫编播科，科长就是后来在新闻界叱咤风云、领风气之先的尹明华老师。

比起原来的播音组，新闻台播音组的人员规模已经小多了，因为播音员主持人已经分到了各个系列台，比如蔚兰老师、文仪老师、肖亚老师等在经济台，张培老师、王丽老师、徐杨老师在文艺台。范蓉老师先是去了经济台，后来又应邀回到新闻台理论组，她采编播合一推出了第一档广播主持人节目《范蓉时间》。留在新闻台播音组的有杨磊老师、凌云老师、佟钢老师、卢杉老师、欧楠、田静、晨星、谢京和我，不久又增加了白宾和欣然。其实我最想去的是文艺台，但台党委决定把我放在新闻台，我也就既来之则安之了。工作三个月后我就开始播《早新闻》了，我们的播音班分早班、中班、晚班，一个班每个周期要上两周，记得早班大约5点半到班，播完半小时的六点新闻，接着播一个小时的7点《早新闻》，吃完早餐，再接着播《报刊文摘》《空中体坛》等专题节目，快到中午才能下班回家，每个班大约有两个半小时到三个小时的播音量。

值得一提的是，当时我们播音员还参与许多突发或重大事件的采访以及大型节目的报道任务，比如，中国第一条高速公路沪嘉高速公路通车时是我和记者袁晖老师一起去做的现场报道；1988年，由昆明开往上海的80次特快列车发生颠覆，造成150人伤亡，我和记者王亮到上海火车站对第一批回沪的伤员进行采访。

那个时期，新闻台策划了许多大型直播报道节目。比如《宁波的一天》《我们江阴好地方》等，通过这些特别节目，去报道苏浙和祖国各地改革开放的变化、挖掘当地的人文和地域资源。直播前，新闻台就会派出大队人马，我们播音员总会和记者一起奔赴现场。《宁波的一天》《我们江阴好地方》都是持续一天的大型直播节目，直播室有播音员总串，在外的采访人员则按计划在各个直播点做现场报道。

记得报道《宁波的一天》，我是和老记者蒋孙万老师分在一组，蒋老师大名鼎鼎，上海台每个月送中央台播出的《在祖国各地》就是由蒋老师采访、制作，他获过很多国际、国内大奖，做录音报道独树一帜，我能和蒋老师分在一起，实在是既兴奋又忐忑。如今想来，这样的机会，不正是两位台长培养新人、特别是对播音员采编播综合能力打造的良苦用心吗！我们和大部队提前一天到了宁波，邱台长和大家沟通好总体框架后，我们就兵分几路，各自到报到点做采访、准备。我和蒋老师的采访点在奉化溪口，是蒋介石的故乡，我们的驻地就在他的故居丰镐房里，门前是两棵巨大、直插云天的银杏树。蒋老师找到了当地的村长，一见面就热情地与他拉开了家常，好像一见如故。村长很憨厚，带着蒋老师和我走街串巷，讲着溪口的故事、溪口的人……蒋老师和村长谈笑风生，他是有备而来，所以他的问题总能让对方兴致盎然。于是就在这半天的走访交谈中，蒋老师把第二天我们这个点的现场报道的思路、框架全都梳理出来了。说到这儿突然想

1995年，在东方广播电台主持《飞越太平洋——上海洛杉矶友情双通道》，采访美国映佳国际总裁谢其美

1996年作者在美国交流时，拜访纽约华语电台台长

起一个好玩的细节，那天晚上我们住在丰镐房里一排给工作人员居住的招待所，房间隔音很差，晚上我打开水龙头准备洗脸，突然听到蒋老师从他自己房间冲了出来，对着院子大声叫“谁？谁？”。丰镐房的工作人员也跑了出来，什么也没有啊，查了半天，原来是我这里的水龙头紧挨着蒋老师房间的墙面，水一放就发出咕隆隆的响声，哈哈，就把蒋老师吓到了。原来大记者蒋老师也会怕怕，不过我觉得这段小插曲，倒更显出蒋老师的可爱。第二天，当直播线切到溪口现场，蒋老师和我一边说、一边聊，一边采访，现场的水声、人声、环境声也自然地加入其中，如行云流水，顺利圆满地完成了这次生动、有料的直播报道。

其实关于新闻节目主持人，新闻台的领导们也早就在进行探索，有一年国庆特别节目，我和记者姜澜共同在直播间连续直播了12小时，我们以说聊的方式串起全天的报道，这样的播报方式就是今天的主播形态，而让播音员参与采访、让记者出声当主播，就是在为新闻节目主持人的培养打基础了。

新闻台的5年，让我爱上了新闻，我感谢那5年，感谢两位老台长，两位台长性格各异，却配合默契，他们对广播新闻报道的探索极具开拓和创新，很多做法是首创，也培养了一支优秀的新闻队伍，许多后来领导东广，甚至东视新闻的领导，都是在其中成长起来的。

1992年10月28日，东方广播电台成立，这是改革开放40年中，广播媒体最重要的一次改革事件，我毫不犹豫地加入了这次改变的行列。陈圣来台长带着60位采编播同事，以理想主义者的激情，开始建设一个新的电台。我加入了东广音乐部，从一个新闻播音员转型为音乐节目主持人。我们的部主任是周瑞康，毕业于音乐学院音乐理论系，懂音乐、懂管理、懂广播，作为一个编辑出身的领导，他写得一手好文章，曾经有幸播过他写的专题，实在是妙笔生花。他的眼睛里总带着笑意，他的话语里总是信任和尊重，就这样我开始了一段广播节目主持的高产期，《太阳神天天点播》开创音乐点播节目的新热点，创下了直播时一分钟打进4 000个电话的热线纪录；第一档常态的、与美国华语电台合作、在中美两地开通热线、同步播出的国际直播节目《飞越太平洋——上海洛杉矶友情双通道》；文学与音乐融合、赏析类的节目——《美文妙律》；与日本横滨电台合作、与在日本的华人叶千荣共同主持的《横滨上海新电波》；还有与英国制作人布莱恩·安德森合作、由才华横溢的阿彦担任编辑的《雀巢咖啡音乐时间》《雀巢咖啡伴侣》等，好几档节目都是采编播合一，一周四五档节目同时主持，这样的工作量坚持了很多年，也让我沉浸在一种极度兴奋的创作状态中。

在新闻台的5年所养成的新闻思路，对我在音乐节目中的主持影响很大，我总试图将音乐与人、与人的生活、与人的情怀产生联系，让音乐节目不止于旋律、音符，而是赋予它更多的联想。比如，我在点播节目中加入的话题《普通人》《过去的时光》，就把生活素人、和明星嘉宾拉进了点播节目，让点播除了你点我播，还有更丰富的故事性、主题性，让一个小时的节目有一些能让听者记住和回味的内涵。而两档与国外合作的谈话节目《飞越太平洋——上海洛杉矶友情双通道》《横滨上海新电波》更是有很强的新闻性，要有新闻意识，要有文学、文化的支撑，每一档节目从选题到直播，自己所下的功夫当然是甚多的，但是更要感谢的是那个年代、那个平台、那些可敬的领导和前辈、同事，他们的信任、他们的包容、他们的创举使得我得以完成一个个挑战，留下这么多宝贵的广播记忆。

10年东广，是我广播生涯一段明丽、纯粹的时光，她成了我封存的记忆，困难时，我总会想起她，我总觉得那里有力量、有精神、有团队的爱。记得东广建台初期，因为住房分配问题，我遇到困扰产生焦虑，陈圣来台长竟亲自打来电话安慰我：方舟，别着急噢，我们一定会为大家解决好住房问题的！不久我和一批同事终于安居乐业了；东广另一位老台长陈乾年，为了执行好员工最后一次住房补贴，他和李瑞祥书记殚精竭虑，和财务部主任陈平一次次做方案、一次次跑上级部门，圆满解决了我们员工的补贴，陈台自己和领导班子却还没有解决。要知道那时的房价正是日增月涨的时候，差几天就是很大的损失，但陈台和班子成员，把员工放在心上，把自己的利益却放在一边，这件事已经过去十多年了，但这些温暖、这些感动，每一个东广人都记在心里。

2002年，上海广电掀起了一场整合的改革，广播从两个台的你追我赶、相互竞争，转向了打组合拳的模式，各个频率进行了专业化的细分。

我应聘来到了交通频率担任副主编，分管交通频率的音乐、文艺类节目。从主持人转向节目管理，我开始经历一段新的转型。当时的交通频率分三个部门：交通新闻、交通专题、交通音乐，交通频率其实是一个综合台，围绕交通核心，体现专业化特点。音乐版块就是文艺小分队，负责白天一些需要穿插音乐节目的零星时段，主要时间都是在交通晚高峰结束以后的晚间时段，我和小伙伴梁妮、叶扬、陶海、阿健和阳阳，把晚间时段的音乐节目竟也经营得有声有色，既有益智类的答题节目，也有明星访谈、聊天互动、广播小品，形式多样，当时《每周广播电视报》的老记者江祥梓老师还为我们写了专题报道，我记得题目叫《交通音乐小分队》。4年之后的2006年，广播又开始了一轮新的整合，这次改革，把各自为政的专业化频率再次进行整合，成立了广播新闻中心和广播文艺中心，我和原来交通频率的同事们整体转入了新闻中心，我担任综合节目部的主任，专门负责新闻中心的音乐、谈话、文艺类节目，我们像一个中央厨房，向中心的各个频率提供相关的节目，这一次的改革又持续了整整4年。

2010年1月，我离开广播一线，来到了台集团职能部门，接任卢智老师的播音主持主管工作。2010年底，刚刚到任上海广播电视台（SMG）的王建军书记在全台发起了“提升播音员主持人品质和影响力工程”，全方位推进播音员主持人队伍建设。2011年8月，上海东方传媒（集团）有限公司成立了播音主持业务指导委员会，我又从行业管理转型，专职从事播音主持业务的管理工作。这些年，我和委员会的专家老师走遍了全台各频率、各频道，为一线播音员主持人的业务把脉、支招，为播音主持队伍的影响力提升找问题、提建议；组织各种形式、各类主题、针对一线的播音主持业务培训；同时我还和委员会的专家、当年广播播音组的老师：陈醇老师、杨磊老师、范蓉老师、卢智老师、欧楠老师等一起承接了国家语言文字课题、编纂“播音员主持人语言文字规范手册”系列三本专著。

如今，虽然我的岗位不在广播一线，但我始终觉得自己还是一个广播人，我离广播的业务很近。2014年，应交通广播总监丁芳的邀请，我和女作家林华老师在交通广播开设了一档文化类的读书、谈话节目《美妙时光》，至今已主持了4年；2016年，我又和经典音乐频率合作，播出了24期古典诗词与民族音乐相结合的音乐专题节目《山水有清音》，受到听众的喜爱和好评。这套专题由音乐频率副总监陆明监制、资深音乐编辑毕之光老师策划、撰稿，资深录音师柯影影制作。这是一次难忘的合作，毕之光老师学养深厚、人品高洁，又精通音乐、文笔精妙，极有创意和匠心，曾多次获得上海国际广播音乐节金编钟奖和其他各类奖项。有幸播读毕老师的文稿真是一种享受，也是我难得的机缘。这样的老编辑是广播的宝贝、更是广播的财富。

在上海人民广播电台即将迎来70华诞之际，作为一名广播播音员主持人，我写下了这些文字。比起我们的前辈，比起许多优秀的广播同行，自己之于广播是微不足道的，不过借此契机，记下一些难忘的人、难忘的事，也许为我们广播历史画卷的大拼图提供一块小小的拼板吧！

附：2016年，上海诗人刘业雄老师发给我一首诗，他说：这首诗他是为广播播音员主持人写的，诗的名字就叫《我轻轻地打开话筒》，我非常感动，诗人的诗句，承载了所有听众对广播、对广播播音员主持人的厚爱，我们手中的话筒是多么神圣，值得敬畏。特以刘业雄老师这首诗的名字作为这篇拙作的题目，也向诗人刘业雄老师再次鸣谢致敬！

作者系上海广播电视台播音主持业务指导委员会主任、播音指导

声音，是一盏灯

秦　畅

1993年初的一个冬日，上海真如火车站。即将毕业的我，有四个多小时的转车时间，正憧憬着自己的播音主持生涯该从哪里起航……耳机里传来一个明静温暖的女声，正与打进热线的听众亲切自如地交流着，说了什么我已经完全不记得，那个温暖的让人愿意驻足又似乎无比熟悉的声音，让我对这个换乘城市充满好奇！

就是这个声音，指引着我来到上海。多年以后，我鼓起勇气将这段经历告诉了指路明灯：方舟老师。

1993年7月，梳着童花头，一袭布裙的山西姑娘来到了北京东路2号，上海人民广播电台的门口。向东望去，刚刚落成的东方明珠，似乎在昭示：年轻人，来得正是时候！

踏入北京东路2号大门，冲入眼帘的是那时我见过的最宽阔的楼梯，磨得发亮的水磨石台阶和扶手，明晃晃的，分外刺眼！电梯上到五楼，是广播电台的核心要地：直播区，大门上方的数字时钟，正一秒一秒地跳动。那栋大楼，我只在那里工作三年，可所有映射工作压力的噩梦，都和五楼长长的走廊有关。时钟一点一点指向播出时间，电梯门打不开，楼梯爬不动，怎么也无法按时来到直播间，哪怕已经远远看到！糟糕，要迟到了，要误播了……然后，梦醒，虚惊一场。

北京东路2号留给我的，可不只是担心直播迟到的紧张，而是那个办公条件异常逼仄的时代，难得的人情暖意。

我主持的第一档广播直播节目，在交通台播报天气和路况时，着手策划设计。午间，两个小时，交通主题。那时的交通台只有一间办公室，七八张桌子，专职兼职十来号人，我和另外一位兼职同事共享一张办公桌，平时我们尽量错时使用，实在不行就各占一边，享受同桌距离。就在那张桌子上，我几易其稿，构架了一档在中午12点到14点直播的交通专题节目。

给这个新节目起个响亮的名字，纠结得我夜不能寐。某日突然眼前一亮，大呼：《走过12点》！我兴奋地在办公室里大声征求同事们的意见，没想到大家都乐了，夸张的那位竟然笑得前仰后合，拍着桌子用上海话接茬："走过12点，碰到13点，哈哈哈哈！"我愣在那里，根本不知道大家在笑什么，也没听懂：走过12点就如何了？可让我没有想到的是，一阵怒笑之后，大家都同意了这个名字。

作者在签售《城市治理的25枚"绣花针"》

作者主持广播活动

说无论有没有联想，它都给了听众空间。那时的我，根本听不懂上海俚语“13”的丰富含义。

虽然名字被启用，我却一直犯嘀咕，这些上海人到底喜不喜欢这个名字啊？

而今天，一个自信读懂上海的新上海人，才咂吧出当年办公室那一幕爆笑的味道来。

从那档节目上线之日起，我便成了交通台共养的孩子，被同事们轮流接到家中去打牙祭、过周末、度长假，在那一年里，我见识的上海人家的“螺蛳壳里做道场”；见识了上海人家餐桌的丰富多样；见识了上海人家“做人客时的讲究细致”；见识了嘴上絮叨“你们乡下”，其实放在骨子里的古道热肠。

从那时起，我开始觉得“上海话挺好听”。

2000年1月1日，我成为上海人民广播电台名牌节目、中国新闻名专栏《市民与社会》的主持人。三年交通节目，三年法律节目，刚刚获得中国法制好新闻一等奖的年轻人无知无畏，坐在了纵横各个领域，以新闻事件或者新问题新现象讨论为主题的直播台上。回望那段时光，一个惊恐慌乱，手足无措的新人身影历历在目……感谢那些日子里的包容和等待！我知道：那时批评的声音不绝于耳，甚至还有终极提醒：一档名牌栏目，可能毁于一旦！广播电台的领导认真地听着，看着，等着，他们竟然没有向我转达过只言片语……

有一天，我接到一位听众的手书信件，他说，秦畅，作为《市民与社会》的忠实听众，我能听得出你的热情和投入，建议你再花心思好好想想，听众是谁？他们究竟需要什么？

在汪洋大海中，飘浮不定的我，仿佛抓住了一个救生圈，这句话如同一条咒语，结束黑暗，重启光明！这位听众姓沈，后来我们成为朋友，他也如同一盏明灯，用独特的视角，照亮我的每一次前行。与《市民与社会》相伴的20年，许多电波那端的陌生人成了我朋友圈里的老熟人。

2018年12月19日，结束《市民与社会》的直播，在广播大厦门口跳上一辆出租车，急着赶往南京东路世纪广场思南快书局闪店，去对话阮仪三先生。上车，司机就问："你可认识秦畅？她最近做的庆祝改革开放40周年的节目，我天天都听，听她的节目，快20年，我觉得，她越来越懂上海了。"

因为被那个温暖的声音吸引，我来到上海；因为一个个上海人，这座城市生动真实了起来；因为能与这座城市同生共长，我就慢慢地和她长在一起，不可分割……

而今天，是否会有这样的可能发生？一个偶然的瞬间，一个匆匆相遇的身影，因为我的声音明静温暖，作出来自内心的选择。

作者系上海人民广播电台首席主持人

如果我有意外，你就当我战地记者牺牲了

陆兰婷

上海人民广播电台到今年已经是七十华诞了，而我已经在电台工作43年，可以说是“台龄”最高的员工。从1976年4月高中毕业被分配到电台，在这43年中，我从事过很多工作，在电台的五七干校养了两年的猪、在财务科当了10年的会计，还做了5年的专职工会干部，对每一个工种我都是尽心竭力，但是最让我激情澎湃的是我26年的记者生涯。

一、舆论监督“现场”如同“战场”

从1976年4月被分配到电台的第一天，我就立志要当一名记者，虽然中间经过了曲曲弯弯，直到1992年领导终于同意我从电台工会岗位上调到采访部，干起了舆论监督报道。刚接触这项工作不久，我就认识到舆论监督报道和一般报道不同，要想报道深入，对新闻的真实性的要求很高，所以投诉人反映的情况，记者一定要核实清楚。所以我给自己立下规矩：无现场不新闻。说起来容易做起来难。舆论监督的现场更是难上加难。为了更深入采访，我曾经以旅客身份混入贩卖火车票的黄牛圈子；为了与贩卖枪支弹药的犯罪分子接头，我扮演了一个为父

报仇的强悍女子；为了获取制造、贩卖假烟的证据，我在假烟窝点附近来回“闲逛”了三天；为了证实医院把停尸房里的被子拿出来直接给病人盖，我还夜探停尸房；我还以老板娘的身份潜入多家地下食品加工厂，当场还试吃了爬满苍蝇的蜜饯、月饼、脆麻花等糕点；多次一个人进入赌场暗访，受到赌场老板的威胁；甚至卧底传销组织，直至把传销组织摧毁。要说不害怕，那肯定是假的，但是怕归怕，为了完成报道任务边“怕”边采访。

有一次，我在暗访一个以“复制手机卡”为名实施诈骗的案件时，我与犯罪嫌疑人单独接头，犯罪嫌疑人故意几次改变接头地点，我始终保持沉冷静，与之周旋，最后戳穿其诈骗行径，并制作了三篇系列报道，使对方的诈骗行为泡汤。对方恼羞成怒，不断恐吓我，扬言要断我和家人的腿和手，为此我担惊受怕了一个多月。

在2012年获得中国新闻三等奖作品《国家真的有7 800万元的糖尿病专项补贴吗?》的采访中，一个以国家名义推销假冒保健品的团伙为了防止暗访，对每个参加推销会的老人进行甄别，还要带上病历卡和身份证，为了深入虎穴，我以代老母亲听课的理由进入现场，跟踪了好几天，为了参加所谓的免费体检活动，还不得不用轮椅把90岁的老母亲推到了医院验血，最终把推销假冒保健品的过程全部录音后制作了三篇系列报道，播出后，公安、工商、食药监联合执法，一举捣毁了这个犯罪团伙。

家人、朋友都希望我不要到这么危险的现场采访，但是我对他们说:“如果我有意外，你们就当我是战地记者牺牲了。”

二、舆论监督中的“有理、有节和与人为善”

在那么多年来的批评报道的采访中，经常会出现意外，比如，采访中经常会遇到被采访对象围攻、辱骂、推搡、关黑屋、夺采访机，甚至采访对象还放大狼狗来追咬记者等情况，恶性事件随时随地会发生，但是我都能秉着“有理有节，与人为善”柔声细语地和对方沟通，平息了多起“一触即发”的暴力事件。

2016年的夏令热线，我采访了黄浦区一个“群租”案例，城管在敲开这户两室两厅的大门时，里面冲出26个小伙子，个个持着木棍，眼看着一场冲突随时可能发生，我不知道哪来的勇气，一把推开城管工作人员对着领头的小伙子说了一句:“小伙子，你怎么长得那么帅呢?”小伙子被我说得云里雾里，就懵懵地回了一句:“你是谁?”我说:“我是居委会阿姨，来检查卫生的。”一下子就缓和了当时的紧张气氛，避免了冲突的发生。采访中遭人围攻时，我从来不用语言激怒对方，哪怕是被关进黑屋子也是气定神闲，慢慢沟通。

我曾经采访过无数个电信诈骗分子，近几年，信用卡透支、电话欠费等诈骗犯罪迅速蔓延，根据自己收到的一条诈骗短信进行深入采访，把整个诈骗过程和细节全都记录了下来。最有意思的是《骗子的自白》这篇报道。我用非常温和的

作者在浦东新区金桥镇违法建筑整治现场采访

口气揭穿了骗局，骗子不但没有恼羞成怒，反而将自己的骗术毫无保留地坦白，报道生动精彩。播出后，在社会上引起极大反响，公安局的刑侦人员也为之震惊，因为他们至今也没有录到如此完整的证据。为此，上海市公安局有关负责人专程上门拜访讨教，还把暗访的录音刻成光盘，分发到社区。上海政法大学也向电台索取录音光盘，作为法律系学生的辅助教材。

另外我在采访中，把立足点放在有利于党和政府工作的改进、问题的解决和社会的稳定上。有一次，我采访的一个地下网吧被取缔后，网吧老板一家三口生活没了着落，之后我多次与当地街道联系，落实了夫妻俩的工作，避免了矛盾激化。

二十多年来，我采写的几千篇监督报道没有一篇因为事实有误而引起纠纷和投诉，先后获得十余项全国和上海新闻奖一、二、三等奖，全国优秀新闻工作者和长江韬奋奖。其中《骗子的自白》获中国新闻奖二等奖、《暗访黑车司机》获中国新闻三等奖；《国家真有7 800万元的糖尿病专项补贴吗?》获中国新闻三等奖。先后获得全国三八红旗手、感动上海十大人物等荣誉称号。

作者系上海人民广播电台首席记者

声伴飞天路　见证圆梦时

——记我所经历的几次航天发射直播

孟诚洁

沉下心来梳理记忆，写下这篇文字的时候，我正在为即将到来的西昌之行做着准备。这次的主角是将在月球背面着陆的“嫦娥四号”。说来也巧，我第一次参与航天报道，也就是2007年10月，在西昌见证“嫦娥一号”的奔月之旅。

整整11个年头。掐指算来，我三赴西昌、四入酒泉、两顾太原、三下文昌，在国内新老四大发射基地几轮“打卡”，应该算是上海广播历史上报道航天发射次数最多的记者，没有之一！

自封这个“第一”，可丝毫不敢有自夸的意思。这些年随着我国经济、科技实力的增长，航天事业和其他很多领域一样，发展按下“快进键”。刷新纪录，创造历史，惊喜一个接着一个。见证并记录下这一个个载入史册的“高光时刻”，不正是记者这个职业本身的魅力所在吗？

虽说算是航天报道“老司机”，但每次遥望发射塔架，心里默默倒数的时候，我的内心一点都不“淡定”，依然如“菜鸟”初见时那般亢奋、激动并且全力以赴。一来航天本身没有简单重复，每次都要学习新知识，才能准确把握新闻点。更重要的是，航天报道始终走在媒体融合最前沿，每次都能看到同行亮出新装备，秀出新技能。一不留神，你就out了。

努力引领，而不是简单跟随！上海人民广播电台的航天报道，从来都是前后协同，力求创新。我们嵌入神舟飞船发射直播的早新闻版面，去年拿下了中国新闻一等奖。在移动互联网上，也不断地升级报道样态，提升传播力、影响力。下面说到的四次发射报道，就是前进路上的一连串“航标”。

神舟九号——连线连到手机快“爆炸”

2012年6月发射的神舟九号，第一次有女性航天员参与任务，在太空中要第一次实施手动交会对接，航天员将第一次离开飞船，进入“天宫一号”生活和工作……这也是我第一次进入神秘的酒泉卫星发射中心，进行现场报道。

车子在戈壁滩上开了两个多小时，看到一片绿洲，便是酒泉基地。迎接你的，首先是岗哨，人、车、证、物，逐一查验，上海航天帮我办了张试验队员证，因此战士对我的电脑、相机等物，没有多问，一路放行。

试验队宿舍离开航天员入住的“问天阁”不远，周围戒备森严。我出门时，每次都把证件挂在胸前。我还被告知基地的电话、短信都有“技术手段”，千万不能谈论涉及发射的敏感事项。于是，我是这么向家里汇报发射窗口时间的，先发一条短信“990晚新闻时段”，第二条短信“30分”，第三条短信“再过7分钟”。直到发射前两天，央视报道团队全面摆开阵势，我和“家里”的电话，才敢放开了说。

6月16日发射当天下午3点，我就随试验队员进入戈壁滩上的发射场区。这是神舟飞船第一次在夏季发射，气温超过30度。

当天一早开始，差不多一小时一档连线，等我在现场就位，半小时一档连线。在我眼前，蓝色塔架一层层打开，修长的火箭露出真容。电话一次又一次响起，接进去开口便说，记得还接到两个外地的电话，一个湖南台，一个广东台，顾不得多问了，直接连吧……发射前10分钟，我的电话始终在线，任何变化，所见即所言。点火升空的那一刻，一个巨大的火球绽放，火箭缓缓起步，直到超越了塔架的高度，震耳欲聋的轰鸣声才席卷而来。我一边拿着手机，用最大的声音“嘶吼”，一边仰着头，看着逃逸塔、助推器先后分离，火箭的声音渐渐小了，身边的欢呼声仍此起彼伏……

终于，连线结束！我这才感觉到手机滚滚烫，电力显示已经翻红。和我自己当时的状态，如出一辙。

长征七号
——海滩上那一道灿烂的“星河”

2016年6月，我国新一代运载火箭长征七号迎来首发，这也是新建的海南文昌发射中心首次启用。未来，我们的空间站，登月飞船都将那里出发，“梦开始的地方”，怎能错过？

然而，长征七号火箭及其首发载荷都不是上海航天的项目，走什么途径呢？提前半年多，我们就开始打听、谋划。功夫不负有心人，承担文昌发射场建设的一个配套单位是上海企业，几经周折，终于走通了这条路。

发射前三天，我和同事孙萍抵达文昌，这个海南小城已经因为即将到来的首发，彻底沸腾了。临近发射场的龙楼镇一房难求，原价200元不到的小旅馆，报价1 000元以上。幸好那家单位现场保障发射场的两位工程师，帮我们提前预订，才不至于无处栖身。

更大的惊喜还在后面！这两位工程师不仅技术高超，而且人缘极佳。第二天，我和同事坐在他们“小电驴”的后座，凭着加办的临时证，居然进入发射中心。走近厂房一看，长征七号火箭正树立在钢铁平台上，沿着轨道缓缓移动，原来赶上了垂直转运！

两个小时，火箭靠上了海边的发射塔架，被钢铁“臂膀”所包裹。我们又坐上“小电驴”，转遍了整个发射基地，为“话匣子”微信号上的图文报道储备了充足弹药。

作者在火箭发射现场直播

当天晚上，我接到“阿基米德”同事的电话，被推荐一项叫作“菠菜”直播的新功能。简言之，就是通过网络信号，通过手机开设一根个人的音频直播流，用户不仅可以收听，还可以和“主播”进行图文互动。领受“尝鲜”任务，我们立即注册账号，在“话匣子”社区现学现用，试播了十来分钟。技术难度不大，声音也清晰。但挑战在于，这不像广播连线可以和主持人互动，一个人自说自话“尬聊”，说不下去了怎么办？

25日发射当天，文昌基地全面戒严，肯定进不去了。我和孙萍首先找到紧邻发射场的一个度假村，但正因为距离太近，塔架几乎被椰林遮蔽。我们沿着海滩，走出大概4公里，到了一家希尔顿酒店的地界。海岸线拐了个弯，塔架就在视野正中，无遮无拦。整个海滩黑压压一片，挤满了人，不仅有“长枪短炮”，天文望远镜都摆了好几个。

提前半小时，我戴上耳机，“菠菜”直播开始。“阿基米德”首页推荐，不到5分钟，“话匣子”的直播间里就聚拢了400多位网友。到了那个环境，完全不担心没东西可说，从基地见闻，火箭技术到海滩上壮观的人潮，我一一介绍，孙萍不停拍照片上传，和听众互动。19点35分，直播节目打通我另外一个电话，广播直播和网络直播同步进行。

19点41分，长征七号点火发射，亮白色的尾烟比以往都大、都长。海滩上的欢呼声瞬间爆发，有人唱起国歌，有人唱起《歌唱祖国》，几乎每个人都举着手机，无数闪亮的屏幕沿着海岸线，汇成一道蜿蜒、灿烂的星河……

这一幕，被我们所记录，所传递，也让我们终生难忘！

天宫二号
——一轮明月伴“我”行

2016年是前所未有的航天大年。

9月12日，我又一次来到酒泉卫星发射中心，这次的任务是报道“天宫二号”空间实验室的发射。窗口时间正是中秋节晚上，出发时，我特地背上了10盒杏花楼月饼。

距上次来，隔了四年，基地里大不一样。最大的不同在于气氛，不像过去那么神秘、紧张，更加贴合它的另外一个名字——“东风航天城”，三万多居民生活在这里，城里有了4G信号，上网不再是难题；商业区里的超市琳琅满目，还新开起了珠宝商行；一到晚上，热门的烧烤店里一座难求；空地上，广场舞阵列齐整，气氛热烈；小公园里散步的人里，看着眼熟的没准就是哪位总师或院士……因为浓浓的烟火气，这座小城一下子显得鲜活、生动了起来。

连着两天，我抓紧时间，把东风航天城但凡能去的地方逛了个遍，为的就是给发射当天的“菠菜”直播准备“弹药”。9月15日晚上9点，距离发射还有一个多小时，“话匣子”直播在阿基米德上线。在我的面前，满月如盘，就挂在发射塔架的斜上方，戈壁滩上被撒上了一片亮银。

东风航天城的变化；黑水河畔胡杨林的风景；拜谒烈士陵园的所见所闻；

在公园里陈列的火箭中，发现上海航天当年研制的“风暴一号”……有了上一次“菠菜”的经验，这一回我提前列了一个大纲，从容地逐一展开。同时，还加强了和网友的互动，比如有网友问，中秋节基地里伙食怎么样，这一聊起来，时间感觉过得飞快。

临近发射，电话再度接进直播间，主持人是老搭档晓闻。这次发射，给我印象最深的是黑色天幕上的灿烂繁星，火箭在视野中越来越小，最终尾焰变成一个小点，成为星空中的一员。再一眨眼，彻底辨析不清了。星辰大海在上，人类何其渺小，我们何时才能挣脱地球母亲的襁褓，奔向文明全新的高度？此情此景，人的脑海中，很自然地会蹦出类似的宏大问题。这是在上海光污染的夜空下，绝对想象不到的体验。

顺便说一句，当晚庆功宴，最受大家欢迎的便是我背来的杏花楼月饼。

长 征 五 号

——这样的惊心动魄经历一次就好

2016年航天报道的收官战，是11月3日长征五号火箭在文昌的首发。航天业内有句话“火箭有多大，舞台就有多大”。被称为“胖五”的长征五号，身负托举空间站和嫦娥五号的重任，在我国的航天计划中，举足轻重。

11月2日，我匆匆结束珠海航展的采访，飞赴海南与孙萍会合。这一次的目标，是做一次现场的视频直播。这是报道长征七号时，心里就存下的念想。后续的天宫二号和神舟十一号，一个是深夜，一个是清晨。长征五号的发射窗口是傍晚6点，正合适！

长征五号的助推器是由上海航天研制的，故而这次采访，我们住进了基地。观看发射的地点，是距离塔架大约2.8公里，专门留出的一片空地，除了供基地内的各方试验队员，还安排了外部嘉宾。距离虽然比上次在海滩观看近了不少，但由于椰林的遮挡，反而没那么真切。好在现场四周都有大电视，播放塔架附近摄像头拍摄的实时高清画面。

当天的不同寻常，从一开始就有所体现。我们从宿舍出发的时候，就有消息说发射推迟一小时，但掌握一手消息的人都在指控大厅，联系不上。到达观看场地时，电视屏上显示发射时间仍为18点，塔架也已经全部打开。

于是，我们在“一直播”上的视频直播按计划提前一小时开始。到了17点40分，突然生变，电视上的时间显示和口令声全部消失。18点，塔架毫无动静。这时，我们的直播已经有3万多名观众，我和孙萍赶紧互换位置，她站到镜头前，我四处打听最新情况。

18点20分，有消息说发射程序中止，很可能要取消。家里的同事微信告知，央视之前也在做网络视频直播，但刚刚突然停止，画面定格在塔架的远景。我想，推进剂加注完毕，现在的火箭是个极其危险的“大炮仗”，不到万不得已，发射不会取消。过了10分钟，央媒的朋友传来消息“解决中，再等等”。

直播还在继续。19点，塔架依然毫无动静，现场观众有点焦急了。而我愁的是，接下来说什么好呢？正在这时，我们巧遇人群中另一个视频直播团队。一看，原来是腾讯视频的一位知名女主播，嘉宾也很强，来自中科院。于是，兵合一路，四个人打开“话匣子”……

19点30分，天色全黑了，空中开始飘起小雨，我把手机接上第二块充电宝。这时，我们已经聊到冷战时期美苏的登月竞赛。突然，短信传来，“窗口20点40分”。几分钟后，腾讯团队也收到同样的消息。虽然直播中，不敢透露这一信息，但好歹心里是有底了。这时，直播观众已超过20万。

20点20分，安静已久的电视机突然又有了声音，“20分钟准备！”现场一下子沸腾起来，“10分钟准备”“5分钟准备”“1分钟准备”。这时，电视里传来一声清晰的“中止发射！”大家一下子蒙了，还没等反应过来，“10、9、8、7……”最后的倒计时开始。

20点43分，长征五号点火。不愧是“胖五”，地动山摇，前所未有的震撼。眼看它拔地而起，在空中划过弧线，映红云层。手机屏幕上，却只拍出一团火球，根本看不清火箭的身影。但这毫不影响网友们疯狂点赞，留言刷屏，最终的观看人数达到33万！

人潮散去，我和孙萍走了40分钟路，赶回基地会议室。新闻发布会马上就要开始。进场一看，中国之声的直播台就设在角落里，运载火箭研究院的一位研究员直接被拽上了直播。这位专家非常兴奋，在话筒前有问必答，把火箭发射前液氧排空管道出现问题，以及液氢冷却问题一股脑全说了。

发布会匆匆而过，乏善可陈。但不到半个小时，中国之声的微信公众号就推送了直播节目的内容剪辑。很快，新华社、央视也照此口径发稿。“中国航天史上最惊心动魄”的这次发射，背后的故事能为公众所知，一方面固然因为航天事业越发自信和开放，但不可否认的是，中国之声的同行在背后力推了一把。

4个小时的视频直播硬撑了下来，但复盘时几不忍看。这样的惊心动魄，经历一次足矣！

采访航天，辛劳奔波，甘之如饴。出于职业使命，个人兴趣，更源于和中国最优秀的一群人在一起，是何其宝贵的学习机会！航天人身上，无论是系统性的思维方式，严谨细实的工作作风，还是与时俱进的进取精神和拼搏奋进的顽强意志，都让我耳濡目染中，收益良多。

经过我和同事们的共同努力，航天报道已成为上海广播新闻报道中的一块长板，但从航天事业的整体战略来看，我们经历的所有这些激动人心的过往，仅仅是宏大史诗的序章。空间站时代、深空探测时代、载人登月时代将接踵而来，更大的舞台、更大的挑战都在等待着我们！

作者系东方广播中心广播新闻中心采访部主任

在广播里　遇见更好的自己！

胡旻珏

“如果没有遇见广播，我会在哪里？”这个问题，时常会突然出现在我的脑袋里，答案五花八门，但没有一个能让我如今天这样满意。在广播里——我遇见了最好的自己！

我毕业于上海大学，在当时，它不算差，但绝不算好，尤其对于学新闻的来说。记得刚到电台实习的时候，看着几乎一屋子复旦大学毕业的前辈，我从不敢想，自己也能成为他们中的一分子。可机遇有时就那么奇妙，整整两年的寒暑假实习，或许我不是最优秀的那个，但我努力做最用心、最努力、最勤劳的那个。终于，我成了这个团队中的一员，我终于与广播结缘。

是啊，一个“缘”字，或许就是我和广播之间最恰好的形容——在很短的年限里，我收获了很多，遇见了最好的自己。那么，我能给广播带来什么呢？

我们常说，记者是时代风云的记录者、是社会进步的推动者、是公平正义的守望者。我们手里的笔和话筒，不仅要会记录，更要能够发现和传播，带着“使命感”，怀揣着“家国情怀”，从“百姓视角”出发。

十多年的一线采访，我有过许多难忘的经历，采访过不少国家大事，可如果只能选一件来说我与广播的故事，那一定是《带着感情去拆违》。不是因为这篇报道得了多大的奖，而是因为那一平方米一平方米带给老城厢居民的幸福，不仅让我记忆深刻，甚至重新去看这份职业、这份使命。

我至今清楚地记得第一次走进老城厢居民老林家时的场景。因为采访老城厢地区的拆违，所属的黄浦区小东门街道工作人员带我去了他家。他的妻子动过两次癌症手术，唯一的儿子是渐冻症患者，一家蜗居在10平方米左右的老房子里。当时，他的妻子躺在床上，儿子坐在轮椅上，两个人都背对着我，没有说一句话。就在那个当下，我甚至不忍心上前去说些什么、问些什么。因为我要采访的主题是“拆违”，拆掉他们一家在屋外人行道上搭的一间很小的违法建筑，那是他们家的厨房间，真的很小，只能放一个煤气灶和几口锅，人进进出出都得侧着身子。

这样的居住窘迫，就真实地发生在上海的中心城区。这个被称为“魔都”的国际化大城市，有热闹的南京路、繁华的淮海路、高大上的陆家嘴，可也就在这些高楼大厦的背后，或许一个转角就是一大片的危棚简屋，是上海最典型的老城厢。每天有成千上万的居民要倒马桶，要去公共浴室才能洗澡。所以在老城厢，会看到许多家庭因为迫不得已搭建了一些违法建筑，多出的那2平方米他们可以放一张床，1平方米可以摆个煤气灶，或者仅仅是0.5平方米就能有个站着洗澡的地方。

2015年9月，上海拉开了一场全市范围内的环境综合大整治，其中对于违法建筑，尤其是安全隐患突出的必须拆除，老城厢就在这个范围内。因为先天条件太差、违建集中，几乎每年都有火灾发生。不拆，肯定不行。安全隐患突出、城市更新步伐加快，老城厢的面貌和环境都亟待改善；但拆，那真的也是动到了居民的骨头里。在小东门街道总共要拆除的20万平方米违建中，拆除的点位多达2 000多处，其中80%都是老百姓基本的生活设施。就是在这里采访时，街道书记周诚的一句话打动了我。他说，在老城厢一定要“带着感情去拆违”。因为这些违建的背后，是每家每户实际的居住困难，只有理解并且愿意帮助他们去解决这些实实在在的困难，拆违才能得到大家的理解，甚至是支持。

什么叫带着感情拆违？向来是铁腕推进的拆违工作，还能带着温情和感动吗？我和同导老师在老城厢扎根了下来，跟随街道工作人员为帮助居民解决居住困难，一次次跑、一家家看、一个个方案选定的全过程。比如老林家，街道最初是想能不能因地制宜地在家里改造一下，一个月里他们去了老林家5次，可地方就这点，不可能把煤气灶放在床边。后来直到第六次上门时，街道偶然发现老林家的隔壁是一间出租房，面积差不多6平方米，办法就这样想出来了。很快，由街道出面把房子租了下来，然后改造成厨房间和卫生间，免费给老林家使用。采访结束时，老林拉着我说了一句话，他说："一辈子的梦想是能有个烧饭的地方、有个洗澡的地方，从没想过也从不敢想，竟然是拆违给拆出来的。"

不仅是老林家，在老城厢，几乎家家户户都感受到了这样"带着感情"的拆违，他们中有的是在自己屋内因地制宜地进行改造；有的是街道拿出自己的房子，分割成厨房间、卫生间；还有的是街道向市属单位租房，打造综合性服务设施，集中提供公共厨房间、家庭式浴室以及洗衣等一些其他服务，居民不用掏一

作者在采访

分钱。

正是这样将心比心，带着感情、怀有真情去拆违，上海开展环境综合大整治以来，累计拆除违法建筑1.45亿平方米，相当于1 035个人民广场。三年多来，没有发生过一起群体性事件，既依法依规以理服人，又体恤民情帮民解困。

就在前几天，我在朋友圈里看到一篇文章，是“检察日报”微信公众号刊登的一位基层法官写的，题目叫作《其实你办的不是案子，而是别人的人生》，给了我很大的触动。是啊，我们写的也不只是报道，这些字里行间有着采访对象们的诉求、困难和心愿，更有着他们的作为、担当和情怀！就像在《带着感情去拆违》的背后，我们更希望告诉大家，当看到周围环境在越变越好时，千万不要忘记，这里面——是无数基层干部付出的巨大努力！是许多一线人员忘我的工作状态！是他们即使面对种种困难，也从未想过放弃的信念与坚持！而再往深一步，政府和百姓之间，虽然有时是管理与被管理、执法与被执法的关系，但彼此间更有着深厚的血肉关系，它不仅连起了双方沟通对话的桥梁，生动体现了各级政府部门为民办实事的初心，更是上海认真践行城市管理“要像绣花一样精细”的真实写照。

今年是我记者生涯的第十三个年头。有时我也会问自己，为什么当记者？为什么还在当记者？答案同样有过许多——我们每个人都有自己的精彩，我们每一个岗位都在庄严接受祖国和人民的检阅，这种检阅未必是在镜头前、在聚光灯下，但一定在我们每个人的心底里！而只有记者这个职业，能让我记录下这些精彩、感动与美好，更能透过我们，让这些精彩、感动与美好走向更多地方，变得愈加美好。

作者系东方广播中心广播新闻中心采访部首席记者

引子与回旋

瞿　懿（渠成）

恭贺上海人民广播电台成立70周年之际，我已从事广播电视播音主持工作近33年。

我于1986年11月15日正式入职上海人民广播电台播音组，担任播音员。

自1949年上海人民广播电台成立并设播音组以后，我是最后一个考进的。

我进播音组的第二年（1987年5月），上海人民广播电台下设新闻台、文艺台和经济台。

我去了经济台，继续主持《新闻气象》和《为您服务》，另主持《市场旋律》，播报《经济纵横》。

1992年10月28日，成立了与上海人民广播电台平级的上海东方广播电台。

我去了“东方台”，与晓林共同主持上午9点至12点的《上海潮》节目，共同开创了期中一个小时的栏目“热线急诊室”。

这，成为日后《渠成热线》的雏形。

1986年入职后，我有幸目睹、参与了新中国成立后的上海人民广播的状况和建设。

我更有幸经历了自1987年上海人民广播电台分台后至今的历次改革，见证了上海广播事业33年来的枯荣。

我现供职于上海东方广播中心，受颁“荣誉首席”，任播音主持专家小组首席播音指导，并主持《渠成热线》节目。

纪念上海人民广播电台建台70周年，是分内之事。

依嘱写点什么。

可提笔时，一时无从写起——写些什么呢？

最后，我觉得，还是应该写写我是怎么考进上海人民广播电台担任播音员的。

我不是学播音专业出身，而是学财务会计专业——1985年至1986年（考入电台前一年）在虹口区副食品公司最基层的舟山路门市部当会计。

我是地道的本地人——祖籍上海浦东川沙张桥（现与金桥合并）——尽管出生、成长在浦西。爸爸到现在一口浦东本地话。

我没有任何北方语言背景，从小到大的老师中也没有普通话讲得好的。所以，学播音的难度可想而知。

记得，高二的时候，我立志将来当个播音员——那是在1982年，我时年17岁。

有了这个志向以后，我每天怀揣着字典，只要看到字，就翻字典和发声。

上海人分不清平翘舌、前后鼻音。我便将字典里字的读音进行归类、整理，并苦记，还勉力攻克儿化前鼻音和后鼻音。过程苦不堪言，但乐在其中。

记得，妈妈用省吃俭用攒下的钱，给我买了一台单喇叭的录音机——那可是个宝贝！

每天早上7点和晚上6点，我把上海人民广播电台的新闻节目录下来，之后找来当天的报纸，再把自己播的声音录下来，而后两者顺序播放，前后比对。

后来用得时间久了，把录音机的磁头都磨掉了。

1984年，上海青年朗诵大赛举行。

尽管只获得了三等奖，但我是最年轻的获奖者。

1985年，上海人民广播电台从2 000多名参赛者中挑选出500人，集中进行播音培训。

担任播音基础指导的是陈醇、杨磊、王丽三位老师。

那时侯，我刚从学校毕业上班不久。

我每天早上4点起床，工作到傍晚5点30分。晚饭来不及吃，急急地挤电车从沪东的提篮桥赶往沪西中山公园附近的沪西工人文化宫去上大课——车程两个小时。

上完课，再倒三线公交车，回到位于沪北五角场的家，已经深夜11点30分了。

吃几口冷饭，就着台灯看会儿书，耷拉着眼皮睡觉。

天天如此，历时半年。

再后来，电台从500人中选了30个人，送到淮海路上的上海社会科学院进行培训。

半年以后，又从中挑选了6个人，归到电台受训。

每次披着星光离开电台，我总要转身看看巨大的招牌和站岗的军人，心想，这也许是最后一次了——那时候不再通知你来了，你也就被淘汰了！

幸运的是，我居然成为唯一留下的人，进入播音组担任播音员。

正式到上海人民广播电台报到，实现梦想——那是在1986年11月15日，我时年21岁。

从我立志当播音员，到考取、担任上海人民广播电台正儿八经的播音员，历时4年。

讲一个插曲。

我后来知道，当时电台党委决定：针对6个人的播音强化培训终结，并让每个人准备新闻、通讯、评论稿件各一篇，实录时长达到半个小时的播音素材，供领导和专家评审——其实就是检验三个阶段的培训效果并根据当前的实际水平，一锤定音。

录音时，另5位伙伴录音结束后，我最后一个出场。

当时给我们录音的上海人民广播电台播音组组长杨磊老师突然告诉我："小瞿，开盘机的倒带键坏了。不能倒带，也就不能错播再重录了，你吃的每一个'螺蛳'都会被录下来。"

我听完，腿都软了——播30分钟的语言量不吃"螺蛳"，天方夜谭吧？！

正规播音员也未必做得到啊，否则还要倒带键干嘛？！

可是，当时是由不得我的，只能硬着头皮上了。

另5位伙伴是我实际上的竞争对手，但此时纷纷宽慰我："别紧张，顶住，加油，加油！"

就这样，我进入了录音室，调整了一下呼吸，向隔窗的杨磊老师点了点头。

红灯一亮，正式录音。

整整半个小时，我一直在播稿件，没有机会抬头看窗对面的杨磊老师和伙伴们。

等最体现播音基本功的"三大件"一播完，我整个人瘫坐在椅子上，浑身湿透。

待我抬头，看见杨磊老师在向我招手，意思是让我出去；而伙伴们则互相拥抱，纷纷向我竖大拇指。

会合后，伙伴们纷纷把手张开给我看——掌心里都是汗！

天可怜见——我整整半个小时的播音，没有吃一个"螺蛳"！

带教我们的杨磊老师乐不可支，用力地拍我的肩膀，很疼。

后来，杨磊老师将录音播放给台长、副台长和前辈播音员等审听，还特意将我半个小时没吃“螺蛳”的细节告诉了各位领导和老师，说“这个小鬼心理素质好，能用”。

没过多久，电台党委决定：只留下我一个人担任播音员。

天呐，简直太幸运了！

那时，考取播音员太难了，但一出声，就出名了！

入职几年后，我开始怀疑这可能是个“阴谋”：杨磊老师会否故意说倒带键坏了，从而考验我的心理素质？

再后来，我渐渐醒悟——除了幸运，还有个原因，我年龄最小，当时才21岁，可以被多“奴役”几年，而伙伴中的电影表演艺术家魏鹤龄的儿子魏远（好久不见的老阿哥）已经三十好几。

当时流行座右铭。

我想，我的座右铭该是“苦心人天不负，三千越甲可吞吴”。

如果换个洋气点儿的，那就是孟德斯鸠说的“机遇只偏爱有准备的头脑”！

好了，我走上播音主持这条道路的经历，大致老实交代完了。

一晃，我在广播电视播音主持岗位上干了将近33年。

人，有几个33年！

在这些年里，我也许是主持过最多类型的广播电视节目的主持人，其中主持得最长的是《渠成热线》，已然26年。

而《渠成热线》也许是以个人名字命名的广播电视节目当中存续期间最长的。目前，这个纪录也将由我来刷新。

蒙上天眷顾，我荣获全国主持人“金话筒”奖、中国广播影视大奖、上海市范长江邹韬奋新闻奖，成为上海广播电视首批首席主持人，并荣晋播音指导（正高级）职称。

我感谢上海人民广播电台对我的培养。

我坚定地认为，我所取得的一切，皆因听众、老师和同人对我的宽容和进而鞭策。

曾经有年轻人问我 :“播音主持，到后来比什么?”

我的回答是 : 首先，要明确播音主持岗位工作本质属性是传播而不是艺术，艺术只是其特性 ; 其次，播音员主持人音色好、语音纯正、伶牙俐齿、反应敏捷等只是准入条件，到最后比的是思想高度、学养深度和涉猎宽度 ; 第三，坚持，唯有坚持——任何事，要么不做，要么做到极致!

最后，我想说的是 : 播音主持，并不是播音主持本身!

尽管干了些年后我也曾彷徨过，但，毕竟撑了33年，后悔也来不及了。

还是坚持吧，并常怀敬畏和感恩之心。

一切的美好，皆拜上海人民广播所赐!

我对上海人民广播的美好未来，充满期待!

作者系上海人民广播电台播音指导、首席主持人

我的欧美流行音乐广播岁月

陆　明

1982年，上海有了全国第一个调频立体声音乐栏目《立体声之友》，开了传播欧美流行音乐的先河。那一年的8月，我离开大学校园跨进电台，先在节目组从事古典音乐唱片翻译，后在交流科参与外事接待，因我学的是英语文学专业，也算得上是专业对口吧。而能让所学更有用武之地的，却是与1988年《立体声之友》结缘。这档栏目的当家人冯秉友老师给我最深刻的印象是“巧妇善为少米之炊”，当时外国流行音乐资源匮乏，他却能从听众中广采博取，让星散于个人手中的音响资料为大众所欣赏，依然把节目办得有声有色。我从他那里学到了很多东西。可以说是冯老师把我领进门的。

1989年11月，冯老师猝然去世，我在仓促中接手《立体声之友》的责任编辑。我在组里老编辑和同事的帮助下，从内外两方面入手重整旗鼓。所谓“内”是指在增强节目的广泛性、趣味性和时效性方面做足文章，同时力求在节目的制作方面出新。所谓“外”则是指组建歌迷会，还在《立体声之友》播出第500期之际策划、组织了一次全市性的“英语歌曲卡拉OK比赛”。当时听众踊跃参与，在炎炎烈日下报名者的队伍排成长龙的情景，至今仍令我记忆犹新。这节目外的功夫对提振听众的热情和我们编辑的信心都起到了积极的作用。

1993年3月，我产假刚过，转而投身刚成立不久的东方广播电台音乐部，一去就硬着头皮上直播。那时还没有网络，找资料，觅唱片，定主题，全得自己来。记得当初我同时上手《Hafi金碟》《威娜之夜》和《欧美流行音乐杂志》三档节目，每天两个钟头直播，采编播一手包揽，还得加上翻译，并一度在音乐电视台主持《巨星Fantasy》节目。那时我们与外国同行的交流空前活跃。在东广的10年间，单是由我参与翻译、编辑并主持的外来节目就有《美国排行榜40佳》《RTL排行榜》《世界排行榜》和《休闲爵士》等多种。

从1998年7月起，我接连做了《世纪回眸——奥斯卡金奖歌曲巡礼》《欧美流行音乐百年巡礼》和《世纪之声——格莱美经典回顾》等好几个系列专辑。在持续了5年之久的综合栏目《今晚八点》中，通过“过去的好时光”“星海瞭望”“音乐彩虹”“乐海荡舟”“乡村漫步”“同曲异韵”和“历史上的今天”等多个子栏目，全面展现欧美流行音乐的景观。当时找资料远没有现在这样便利，我就利用各种可能的途径，如多次上门请教翻译家薛范先生，甚至向远在海外的朋友求援。1999年，美国轰炸我驻南斯拉夫使馆事件发生后，我还特意制作了欧美反战歌曲专题《高扬起和平的旗帜》。东广的10年，可谓是我音乐编辑主持生涯中浓墨重彩的一笔。

从2000年起，我先后三次担任格莱美颁奖典礼实况转播的策划和解说。特别是首次转播，除了事先瞅准时机，多次联络沟通，落实起来头绪很多。我们制定了周密完善的前期宣传计划；开设网页，进行网上竞猜，并提供详尽的提名歌手及歌曲资料；还在广播电视报上刊登竞猜选票。后来由于我们的赴美签证出了点问题未能成行。但考虑到东方台的形象和我们对听众的承诺，我们采用了应急方案——人不去照样转播，而且要转好。我连夜与美国方面联系、协调；技术人员也设法借到了所需设备。在各方面的共同努力下，我们终于克服了意想不到的困难，如愿以偿地完成了首次格莱美奖颁奖典礼转播任务。

2002年广播频率化改革以后，我的工作重心转向监制和古典音乐，但有一

作者主持《怀旧金曲》听众联谊会

档栏目——《怀旧金曲》却始终不忍割舍。《怀旧金曲》是东广与两位资深爱乐老人——香港的查理林和上海的王奕贤合作的产物，这是一档以欧美老歌为主调的怀旧音乐栏目，几乎与东方台同时起步。我在节目第200期以后担任监制。从第400期以后接手编辑和主持。听众的厚爱、两位从古稀迈向耄耋的老人为之倾注的心血，始终是我办好这档栏目的动力所在。随着所属频率、人员几经变迁，这档栏目的运行完全由我独自承担。在平时尚不觉得吃力，但每逢节目播出满50或100期举办听众联谊会，就觉得有点力不从心。但这种无奈总能被听众朋友对联谊会的郑重其事、热情洋溢；老人欢聚一堂，一派温馨和谐，其乐融融的景象；同事的积极襄助所化解。甚至因场地限制无缘参与的听众的抱怨，也会使我生出些许感动和慰藉。从1992年到2016年，《怀旧金曲》栏目坚守了24年，总共播出1 200多期，还从播出的上万首曲目中精选了百首，出了一本歌集。直到2016年8月，《怀旧金曲》才因频道专业化和栏目调整的关系而停播。

改革开放之初，在上海音乐广播的格局中，欧美流行音乐堪称空白。记得1988年上海电台文艺台举办首届“国际音乐节目展播”时，我和同事专门出差北京，到好几个国家的使馆征集节目。最终也只争取到来自13个国家的近20套节目参加展播。曾几何时，如今外国流行音乐资源丰盛，百花齐放，渠道畅通，各种菜单应有尽有，甚至专辟了一个全天候播送欧美流行音乐的调频频道。2004年之后，我与欧美流行乐基本脱钩，在专业古典音乐频率“经典947”从事监制与管理工作。抚今追昔，作为曾经的弄潮儿中的一员，我为能经历和见证流行音乐广播的发展与繁荣，始终倍感自豪与欣慰。

作者系上海人民广播电台经典947副总监、一级编辑

我的广播职业生涯遇见的两个“第一次”

何红柳

我30多年的职业生涯很单纯，一直带“电”，从未离开过广播。但另一方面，又曾多次转岗，经历了很多的“第一次”。

1987年4月至5月间，从大学社会学专业毕业后，刚进电台当了不到一年编辑的我被上海人民广播电台副台长刘继汉找去聊了半小时，“听说你很喜欢音乐呀”，让我说说自己在听些什么音乐，喜欢谁的作品，诸如此类。记得当时我好像很得意地列举了一堆音乐家和作品的名字，还包括那段时间自己刚听不久的巴西作曲家维拉罗伯斯为女高音和八把大提琴写的《第五巴西巴赫风格曲》，我觉得那是当时能听到的最奇妙搭配的音乐。末了，刘台长说，你去组织科办下手续，调到我们新成立的经济台吧！几天后的5月9日，上海人民广播电台经济台在北京东路2号挂牌成立。

当年的经济台是为顺应改革开放促进经济繁荣，也借鉴全国第一家以“主持人直播，实时播报”为主打的珠江经济台的经验，改变了之前编辑写稿，播音员念稿录音员录制然后送机房播放的广播流程，由播音员直接进入直播室播读稿件。当时经济台的节目安排，白天基本是服务于民生的各类节目，文仪阿姨、蔚蓝阿姨每天不仅对着话筒亲切地跟听众唠嗑，还开始接听众打来的互动电话。当时最火的流行语非“是我吗”莫属。心怀新奇的听众给电台打电话，从话筒里听到那种令人焦心的忙音嘟嘟嘟是常态。手气好的时候竟然拨通热线，然后就是等待，当听到主持人亲切地呼唤“你好”的时候，那种惊喜，在一声“是我吗”中表现得淋漓尽致。而广大听众在听到各种年龄不同语音语调的“是我吗”时，也会发出会心的微笑。

经济台的夜间节目除了有点歌、播读人们送祝福表达心意的设置，还开出了以专题性音乐播放为主的《音乐茶座》。节目开播伊始，我作为一个编辑为播音员写稿子。我的直接领导王庄和李平很鼓励我这等既非新闻采编专业也非音乐学专业的年轻编辑找一条可持续发展的路子。于是，我每天不断脑力震荡，试图将自己之前正儿八经地拉过几年小提琴的经验、听过的各种能“合我意”的作品和读过的各种音乐书籍开始重新分类，组合成不同的专题。如：把当时自己爱听的罗德里戈的阿兰胡埃斯协奏曲、莫扎特单簧管协奏曲、莫扎特长笛与竖琴协奏曲、布鲁赫G小调小提琴协奏曲等的第二乐章，汇编成“柔美的第二乐章”。这种做法，目前已经是司空见惯了，但在当年的音乐广播中，并没有先例可循，算是自己边摸索边实践。经过一段时间，感觉自己默默地从实习生慢慢成长为爱钻研新意思的实干型广播从业女青年。

或许当时的播音员还不太适应在直播状态中念我编的稿件。毕竟这些我喜欢的曲目和音乐家对那些不怎么熟悉古典音乐或热门流行音乐的播音员同事来说会有些障碍，所以有时也会发生直播中口误或放错曲目的状况。于是有一天，领导说，不如你自己试试吧。于是，一个从小喜欢听无线电广播，总惦记着要钻进这个奇妙的盒子里的女孩，就这样开启了每天坐在话筒前嘚吧嘚吧的日子。

诚惶诚恐的播音小白，觉得意外的是，开播不久，几乎每天都能收到听众的来信，“你的声音很亲切，蛮特别的，跟其他人不一样”，“你普通话不标准”，“你做的节目很好听”……在这种鼓励和批评的鞭策下，自己每天就像上足了发条，每天的直播里有用不完的劲儿和用不完的奇思妙想，“只要想得到，就能做节目”。我遇见了广播的好光景。

那些年的直播室，音频是以盘带的形式来播放。不管我们的原始素材是卡带还是密纹唱片，都需要去制作间“转录”后才能使用，而直播室里一般是有“调音员”协助主持人来播放这些盘带的。因为时间、温度、湿度等影响，盘带会出意外状况，最常见的问题就是飞出来“打了面条”，也就是缠绕在盘芯上的磁带不安分地离开原有的轨迹，张牙舞爪地出来占地盘。此时，需要训练有素的技术人员在最短的时间里把看似毫无头绪的“面条们”弄到“碗里来”。这种不明原因的断带事故常常让直播中的广播人束手无策。“有问题，靠自己”，从小养成的习惯在遇到这种情形时“小宇宙爆发”了。我自己也置办了一套技术人员使用的专用剪刀和胶带，用废弃盘带反复操练。终于，我可以在直播室里独立语音播出和盘带播放，名正言顺成了上海人民广播电台第一代“采编播合一”的直播音乐节目主持人。

作者在《星期广播音乐会》现场

早些年工作中的这些经历和积累，也为我此后工作中的多次转岗打下了基础，勇于尝试勇于实践，去做自己以前不曾做过的工作，也因此适应了电台广播事业的不断发展。

近十多年来，我有幸参与中国历史最悠久持续时间最长的《星期广播音乐会》的策划制作运营，还与伙伴们一起创办了中国售票体量最大的户外古典音乐节——辰山草地广播音乐节。这个非赠票的古典音乐演出系列，从无中生有的项目策划到演完的结案报告，过程中要经历申请基金，跟经纪公司、艺术家、供应商签合同，演出曲目的中文及原文标题，到音乐会的介绍文字，新媒体的延展推荐，与场地方及供应商的合作沟通到票务销售，艺术家接送，细到整个项目推进的流程节点安排，最后是演出时的舞台监督……这些经历，完全够我编撰一本“古典音乐演出的葵花宝典”。记得陈接章先生退休前半开玩笑半认真地说，你一个人就是一家演出公司啊。有时觉得自己也真是个女超人，是个万能的狗皮膏药。这种事无巨细的繁琐工作真正地磨人。当然，听到外界对自己默默做着的这些项目给予好评时，还是很欣慰的，得意时，就自诩为是“后台台柱子”。

作者系上海人民广播电台经典947副总监、一级编辑

从小朋友到大主播：我的广播梦我的广播路

高山峰

在你的年少时代，课余时间爱玩些什么东西？大部分男孩应该是玩拼装赛车、游戏机或者是各种球类运动。我比较异类，我把蜡烛、激光笔、手电筒、三夹板和鱼线什么的堆在一块儿玩。你肯定会很好奇，这些玩意有啥好玩的？在我十二三岁那会儿，我就是用这些东西搭出了一个又一个“舞台”。

这张图（见下页“作者设计的舞台草图”）是我当年设计的一个舞台草图，虽然看起来很简陋，但在我的想象中，它非常豪华且机关重重——它是一个四面台，有六块表演区域，还有升降台和炫目的灯光设计。它的制作工艺很“复杂”，需要一些三夹板、502胶水、钓鱼线、橡皮筋和手电筒等。那时的我完全沉浸在自己臆想的空间里打造这样的舞台，这是一个“小破孩”设计制作的一个“大工程”。而十几年之后，我实现了我的梦想，成了一名真正的舞台导演。

“小破孩”的大梦想

这几年我担任的是《东方风云榜》音乐盛典颁奖晚会的总导演，从设计草图到搭建到交付使用，整个舞台从无到有，呈现出一台绚丽夺目的大晚会。这是过去26年里整个华语乐坛最有分量的排行榜之一，也是每一年中国大陆地区最权威、最具可看性的一台音乐颁奖典礼。

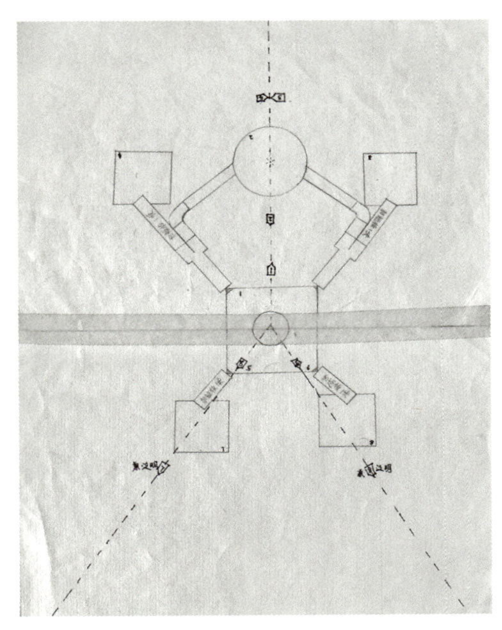

作者设计的舞台草图

说起我跟《东方风云榜》的渊源，要始于22年前，也就是第五届《东方风云榜》，此后我们之间的缘分就再也没有间断过。还记得一开始在导演组里，我真的就只是一个打打杂的小朋友，其中有一项工作令我印象深刻。当年的“最受欢迎男女歌手”奖项是几千名观众现场投票产生的，在观众入场并勾选投票后，就由我们一群小朋友挤在一间小房间里，用最快的速度统计出结果。在那个还没有手机投票的年代，我们做的就是分组唱票计票的纯手工统计。计票完成之后还要有人“跑”一趟数据，为什么要用“跑”？因为当票选结果出来后，导演会从所有小朋友当中选一个“卖相”最好的，让他跑到台上把那张小纸条递给主持人，再由主持人宣布奖项的归属。

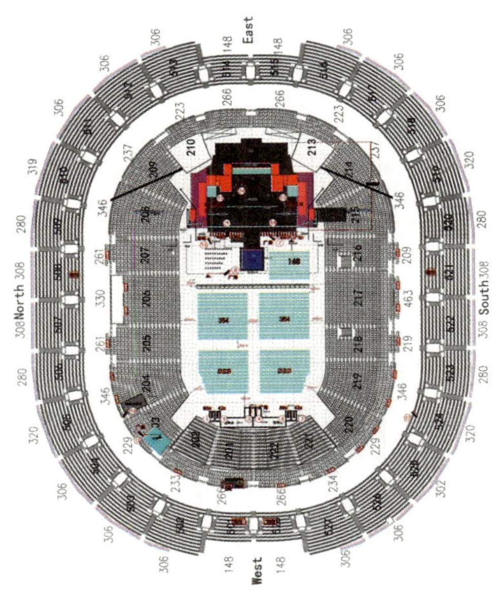

第25届东方风云榜音乐盛典 内场机位图

那个时候，应该没有人会在意一

Mercedes-Benz

东方风云榜

台晚会的背后有多少小朋友在一张一张地统计选票，但回想那时的工作，我真的是从《东方风云榜》最微不足道的事务做起。随着时间的推移，包括艺人接待、现场导演再到整台晚会都由我和我的团队来操盘打造，这真是一个非常奇妙的过程。

阳台上的“直播间”

或许90后都不知道walkman是什么玩意儿，但这个小小的“随身听”却成为我走向DJ之路的重要伙伴。

玩舞台搭建的时候我还没想过有一天能成为一个真正的舞台导演，但玩walkman的时候我就已经立志想要当一个电台DJ。当时的启蒙是因为十几岁时接触到了港台流行歌曲，听的都是9.8元的卡带。每一次做完作业我都会躲进阳台的角落里，在那里长期放置着一把高椅子和一只小矮凳，布帘一拉，这个小角落就变成了“直播室”。我用walkman播放歌曲，说些有的没的，“制作”属于自己的广播节目。虽然是自己瞎主持，但我也有对标的对象，当时几位著名的DJ秋林、林海、隋蕾、阳阳等都是我的电波偶像，而我也找准了一个目标，就是我最喜欢的音乐节目主持人秋林。

我一直给她写信，每次听完节目就写，这期节目我听下来觉得哪里好、哪里不好之类的。后来有了电话，我还会打电话给她：“哎呀秋林，我听了你今天的节目，你今天播的那首歌特别好听！”“你今天好像状态不是特别好，我听到你吃了八个螺蛳！”后来想想，主持人听到这种电话通常都会翻几十个白眼吧，而我却坚持不懈地一直在做这样的事情。最终打动了她的“芳心”，我收到了节目组的邀约，可以作为嘉宾来上节目。1997年11月3日，我终于来到了广播大厦——

我心目中的圣地。

梦想从“小”实现

进了电台、做了一期节目，并不代表就此就开启了我的主播之路，一开始的那几年我做的都是最基础的工作，如编辑、制作、活动策划，等等。事实上，对于“小朋友”而言，这些已经算有一些技术含量的工作了。更多时候，“小朋友们”都是在帮忙取快递和拿外卖。

从1997年到2005年，我一直很希望能够有一档属于自己的广播节目。但这个梦想直到2006年，也就是我踏入广播大厦9年之后才得以实现。那档节目叫作《九点人来疯》，每周一到周五晚上在新娱乐调频直播放送。凭借自然真诚的主持风格和轻松有趣的节目内容，这档节目迅速吸引了大量学生听众，不但拿了收听率创优的总裁奖，甚至还有粉丝帮我组织了一个听上去很高大上的专属粉丝团。我当时的感觉就是:“哇，我已经是人气DJ了，好开心!”然后上各种电视节目、开心网、微博粉丝互动指数也极高，我觉得自己最初的人生梦想已经实现。

美好的梦如果能一直延续固然幸福，但媒体人对变革的自驱力似乎从未停止。留在舒适圈?不存在的!

我的变与不变

2010年，除了做主播之外，我还踏上了管理之路。身份发生了变化，初心却依然炽热。2011年，“动感101”敢为全国先地进行了播出模式的主动变革，从原来主持人自己决定每天放什么类型的歌曲、放几首歌曲，变成统一由频率来编排歌曲，这是一个中国音乐广播的颠覆性变化。我们专业的术语叫“格式化音乐电台”。原来你听广播可能会发现，在中午听高山峰的节目时，他会播放一些很阳光很快乐的歌曲。而到了下一个小时的主持人他喜欢摇滚，再到下一个小时的主持人喜欢的是爵士，那你就会听到整整一个小时的摇滚乐或爵士乐。这样的情况下，你说主持人的个性能被凸显吗？可以！他的节目风格能被大家记住吗？当然可以！但是这家电台的风格就是支离破碎的了。在格式化编排歌曲之后，我们由听众决定到底播什么样的歌曲，让一个频率只呈现一个整体的风格。

因此，即便我是这个频率的总监，我也不能再决定放什么歌曲，而是全部由听众说了算。这也是为什么这几年上海的音乐广播，在整个上海乃至全国的广播市场出类拔萃的原因。当然，同时也要感谢的是地利。广播地利是什么？在上海就是车多路堵。我们的听众在车多路堵的状态下，就会有更多时间在车内收听我们的节目。

做广播二十多年，有些不变的执拗我也延续了二十多年。比如，在动感101，我提出每个DJ都必须把歌曲放完整，做不到的主持人甚至会被扣钱。为什么我把歌曲放完整看得那么重要？举个例子，你在一家餐厅吃饭，菜刚上了没一会儿，你正吃得开心，服务员突然就把餐盘收走了，请问你的感受会是如何？场景换到你听广播也是同理，我无法接受美好的音乐欣赏因为任何原因中途被打断，这不专业，而且很残忍。

还有不变的就是，怀着感恩的心服务每一位听众。再举个小例子，我要求主持人和新媒体编辑要回复听众的每一条私信。为什么要回复？因为听众是我们的衣食父母，他们的需求是我们应该要满足的责任。比如说，很多听众会问，几点几分你们放了一首什么歌？以前的主持人基本不搭理，因为他觉得没有义务回答。但我说你有，因为你回复他了，他下次还会来问你，当他下次来问你的时候意味着什么？意味着他还在听你的节目。

所以我们的观念逐渐转变为，从原来的高高在上的大主播变成我们是陪伴你的好朋友。陪伴是我们存在的价值，如何做好陪伴也是现在大部分电台的最大使命。让所有的听众觉得，主持人就是他的朋友，主持人可以为大家带来最新鲜的资讯，播放最好听的歌曲，甚至给他提供很多很好的奖金和奖品。你对他好，他也会回报给你好的收听率表现。这点，很公平。

20年一晃而过，我也从一个小朋友成长蜕变为一名管理者。在上海人民广播70年的历史画卷中我只是一个小角色，但我自豪的是，从小事做起，却实现了自己最大梦想的好角色。

作者系东方广播中心主任助理、广告中心主任

这里是上海

丁　芳

“这里是上海”是我所在的上海交通广播的一个公益品牌。

“这里是上海”对我个人而言，则是在上海一路成长的万千感慨。

千里挑一的选拔

上海，是父母的故乡，落叶归根是挡不住的思乡之情。

由于患有严重心脏疾病，病退回沪的父亲特别希望我也能回到上海，担负起照顾父母的重任。然而当时年纪轻轻、在新疆工作得风声生水起的我则犹豫不决。一来当时作为新疆最年轻的全国“政府级别”一等奖的获得者、多个省级一等奖获得者，以及刚刚被评为市三八红旗手、市青年岗位能手，破格评为中级职称，前途一片光明的我正意气风发；二来上海人生地不熟，谁都不认识，到上海能做什么呢？则心里丝毫没底，因此对父母的建议犹豫不决。

2000年底，恰逢上海人民广播电台面向全国公开招聘，于是抱着试一试的想法，我和据说近万名年轻人一起报名应聘。经过笔试、复试、现场采访、英文口试、领导面试等五轮考试，最终成为被录取的五人之一，我们五人当时被大家戏称为“千里挑一”的录取者。记得当时同为应聘者的郭亮（现今上海著名主持人）在第三轮考试后对我说：丁芳，看你的现场采访，如果这招聘没有猫腻，你肯定能考上。我的确考上了！

公平，是在上海生活近二十年来，这座城市留给我最喜欢的理由之一。

回望上海广播，像我一样通过考试，过五关斩六将，通过自己的综合实力留在广播的，如今已经成为广播的半壁江山。老一辈的有当年招我进台的台领导王幼涛老师，到中生代一批上海滩优秀主持人渠成、小林等，到现如今上海广播栋梁计划中的一大半成员，都是历年通过公开招考留下的佼佼者。如今上海交通广播、动感101等频率的一批优秀年轻骨干谭智尤、高嵩、晓君、小畅等都是近年“明日之星”选拔赛的佼佼者。

海纳百川、追求卓越、开明睿智、大气谦和，这里是上海！

8个中国新闻奖

在上海广播奋斗了18年，上海这个大平台带给我这个媒体小兵众多梦寐以求的新闻采访机会：抗击非典、防范禽流感我在一线，汶川大地震、三峡大坝合龙我在一线；中国2010年上海世界博览会、亚信峰会、首届中国国际进口博览会我在一线；APEC会议、博鳌论坛、连宋大陆行等我都在一线……

十多年一线的采访、重大新闻事件的报道，不断助我成长，帮我提高。

在上海媒体的18年时间里，我获得了8个中国新闻界最高奖——中国新闻奖。

时常有人会问我：“别人一辈子获得一次中国新闻奖都很不容易，你是怎么获得了8个中国新闻奖的？”这个问题被问得多了，也促使我很认真地去思考这个问题。的确，获大奖的因素很多，比如，洞察力、分析力、新闻敏感、社会责任等，但我深知，还有一个非常重要的因素就是：这里是上海！

这里是上海，是中国改革开放的排头兵、创新发展的先行者；这里诞生了

新中国成立后第一家交通广播、第一个土地批租项目、第一个自贸区……这里有一批勇立潮头的弄潮儿，这里有精彩的中国故事。上海是中国的高地，也是新闻的富矿！能够在上海做记者，是幸运儿。

记得获得第一个中国新闻奖一等奖的作品是《召回“新政策”也是进步》，当时这篇稿件的出炉，跟席卷中国的那场突如其来的非典疫情有关。

2004年下半年，上海有关部门出于对市民健康的考虑，下发文件说在6月前关闭50平方米以下的小饭店。然而开办和光顾这些小饭店的大多是最普通的老百姓。这个文件的下发一时间在社会上“一石激起千层浪”。当时作为卫生条线记者的我发现了这一现象，准备以内参的形式上报。9月28日，在市政府召开的例行新闻发布会上，新闻发言人在发布会上巧妙地将这一规定收回。当时，新闻频率的领导立即意识到这是一篇可以好好做做的大文章。我受命进行采写这篇报道：执政为民怎么体现，民有所需怎么解决。

正是上海市政府实事求是、勇于担当的管理态度，“给”了我人生的第一个中国新闻奖一等奖。

而第二个中国新闻奖一等奖，则源于全国轰轰烈烈的严禁酒驾产生的良好效果。广播综述《严禁酒驾带给社会的启示》，从酒驾入刑，全国严禁酒驾取得的全国上下有目共睹的成效出发，进一步引发到：与酒驾一起入刑的“食品安全问题”却不见有大的转变，原因究竟在哪里？为什么严禁酒驾能取得巨大成效，而很多困扰公众多年的食品安全问题、渣土车问题、违章搭建问题、环境保护问题等老大难问题却不见好转，严禁酒驾带给社会怎样的启示？

习近平总书记提出，城市管理应该像绣花一样精细，精细化管理就是要探究问号背后的答案。这则评论被评为当年上海新闻奖一等奖，报送了中国新闻奖的评选。

余生很短，为喜爱的事情坚守并倾尽全力

我很喜欢一句话“愿你眼里有星辰和大海，心中有勇敢和深情”！和我一起成长的、要好的媒体小伙伴，粗粗算来，如今离开媒体的已经有一半之多。有人说，走的都是人才；我想说，留下的很多是精英。

在上海的18年里，记忆中有不下5次被“挖”的经历。其中有政府部门、有世界500强企业、有上市公司、有响当当的民企……最接近的一次，某上市公司董事长在两年的时间里不断说服我去他们公司。高管、年薪百万、手中每年有数亿的投放金额……条件不可谓不优厚，自己也曾有过一丝的犹豫，但是片刻犹豫之后还是选择了留下。

传统媒体虽然当下艰难，但因为是自己所爱，所以愿意为她坚守。作为当下的媒体人，我们是幸运的，我们也是要承受巨大压力的。幸运，因为我们亲身经历着一个巨变的时代。新技术、新环境、新模式、新渠道等让我们不停地认识、了解、学习和运用。压力，也因为我们亲身经历着巨变，快速的变化令我们不知所措和失去方向。

记得2013年，我们在美国学习时，那位授课的普利策奖得主的经典话语："我们一直在努力地向前跑，然而我们也不知道终点在哪里。"

我们在跑，留下坚守的每一位广播人都在努力地向前跑。

我32位交通广播的同事，在每天繁重的采编播工作之余，还要参与全年七十多个大的活动；新进员工，除了主持、采访和编辑工作，还要参与新媒体和1057TV的工作；12套广播频率的同人也通过精耕细作节目，通过"阿基米德""话匣子"等新媒体平台，通过"广播节""东方风云榜""辰山草地音乐节"等一个又一个大型活动，在寻求未来广播发展的路径和方向……

我们这些广播人，在很用力地向前跑，这是一幅何等动人的职业画面。

"上海广播，向上的力量！"

"我们眼里有星辰和大海，心中有勇敢和深情！"

当年，泰戈尔在清华演讲时说："你们有什么是可以从自己的民族里拿出来，送给这个世界的礼物？"

我时常会想："我们有什么是可以从自己这里拿出来，送给我们坚守的职业？"

传统广播面对互联网大潮的强力冲击，一直在顽强地寻找融合与突围之路。虽然很多人走了，去了欣欣向荣的新媒体或朝阳产业，但还有很多的我们留守着、坚持着！

然而，广播人该如何坚守？如何乘风破浪？如何让传统广播在新技术、新渠道、新时代焕发勃勃生机？我想，上海这座城市其实给我们很多启示。

路途艰险，"赤子心"是个勇敢的答案，也是希望所在！

作者系东广新闻台长三角之声频率总监

Love Radio，给上海一点声音的温度

陈又俐

广播自新中国诞生之日起，一直单向地传递着政府之声。随着社会发展，尤其是改革开放40年以来，广播逐渐趋向多元化、多维度和多层次的传播方式，以适应日益繁荣的社会发展。广播的资讯化、商品化、娱乐化等次生属性，随着社会商品经济的蓬勃发展也日益丰富起来，但在精神生活领域，当年的广播却只有零星几档情感节目，像孤岛一样散落在城市上空。正是在这个形势下，Love Radio应运而生，填补了大都市情感传播的空白，为身为长三角区域核心城市的上海，为越来越多新移民的上海，为越来越充满活力的上海，用声音传播的方式为这座城市增添了一抹情感的温度。

记得那是在2005年的夏天，频率里的伙伴都在为当时还是FM103.7寻思一个更有温度的称呼，有三位小伙伴不约而同地想到了Love，这个既简单又明了还充满想象的词，就这样Love Radio在2005年的8月8日诞生了。为了使这个称呼更深入人心，台歌孕育而生，朗朗上口，家喻户晓，黑夜白天，听见你的最爱，103.7正以全城最有爱的电台出发，让上海更温暖。

爱是多维度的，恋人之间的爱情，朋友之间的友情，父母对孩子的关爱，赋

予社会的慈善之爱，留恋青春爱的回忆……充实在我们日常生活中！

爱情是在情歌中听到最多的，有些回忆是共同的，有些爱是不会随着时间流逝而淡忘的，Love Radio世界爱情地标，和听众共同去追寻年少时的快乐。2016年正值《东京爱情故事》25周年，主持人和听众一起来到东京，沿着完治和莉香的足迹感受着电视中的场景。几乎所有的团员都是“东爱迷”，这场旅行现实比剧情更甜蜜，恩爱夫妻，热恋情侣，结伴闺蜜，回来时已变成相亲相爱的一家人，翻看当年的图片，结尾写到东京之行刚刚结束，有爱的人们已经在期待下一场美丽的相遇。

同样和钻石小鸟合作的每月2日Love Day，让你的表白上头条，很多来自听众的录音会唤起心中的美好。520爱的骑行活动，和听众一起骑着复古的自行车，在世纪公园周围画了一个充满爱意的心形，听众感慨：“我和老公都是有点内敛的人，平时一般‘我爱你’这样的话不好意思说出口，今天跨出了这一步，我相信今后的日子会更甜蜜，Love Radio，让听众感受到了名副其实的爱心，谢谢你们的付出！”

Love Radio播放的是情歌，而爱赋予了103.7更多的社会责任。策划的慈善活动传递社会正能量，Love Radio助力“星星的孩子”陈正桐圆梦。当时我们在内地最大的观光厅金茂大厦88层，背景是蓝天白云下的上海全景，特别为小朋友准备了莫扎特钢琴馆的稀世珍藏双面钢琴，当陈正桐小朋友奏响第一个音符时，好多听众的眼睛湿润了，付出努力帮助孩子圆梦，这一刻是开心的。孩子，总是快乐的源泉，Love Radio邮轮亲子活动，50组家庭精心打扮成各种可爱的卡通造型，一起听船长讲邮轮知识，一起画画，一起经历台风，听众纷纷感叹这真是一次海上奇妙之旅。

Love Radio呈现爱的多元化，填补空白，是青春记忆的维系。由大白兔冠名的爱的时光派对，第一年请来的是20世纪80年代迪斯科皇后张蔷和张行，第二年请来的是汪明荃，这样的主题派对，激发了听众的热情，纷纷感怀“在Love Radio的时光隧道里，留下的是我们永远的青春！”连续两年Love Radio举办的最

作者（左二）在《最爱金曲榜》排练现场

爱金曲榜，把众多金曲的幕后功臣请到了台前。传唱度最高的华语歌曲《月亮代表我的心》的词作者孙仪老师，讲述了歌曲创作时的情形。原本已被作曲者丢弃的旋律，经孙仪老师填词后，缔造了华语歌坛神话。这样的故事在最爱金曲榜中屡屡出现，让听众重温青春再现的美丽。

Love Radio通过播放的一首首情歌，举办的一场场活动，传播着情感，体现了改革开放40年以来人民对于精神的需求。我们以爱的名义，服务于听众，让人民的生活更加美好！

作者系上海人民广播电台Love Radio103.7总监

Love Radio，我们爱你！

《最爱金曲榜》节目组

“今天最让我感动的是《月亮代表我的心》的词作者孙仪老先生的登场，他在现场朗诵这首传世之作的时候，我差一点都哭了，他都89岁了，还那么充满激情，我想这就是音乐的力量吧！”

“今天来参加最爱金曲榜音乐盛典，我想在现场听品冠演唱《哄我入睡》和《疼你的责任》，因为这两首歌见证了我的青春，希望今天在现场听他唱，来温暖我的心。”

“今天最让我感动的是周蕙那一段，节目组那么用心，去台北录制了VCR，她的唱功真的好，现场听和CD里完全一样。VCR播完以后她哭得泣不成声，我觉得她很专业，哭完以后还能那么完整地演绎《约定》这首歌，我想说周蕙不哭，103.7 谢谢你让我们在现场听到了我们自己投票选出的代表了我们青春的歌曲，Love Radio我们爱你！”

以上这三段语音采自2017年9月24日，西岸艺术中心，来参加第一届“Love Radio最爱金曲榜音乐盛典”的听众朋友们。“我们爱你”这简单的四个字，既是听众们对他们热爱的歌手的表白，更是倾注了他们对Love Radio 103.7这个广播电台无尽的钟情！

这是一个全年无休，每天24小时播放华语经典金曲的电台，喜欢这个电台的听众都是人到中年的社会中坚力量。打开这个电台，那些熟悉的华语经典情歌缓缓飘过，他们仿佛回到了自己的年少时刻，青春与热血瞬间让他们“满血

复活”。

FM103.7 是一个有悠久历史的调频，以前叫作上海人民广播电台音乐一台，2002年上海广播整合，专业化频率分工之后曾经叫过综合音乐频率。2005年进行频率改版，为了区别面向15—24岁年轻受众的“动感101”，15位团队成员一起商量，确定这个频率面向35—54岁的听众，播放经典的中文歌曲。应该给这个频率起个名字吧，叫什么呢？于是大家自发进行了投票，这其中好几位同事提到了“爱”和“Love”，因为华语情歌里几乎百分之百的题材都是爱，谁让“爱与死亡”是千百年来所有文艺作品的永恒主题呢？就叫它“Love Radio”吧。这是个双关语，既说明这个电台专门播放情歌，充满了爱意，同时“Love”作为动词的时候，又有热爱广播的意思，除了告诉听众我们的定位，又表示我们这个团队每一个人都热爱广播。

从定下来改版，到2005年8月8日，短短三个月不到的时间，上海的上空就多了一个24小时用音乐传递爱意的电台。我们用了国际上通行的类型音乐电台的理念，所有的歌曲都是经过听众调查，由音乐编辑统一编排，所有的频率形象包装统一制作，开创了当时上海音乐广播的新风气。其实要做出这样的改变，对于一个大部分都是资深音乐节目主持人的团队来说是要有很大的勇气的。

熟悉广播的朋友都知道，要维持一家广播电台的热度，品牌活动特别重要，一刻不停的搞活动是很多广播同行的共识。相比于兄弟电台“动感101”，1993年开始就有了重要的品牌活动“东方风云榜”，为动感101的腾飞起到了“火箭加速器”般的作用。而新诞生的“Love Radio”应该创造出怎样的品牌活动呢？上海音乐广播的传统新主持人选拔活动“明日之星”曾经很长一段时间作为103.7的主打活动，客观上也提升了品牌知名度，可是对于目标受众是中年人的电台来说，始终还是不那么贴切。如何打造一个专属于103的品牌大型活动，是103在2015年迈过广告营销亿元大关时重点思考的主要问题。东方广播中心领导要求103专心研发更符合频率调性的大型活动，比方说老歌的排行榜，也要做到

平常有周榜、月榜、季度排行，年底有一场大型的盛典。其实按照国际惯例，每一个面向年轻人的音乐电台会有一个有影响力的排行榜，但是专门播放经典歌曲的电台，没人办过排行榜，更何况是年度的盛典，这在国外同行也找不到借鉴和学习的案例啊？但为了实现这个目标，于是成立了节目小组进行研发。经过反复的讨论，大家感觉到103播放的老歌，听众喜欢的是背后承载的故事，也许这些故事会成为这些歌曲上榜的理由，于是就定了个主题叫作“向爱致敬”。103曾经还有个中文的品牌名叫做“最爱调频”，那干脆就叫作“最爱金曲榜”吧，就这样一档新的节目就诞生了。这是2017年6月，三个月之后的9月底就办首届的年度盛典。团队们又在一起讨论，“东方风云榜”音乐盛典每年的目标是盘点当年度最优秀的歌曲，现场是否火爆是评价盛典成功的标志之一，那“最爱金曲榜”的年度盛典特色是什么呢？后来我们觉得，如果让每个观众都能感动到流泪，可能这个盛典就成功了吧。我们真的在每个观众的礼品袋里装了一包餐巾纸，并立下目标，一定要让每一位观众把这包纸巾用掉，一张也不能剩，最后还真的做到了。这样就有了开头那些到场观众的感言，当然了，第一届的盛典除了有感动的眼泪，也有欢笑。

在策划的过程中，大家一致认为，这场音乐盛典一定要办成和每一位观众紧密相关的，所以在盛典上很多节目的大屏幕素材是听众的老照片组成的，这一张张照片的背后都是每一位听众精彩人生的再现，而103用了好几个月在节目中征集这些老照片，这些照片中曾经用过像“同一地点的10年”“我要回家”“我的初恋”“把你的青春借给我”等主题，而征集的过程就让听众对盛典充满了期待。由听众评选出的这些传世之作都是每一位作词人、作曲者的呕心沥血写就的，他们虽然知名度比不上现在的流量明星，但是同事们一直觉得要在舞台上给他们最闪耀的位置，所以才有了和世界上任何一个音乐颁奖礼不同，音乐创作者获奖的数量和歌手一样多，而且很多歌手说唱了这首歌这么多年，第一次在这个舞台上和原作者碰面，真是令人感动啊！

事实证明，《最爱金曲榜》是个很受欢迎的创意，第一年盛典的广告赞助款项就接近千万元，第二年在奔驰中心举办的盛典所有商业收入将近1 300万元，和《东方风云榜》一起成为东方广播中心最具商业价值的大型活动，自然第三年也取得了更好的商业回报。而103将近一整年都围绕着最爱金曲榜办歌唱比赛、和听众做主题征集活动，节目内容也真正做到了来自听众，并且感动听众，让这些本不新鲜的原材料焕发出新的活力，而让这活力再度焕发的，正是每一位听众最精彩的人生故事！

我和东方广播的故事

韩　清

小时候，我和外公外婆生活在南通，外公有一台半导体收音机，每天早晨，我会在这台收音机的新闻节目中醒来，外公告诉我，那个女声叫胡德兰，很有名的，印象中，新闻即将结束时，会播报外汇牌价，尽管那时我并不知道外汇牌价是个什么东西。那时候，最喜欢的节目是相声和小说连播节目。

小学毕业后，我到上海，和父母一起生活，父亲有一台7管的半导体收音机，通常不用内置的2号电池，而是外接一个电池盒，用4节1号电池供电，这样可以用很长时间，慢慢地，这台收音机就变成我的最爱，经常晚上要听到很晚，记得有一天晚上，电台播了一首叫《胡笳十八拍》的古曲，一点也听不懂，但我仍然听到"今天全天播音到此结束"。而中午是必须听完小说连播，然后奔跑着去学校上课……

我与广播的缘就这样越结越深……

终于，1992年9月19日下午，我正式走进了北京东路2号的大楼，虽然以前因为播音的培训、考试、临时录节目也来过，但那次完全不一样，因为，我将作为正式一员，在广播里发声了。

1992年10月28日，14点30分，我以“听众朋友，大家好，这里是东方广播电台，中波792千赫，欢迎收听《与你同行》节目……”开启了我的广播生涯，那年我28岁。迄今为止，我与上海广播已经共同度过26个春秋，其间的酸甜苦辣、幸福、欢乐、彷徨在此无法一一列数，所遇之人，所历之事也无法一一细述，仅择一二，以志上海广播70周年华诞。

一、知遇之恩的老师

张培是我1992年最后复试时的考核老师，她最终决定了我的去留。我在东方广播电台最早的主打节目是《与你同行》，但同时也参加了比如《东广早新闻》《相伴到黎明》等众多节目的播出，但印象较深的还是和张培老师一起合作的节目《119祝你平安》和《半个月亮》。

《119祝你平安》是东方广播电台和上海市消防局合作的节目，每周日中午12点播出，这是一档向市民宣传消防知识，普及消防技能的节目，所有的稿件都是由消防局宣传处撰写，所有案例也由其提供，通常理解，只要照本宣科，也无大碍，节目也可以轻松完成。但在张培那里却不是这样，虽然是大腕，但每周日11点前，她是必到台里的。她会带着我，一边备稿，一边和消防局宣传处的警官商量如何改稿，如何才能把消防知识更好地传递给听众。

记得有一次在介绍火灾如何逃生时，原稿介绍了几种方法，但比较条例化，通常听过也就忘了，张培就说，最好能有些例子，于是当时宣传处的李刚处长就给我们介绍了好些例子，我们就在节目中把如何用浴巾浸水，封住门缝防止烟气侵入；用浸水毛巾捂住口鼻，爬行逃生等方法一一呈现，效果出奇的好。如何用通俗易懂的方式为听众服务，是做好广播的基本要求。我就是这样在前辈的引领下慢慢成长起来的。

张培给我的另一个深刻印象是她对文字演绎的处理。《半个月亮》节目是一档晚间的文学欣赏类节目，也在周末播出，而且是直播，节目片头的录音还是我播的，这在当时大有受宠若惊的感觉。记得有一次，在备稿演绎一篇散文时，我通过放慢速度来强调逻辑重音，而不是像惯常的利用重读法，张培让我停下来，原以为，她会要求我按惯常法重来，结果她说：你这个方法很有特点，我很认同，文学作品的演绎就应该通过不同的方法来加以表现。鼓励、不以固定程式要求，而能发挥自有特点和长处。这话让我受益匪浅。

二、坚持为听众服务

说到双休日节目，其实我是做过很多的，当年周日下午，我在领导支持下，开设了一档法律栏目《东方剑》，市有关部门也给予了积极支持，每周都会有各路法律界人士轮流做客节目，但一段时间以后，总觉得有点隔靴搔痒，社会反响不大。

东方广播电台副台长陈接章给我出主意：广播是一个大众化传媒，要深入

作者近影

老百姓，虽然现在节目的案例有警示作用，但为老百姓服务的功能太弱了，节目最好要能解决老百姓的实际问题，这也是一种普法教育。

于是，陈接章副台长帮助联系了市律师协会，最终选取了10位律师，开设了《东方大律师》节目，嘉宾基本固定为李国机、郑传本、傅玄杰3位年长律师，以及朱洪超、陶武平、鲍培伦、王国忠等5位中年律师，另外还有钱丽萍和徐威2位青年律师。10位律师，老中青结合，且各有所长，各有特点，节目一开播，即引起轰动。

节目是1995年4月开播的，开播当天，我们借上海市中福会少年宫大厅做现场直播的开播仪式，直播开始前慕名前来咨询的听众就已经排起长长的队伍。在我简单的开场白并介绍了在座的10位律师以后，首先咨询的是一位长者，在女儿搀扶下，什么话也没说，直接跪在李国机律师面前，让我一下子手足无措，原来他有一个长久未能解决的法律问题，由于不谙法律，一直没能解决，以前总觉得律师是高不可攀的，没想到东方广播电台把大律师介绍给他们，并免费为他们服务。他的这一跪，让我深感广播为听众服务的意义。

《东方大律师》开播以后，影响太大，除了每次节目热线电话爆热外，听众来信也不断，最后不得不在节目后面专门辟出时段，解答听众来信。节目的火爆，也引发了另一个细节，有其他律师给律师协会和东方电台写信，指责“大律师”用词不妥，因为“大律师”在香港是一种职称，是一种地位象征，将这10为律师称为“大律师”，是对其他律师的贬损和不尊重，对其他律师的从业带来极大的影响，要求取消这一节目。后经多次解释说明这只是一个节目名称，并非称号，并随着时间推移，此事才慢慢得以平息。

1997年9月，我从东方电台综合节目部调到金融部，一周以后，在当时部门主任张鸣的支持和帮助下，我开设《个股天天点播》栏目，当时对证券金融，我其实是一个“小白”，能不能做好这档节目，我一点把握也没有，但当时证券信息资讯远不及现在发达，很多投资人甚至是听着广播的个股报价或者股票机来买卖个股的，怎么改变这一状况，我们想到了动用社会力量，免费为听众提供，我们请证券分析师为投资人分析报表，为股民解析技术形态，我还几次把节目搬到营业部，更近距离地接触、服务普通投资人。自然地，节目获得了空前成功，每个交易日的12点，FM977的节目成了最受欢迎的节目之一，很多同事和朋友告诉我，这个时点，上海的很多小区乃至门房间，到处都传出我们节目的声音。

如同《东方大律师》栏目一样，我们热情地为听众提供了服务，听众也会热情地回报我们，调查显示，《个股天天点播》栏目长期位居上海广播TOP20之列，这对一个专业频率的专业节目而言，相当不易。

现如今我也算是个老广播人了。然而对于广播我仍有坚持不懈的追求，因为广播有着无限的生命力。无论我，还是后来人都当为此不懈努力。

作者系上海人民广播电台第一财经广播总监

无悔的选择　青春的歌
——我和上海广播的故事

魏雪雯

人生中有很多偶然，充满了未知的精彩。

未曾想过，把工作做成了兴趣，乃是人生一大乐事。

也未曾想过，一个学财经的，走进传媒的大门，一干就是15年！

选　　择

2003年春节刚过，收到了一个面试电话，电话那头的声音很好听！后来才意识到给我打电话的人是广播主持人呀！电话那头，一位自称990新闻频率姓路的男声（大家应该能猜到是谁吧，哈哈哈），给了我走进虹桥路1376号面试的一个机会。我努力回想，才记起来2002年底光大会展中心的大型招聘会上，我曾经“扔”了一份简历到当时的“上海文广新闻传媒集团”的摊位上（人太多我根本挤不进去）。居然就这样，接到了路军老师的面试电话！后来的后来才知道，自己的简历是从1 500份简历里挑出来的！（此处应有掌声……）

当时的我，作为一名上海财经大学的毕业生，已经和中国银行签约，妥妥地在家里放寒假，坐等7月的“金融人士工作”的开始。那时候的广播，是在寝室里陪伴我左右的朋友，是我去自修的时候陪我走在校园里的伙伴，《990早新闻》更是我在家里被叫早的“闹钟”。去广播电台面试？我其实不太敢相信这是真的。于是，怀着好奇、崇敬、激动的心情，我走进了广播大厦大门。后来，接受了面试、实习、集团考试、领导集体面试……当拿到“上海文广新闻传媒集团（SMG）”的offer，我犹豫了。我还没正式上班就要去中国银行“辞职”了？

有人说，人生有选择是好事呀！在广播大厦七楼实习的三个月，我认识了对工作特别投入、能力特别强、我的入门师傅海滨老师，认识了极其优秀的《晚间新闻》栏目组的小伙伴们，认识了那些匆匆忙忙、进进出出的采访部的老师们，打心底喜欢这个环境、这个工作氛围、这里的人和事！

后来，Follow my heart，我做了选择，那时候，“非典”时期刚过，我辞去了中国银行的offer，和广播签约了！

再次回归

2007年到2013年，我短暂地离开了广播，还是那位2003年的时候给我打电话的路军老师，引荐我到集团人力资源部工作了6年多，然而，都说缘分是一件很玄妙的事，有的时候，在人生旅途的道路上，你总会和“命中注定”的美好再次相遇。是的，拿下两个硕士学位，成为两个宝宝的妈妈之后，我的华丽转身迎来了新的挑战，2013年底，我重新回归广播，和上海广播一起迎接融媒体转型的挑战。

见到了老同事、老朋友，也结识了新伙伴，接触了新项目——《直通990》。这是上海广播新媒体改革的一个“先行者”。虽然人不在广播很多年，但是广播的动态那是关心得紧！海滨老师一手创办《直通990》，我是从2011年5月27日开播第一天就开始听。2013年《直通990》成了集团首批全媒体项目组，开始了融媒体试点，我就在这个时间节点上，来到了直通990新媒体项目组。

再次回到广播，我发现几年时间过去，广播节目无论从内容到形式，都有了很大的改变，如何拓展思路，在新的媒体融合背景下做好广播？我开始了自己的“补课”，找到之前的师长求教，和各路媒体朋友沟通，转换思路，从之前的主持人思维、编辑思维上突破成长，尝试用运营思维面对新课题。这当中的故事太多了，几年下来，有上百场活动，几十个项目，“社区大讨论”、开发App、微信公众号启动等，我们做了很多的尝试，全面投入了全媒体运营项目的广播生涯。那些全媒体项目中，我特别想说说我和“为好人点赞”的故事。

为好人点赞

“为好人点赞”是2014年3月5日起在广播栏目《直通990》中推出的，最初的想法，是想让广大市民发现“好人好事”、发现美、发现爱，征集大家身边的好人故事，没想到推出之后，引起了社会各界的强烈关注，各行各业的好人故事，通过电波传递到整个上海的上空，也成了上海广播一道温暖的风景线。

内容的传播只是一个开始，我们采用了创新的制播方式，把这些

作者在《为好人点赞》典礼现场

真实的好人故事，通过剪辑包装，制作为一分钟的短音频宣传片，这也是上海广播短音频产品中较早推出的大规模产品系列，每天一条“为好人点赞”，全年不间断，在上海新闻广播多个点位同步推出。一时间，给“直通990打电话，为好人点个赞”成为很多市民争相去做的文明风潮。有太多太多暖心故事，留在大家的心中！

做好事不留名的快递小哥发现小区有火情第一时间报警，挽救了一幢楼的安危；80岁的退休医生每周给小区居民提供公益健康检查；热心小伙见义勇为救下即将出车祸的“低头族”；私家车车主降雨天气不计回报送老人回家；居委会志愿者帮助糖尿病病人对抗病魔；医生义卖字画为患者筹集手术款……在这里，我们听到了太多老人跌倒被路人扶起，听到了有太多丢了钱包失而复得的故事，听到了太多看似平常的举动却让受助者感动不已的“举手之劳”……

这些一个个发生在身边、发生在上海的好人故事，通过“点赞”让全社会看到了一座城市的爱心涌动，见证了一个城市的暖心温度。

于是，我们越做越有信心，试想，形式和内容可以更有影响力吗？能否再有创新？2016年，直通990工作室成立，为了探究“为好人点赞”的发展方向，我们多方联络，从政府资源、社会资源、广告资源等方面多方拓展，寻找新路径。“为好人点赞”到目前为止，大致经历了三个阶段，第一阶段是广播传播阶段，我们着力把广播内容制作好，通过广播节目进行传播。第二阶段，是新媒体融合阶段，我们通过阿基米德、微信的多元呈现，让之前只能听的好人故事，可以阅读、随时传播。第三个阶段，就是全媒体立体传播、开展整合营销、商业价值体现的一次勇敢尝试。

以2017年“为好人点赞”系列内容为例：1个团队，10个人，跨2个部门，2个品牌商，200万整合营销，15万政府购买服务，365个短音频，50+期“为好人点赞”微信特刊，5.5万+文字稿件，150万+次新媒体端浏览量……这些数据是在多年持续不断的创新开拓之后努力拿下的。

也正是在这样的创新过程中，我们敢于开拓创新，打破部门壁垒，开始了深度跨部门合作。节目团队、广告团队、新媒体团队、现场执行团队……只有10个成员的高能组合经常华丽转身，充分展现了团队成员的复合实力，成为东方广播中心跨部门合作的成功案例之一。我们推动实施了“全年线上传播+年底线下盛典”的完美融合方案，在阿基米德、微信、微博等新媒体平台，各种新媒体包装方案不断上线，累计获得了近200万次互动点击量，例如创新邀请“全国十省新闻广播总监”来推荐“好人故事”，为“点赞”拉票，“为好人点赞”迈出了“走向全国”的新步伐！

广播，已经不再仅仅是广播了！

广播节目，也早就不是简单的内容传播了！

一个每天1分钟的“为好人点赞”板块，有上海市文明办、上海市志愿者协会的全程关注、有优质品牌“优倍”“天海邮轮”的青睐、有来自全市的普通市民的挂念……公益品牌的强大影响力再次升级，社会效益和经济效益实现双丰收！就在2018年，“为好人点赞”获得了2018广播超级碗活动优秀案例和ADMEN广告人国际大奖——内容营销金奖，再次被业界肯定！

尾　声

说到这里，我只想说，如今，我早就分不清什么是工作什么是兴趣，因为，我特别幸运地把工作做成了兴趣，每天带着满满的欢乐走进广播大厦，满满的幸福感！感谢上海广播，给我舞台，给我空间，让我发展进步，实现自己的职业理想。

如果说上海广播是一条长河，那么我的这15年，也不过只是长河里的一朵浪花，回望过去的这些年，已经成了我青春里美好的旋律，我很幸运，青春岁月和上海广播一起成长，在面对每一次选择的时刻，都有无悔的青春号角在吹响——上海广播，向上的力量！

作者系上海人民广播电台广告中心副主任

为生命喝彩
——金话筒奖选送作品采访札记

林曙东（晓林）

1999年4月18日的那个星期天，原本一次寻常的采访，让我意外感受和见证了一次生与死的纠缠搏杀，婚礼的喜庆和病魔的肆虐在同一个家庭同一个空间进行，生命的狂欢和死亡的逼近，不可预知的喜剧还是悲剧的结果，使这一天的采访成就了一个特别节目《为生命喝彩》，也因为这个特别选送节目，让我获得第四届全国广播电视节目主持人金话筒奖，作品同时获得第九届上海新闻奖和上海广播电视奖。在纪念上海人民广播电台成立70周年的时刻，思绪又回到20年前的那一天，当时如何发现这个题材，如何采集这些素材，最后如何整理、编辑、撰稿、配乐，完成整个作品的，想起这些恍若昨日……

我一直在想，假如没有这个电话，或许就没了这部作品。

那天和新闻部的张穗通话，我对她聊起的一个即将举行的特殊婚礼发生了兴趣。这是个提前两年举行的婚礼，原因是癌症晚期的父亲想在弥留之际目睹女儿披上婚纱、成立家庭。市癌症协会为此已忙了一个多月，专门组织协调，帮助这一个普通的癌症患者完成他最后的心愿，而这个临终关爱的婚礼将在那个星期天举行。

一边是医院病房，临终前的父亲；而另一边是喜宴大厅披上婚纱的女儿……且不说那天还会发生些什么。就这，已经足以打动我了。

我说，我们应该去。

星期天一早，我依然背着三机：采访机、照相机和超8摄像机。

我们先赶到了曙光医院病房。

癌症患者刘步湘刚拔掉针头，艰难地洗脸梳头，步履蹒跚，更衣系带。一切都静静地进行着，静得有些可怕。不像去参加婚礼，倒是像在做与世诀别的准备。于是，便有了我节目中的这段感慨："就为了今天一天，父亲将要跨出的可能是他连自己也不曾想到的每一步，他能坚持住吗？他能坚持到最后吗？当女儿在《婚礼进行曲》中走向生命新的开始的时候，父亲不正在向着生命的另一头匆匆赶去吗？"

我们自然想知道此刻父亲的真实心情，尽管有些残酷，也尽管陪在一旁的癌症俱乐部的养理事关照采访不要超过30秒，但刘步湘还是气喘吁吁地给我们说个没完。他异常平静的表情告诉我们，他是做好一切准备的，参加女儿婚礼只是他最后四个心愿中的一个。之前，他已经完成了和离异14年的妻子单独待上几天的愿望。女儿是他一手拉扯大的，所以，看女儿成家便是他最大的心愿了，而且，今天他还要坚持回蓬莱路的家，完成接送女儿的仪式。

我们又即刻赶往南市的女儿的新房，边采访女儿和女婿，同时拍摄下了一袭婚纱的女儿扑向父亲怀抱的动人场景：沸腾的蓬莱路和喜悦的左邻右舍。许多人其实并不知道这场喜庆背后的一切。

对于这一幕，我们原以为刘步湘的前妻会保持沉默。然而，对着我们的采访机，她还是控制不住哽咽的声音，这是难得的一段真实情感和人性的流露。它成了节目中不可或缺的素材。

下午3点，我们又领先一步赶到肇嘉浜路上的好望角大酒店。客房被布置成临时病房，曙光医院为此派来了特别护士全程护理。带来了全部抢救药物的许主任医师告诉我们真相：病人能不能如愿出席今晚的婚宴现在还不能保证。言下之意，父亲随时可能离去。如果是这样，那么女儿的婚礼不就……

我们简直不敢想象。输液管又插进了刘步湘的静脉中，我们跟着一起紧张起来。

而此刻在另一个客房，女儿的临时洞房里却欢天喜地，癌症俱乐部的病友在市癌症协会会长袁正平的带领下，连午饭都顾不上吃，在赶着布置新房。他们已经考虑到了可能发生的一切，特意调来了两台摄像机，一旦病情恶化不能行走，将用电视转播的方式，让躺在病床上的父亲也能从屏幕上看完女儿婚礼的场面。

这样的场面几乎就要发生。

4点50分，刘步湘的病情果然恶化，抢救开始。

婚宴大厅成了紧急会议厅，方案在调整。然而，顽强的生命力和对实现心愿的渴望使刘步湘又一次挺了过来。而出乎我们意料的是刚刚苏醒的他，没有想着自己，却幽默地在和抢救他的医生调节气氛。我们录下了刘步湘这段催人泪下的话：这一顿喜酒你要好好吃啊，你如果有酒量的话要和他们好好地拼。我们这里有一个团长名叫朱学民，他真的是“海军上校”，哦，他那酒量天下无敌。

5点25分，医生请病房里的所有人离开，开始为刘步湘注射10%葡萄糖；

作者近影

5点45分：婚宴大厅的所有人静静等待刘步湘；

6点整：刘步湘从电梯口出现，在离大厅10米处，他从轮椅上站起，步入大厅，宾客掌声四起，婚礼开始。

刘步湘面带微笑，艰难地拿起话筒，定了定神，好像在用生命的最后力量，一字一顿地说："我现在就正式把我的女儿交托给林先生（女婿林宇），希望他能够宽厚、爱心。"

"宽厚和爱心"连同掌声在大厅回荡，而刘步湘随即被推出大厅送回医院。

作者近影

俱乐部原打算随后为他举行一个"为生命喝彩"的活动，就是在他弥留之际，让他和病友一起翻翻照片，看看录像，回忆人生最美好的那段时光以及和病友们的友情。

我和张穗一直等着那一天。可当我外出采访回来时，等到的却是刘步湘同志追思会的消息。我随即赶到市总工会翻看录像，采集追思会的素材。在那儿，找到了泣不成声的女儿关于爸爸和春天的缅怀，听到了病友满怀深情地朗诵刘步湘生前写就的诗，“我走向大海，浪潮不息，揭示着生命的坚韧。我爬上高山，群峰屹立，象征着精神之永恒……”我知道，我找到了我节目的结尾。

当我回台将素材整理、编辑、写稿、配乐时，当时现场采访中的许多无意间发现的东西竟成了我可以咀嚼和回味的素材，一个专访是怎么炼成的，真应该有个小结：

（一）保持敏感

先降低“燃点”，别怕多愁善感，多些感性，让自己容易被打动，然后再理性地分析和整理，同时要找出打动人的理由，因为能感动我的，未必就能感动你，这样容易主动发现题材。对于我，得感谢张穗那个电话。

（二）亲临现场

听人转述的感受，当然没有亲临现场目击一切新鲜动人，它不仅为你带来第一目击的描述，并为你以后撰稿收集第一手资料，包括采访者本人对现场反应的情感记录，遇突发事件时，随现场变化而变的提问等。那天，连赶三个“场子”，医院、家里和婚礼现场，包括主人公离世后，去总工会翻看录像带，都为了感受现场。

（三）细节观察

病房里的刘步湘挣扎起身时的表情，痛苦的笑；周围人的眼神，对他对我们说话的不同语调；刘步湘对着话筒录音时的那一声轻微的呻吟；女儿扑向父亲怀抱时的那一声甜而凄楚的“爸爸”。这些被捕捉到的细节，在文字的描述中既提供了感情的依据，又增加了生动的形象。还记得在他家门口，当护士准备将他推上轮椅时，危在旦夕的刘步湘却一边嘟囔着“要撞坏轮椅的”，一边执意要下车。我暗暗为之动容，一个濒死病人，此刻，怎么还能为一辆轮椅的被损担心？死亡到底对他意味着什么？就是类似的这样一些细节，让我处处看到了他面对死亡所表现出的令人难以置信的平静和泰然，一种人格魅力。同时，我随身带上的

“三机”，我的超8摄像机同时也摄下了动人的婚礼场面和所有的细节，全方位的采集，使我拥有翔实的材料和全息现场，为之后的撰稿提供了情景再现的细节。

（四）颠覆自我

出发前，曾有主观构思（必要的），本想着力刻画癌症俱乐部为病人所做的一切和关爱。但在和刘步湘的不断接触中，他本人对死亡的那种大义凛然感动了我，这使我改变了初衷。我觉得，它也一定能感动听众。之后，作品的叙述便又增加了一条线索，即表现刘步湘本人人格魅力的细节描述。

（五）素材选择

选择是痛苦的。辛苦采来的素材都想要用显然不可能，忍痛割爱。该多的多，该少的少，该不用的坚决不用。有人说，节目里袁会长的话太多，但我不觉得。首先，他本人也是癌症患者，他说，容易打动人；其次，“爱心活动”他是发起人，了解全过程，加上他有语言特色；再则，他说的是新观念，并不是大道理。我说，未必有他说得好，所以让他说。太长，可做技术处理，比如，我将它分了段，放在两个合适的地方出现就不显得冗长。

（六）被动主动

这里我指的是被动录音和主动提问。那天采访，我提着“三机”，摄影拍照，为捕捉环境和细节，常处于被动。好在张穗的主动，有了许多难得的录音，比如前妻的声音等。有时，场面的严肃悲壮，使提问和提问者显得尴尬甚至残酷。而此刻我唯一能做的大概就是跳出情境和情绪，“钢铁”是这样炼成的。

（七）意外发现

不要忽视意外发现，有时得来全不费功夫。尽管要下些功夫，专门赶去总工会查录像档案，却意外发现了远比我设计的结尾好得多的素材。另外，和妻子离异14年，其他三个临终心愿等，都是边采访时边听到的意外发现，补充后使作品更加丰满。

（八）未必要有结论

有些题材要有思想，有观点，有结论，而有些未必，或有，也不要喊口号。可议论，可感慨，可疑问，生死题材的作品是否应给听众留下更多的思考空间。

作者系上海人民广播电台东方都市广播总监

我的芳华

周晓方

“每个人心中都有一段属于自己的芳华，只有经历过岁月的洗礼，才能沉淀美好的芳华。”

——电影《芳华》

2017年春天，一个阳光灿烂的日子。上视大厦前的草坪上生机盎然。上海广播电视台正在举行“劳动光荣、创造伟大”五一主题活动和颁奖典礼。当王建军台长把金灿灿的上海市五一劳动奖章挂在我的胸前、把红色证书交到我手中时，我万分激动、心潮澎湃。我是上海传媒广告经营行业中首个获此殊荣的幸运者，我既感到光荣和自豪，又倍觉有一种压力和使命感。这份荣誉是广播给予我的奖赏，也是对我近20年辛勤耕耘的肯定。我连续7年在广播广告中个人创收每年超过3 000万元，最高纪录突破4 000万元；近十年来，我为上海广播创收累计超3.6亿元。一路走来，我能有今天的成绩，离不开领导和同事们的关爱和助推。记得20年前我刚被调往广告部时，我还真不愿意呢。

1999年，上海人民广播电台动员各频率推荐编播人员充实广告部工作。那时的我还是一名《世界音乐星空》节目的编辑。当被推荐去广告部时，我完全无法接受，认为做好节目能赢得尊重，去拉广告有点失身份。这时，李尚智台长亲自找到我，语重心长地与我谈心："趁着年轻，多尝试尝试，说不定能打开一片新的天地。尝试过、努力过，人生才不会后悔。如果努力之后还是不行，可以再回到节目部。"一席话娓娓道来，终于打开了我的心结。于是，在李台长的鼓励下，我鼓起勇气迈开了尝试的第一步。

我们经过短期的上岗培训，就开始面临业绩考核和指标的压力。我第一年的业务指标是100万元，那一年上海的住宅商品房销售均价只有3 102元/平方米。过去作为编辑，我思考的是如何做好节目，让听众喜爱；而作为广告人，我需要让客户不仅是认可节目，而且要付出"真金白银"为节目买单。起初我非常不适应，感觉自己总在求人。后来我试着转变想法，抱着寻求合作、互利共赢的心态去接触客户。我从做节目时接触过的客户入手，发挥自己熟悉频率、熟悉节目、熟悉主持人的优势，向统一食品企业推荐了我最心爱的《世界音乐星空》节目。

第一次约见时，客户负责人由于临时开会，未能前来。但我没有放弃。第二次拜访约在客户位于昆山的公司。当时的统一冰红茶与电台仅有过奖品赞助合作，而我大胆向客户推荐了《世界音乐星空》的节目冠名。凭着对节目的自信和十足的了解，我向客户详细介绍了节目的特色，从晚间播出时间，到节目收听主体与客户消费主体的高度契合，到听友俱乐部……10天后，我刚把书面方案传真给客户，就接到了客户的电话。第一笔业绩就此达成，50万元，完成了我第一年指标的50%。自此，我的信心大增。

当时，与我一起转岗到广告部的同事一共有七人，最终留下的只有两人。淘汰率之高，可想广告业务开拓的艰辛。我出于对广播事业的坚持和一股不服输的劲，逐年提高自己的业绩。第二年200万元，第三年300万元，到第五年已经完成1 000万元，迅速成长为一名优秀的广播广告业务经理。

正当我意气风发时，一场大病袭来。得知自己患了脑瘤的那一刻，我觉得天都要塌下来了。那是2005年，恰逢上海广播广告分频经营向集中转变，是发展广播广告经营中心的大好时机，而我却不得不离开自己喜欢的工作。记得广播广告经营中心主任贺亚君不无遗憾地对我说："小芳，我来了，你怎么倒下了？"病中剃了发的我流下了伤心的眼泪，我以为自己要就此与广播说再见了。

幸而，得老天眷顾，手术非常成功。不到半年，我就康复归来，戴上假发继续投入我热爱的广播广告事业。是家人的支持、是朋友的呼唤、是同事的帮助以及领导的关心，让我重新树立自信。这大病一场工作的停顿，我原以为会有所缺失，但无论领导、同事、客户还是朋友，都对我一如往常，就好像我从未离开过。这让我倍感欣慰，迅速找回了之前的工作状态。

回归之后，除了维系原有的客户之外，我还在不断挖掘新的机会。与广告公司之间的合作，为我打开了一个新渠道。最初，广告公司仅作为电台的一般代理。随着合作量的加大，我与广告公司之间的联系也越来越紧密。我开始思索从广告公司中挑选实力较强的公司，将经典音乐、五星体育等小频率以广告独家代

作者近影

理的形式承包出去，一方面缓解自主经营广告的压力，另一方面也能吸收广告公司多样化运作的经验。在这个阶段，我与远誉广告等多家公司建立了良好的关系，不仅为小频率找到了独家代理，更为日后与广告公司的深入合作打下了坚实的基础。

自入行以来，我经历过广播的辉煌，也遭遇过低谷。2009年，受金融风暴影响，各大企业经营困难，纷纷抱团取暖。上海广播电台与光明乳业达成战略合作，但具体合作事宜尚未落实，我接下了这个任务。当时光明乳业旗下各事业部都有固定合作的媒体，对于广播一时难以开展合作。不服输的我不放过任何机会，转而从边缘处入手，把容易被忽略的产品线也研究了个遍，终于在光明社区事业部的“随心订”上发现了切入点。原先“随心订”将订购电话印制于圆珠笔上发放，但因漏墨等质量问题，反而对品牌造成了伤害。正当“随心订”一筹莫展之时，我向他们推荐了广播媒体。广播制播成本低，对于预算不高的“随心订”是个尝试的突破口。同时，我又想到可以发挥广播媒体的声音优势，将400订购电话制作成音乐logo，帮助品牌提升好感度和记忆度。几番沟通之下，客户终于决定尝试。广告播出之后，“随心订”的订购电话随着朗朗上口的旋律，一下子深入大众心中。三个月内，客户收到大量订奶用户的良好反馈。

“随心订”小小的投入获得超乎预期的效果，引得其他事业部的品牌纷纷主动联系我寻求合作。最终，借着“随心订”这个支点，我和同事一起撬动了整个“光明”。如今，光明乳业不仅成了上海广播电台最大的直客，上海广播电台与光明乳业的合作也从线上发展到了线下。“纯净·如实辰山草地广播音乐节”已经连续7年与爱乐者相聚，这也是光明乳业与上海广播电台合作的最具影响力的线下活动之一。

随着传统媒体格局逐渐向融媒体转变，现在的广播已不仅仅局限于声音的传播。除了线下活动之外，越来越多的新技术新手段也被运用到广播推广中，而客户对于广告效果的要求也越来越严苛。为了与时俱进，我也在不断学习不断摸索，在与客户的合作中融入新媒体元素。今年，在科勒冠名的《星期广播音乐会》中，就做了一次新尝试。科勒始终倡导“优雅生活”，而《星期广播音乐会》二十多年来一直致力于让高雅音乐走进大众生活，两者的理念可谓不谋而合。于是，我向科勒提议冠名《星期广播音乐会》，让经典音乐进一步提升科勒的美誉度。同时，借助新媒体手段，将《星期广播音乐会》的高质量受众，向科勒官方微信导流。我们在节目内设置互动小单元，每期设计一个问题，听众通过关注科勒的官方微信，发送自己的答案，即有机会获得《星期广播音乐会》入场券。通过这一方式，既加强了节目与赞助商之间的关联，更让节目的受众与科勒的品牌受众产生了连接。对此，客户也表示十分满意。

在我人生成长的道路上，我有幸遇到许多伯乐和挚友，当我踌躇时，他们给予我鼓励；当我低落时，他们给予我帮助。他们无时无处不选择支持我，相信我能做得更好。这种“始终有力量在背后支撑我”的感觉，让我深深热爱我的工作、深深热爱上海广播。我坚信未来的新广播将有更广阔的发展空间。

在上海广播那么些年，大家亲切地叫我“小芳”，属马的我对于这个称呼还是别样喜欢，马吃草、行千里。如果人生中最美好、最有意义的岁月被称为“芳华”，那么，我的芳华就是与上海广播电台共同成长、共同创新的美好年华。

愿上海广播电台芳华永存，芬芳飘香！

作者系上海人民广播电台广告中心首席营销专家

上海广播，我的奇遇人生

刘晓洁

转眼间，我已经在广播大厦工作了10个年头。在这座UFO外形的建筑里，在上上下下的楼层间，时光仿若白驹过隙，然而，每每回首看到的都是元气满满，遥望未来又总觉得日子新鲜得很。多么神奇又多么幸运，这就是上海广播带给我的奇遇人生。

作为80后的一代，广播陪伴我们长大，在互联网并不普及的少年时代，电波里的声音已经足够让我们的耳朵开出花朵。在2005年的上海，当我踏入广播大厦实习的那一刻，我的心里同样花朵绽放。幸福的是，从那个时候开始，花开不败。

荣耀始于使命

2008年，我正式走出象牙塔，进入上海广播从事宣传推广工作。那一年，是国人刻骨铭心的一年，汶川地震的伤痛、奥运盛会的拼搏，中国人不断锤炼着自己的强心脏。

也正是那一年，上海广播让我重建了自己的职业观。犹记得汶川地震消息传来，新闻频率的同事无畏生死奔赴灾区，不断发回第一手的滚烫报道。我当时所在的文艺中心，同事们连夜录制抗震救灾特别诗歌专辑《生死不离》，所有主持人到各大地铁站现场义卖。彼时的我无法战斗在第一线，但时隔多年，仍然记得专辑里有一首名为《我在你身边》的歌曲，记得某个深夜里简陋的录音棚，年轻的主持人废寝忘食，一双双泪湿于睫的眼睛……这次全城展开的义卖用筹集到的善款购买了99架钢琴，代表上海广播人的一份心意，捐献给灾区重建后学校的孩子们，愿音乐能够给予他们些许治愈的力量。

2008年，我第一次感受到真实的热血澎湃，广播人骨子里那份为家为国的使命感，让我对这份职业深感荣耀。

我想，这就是我想要的工作。

年轻始于求变

向上的力量，这是上海广播人一直践行的精神内核。永远保持年轻、时刻求新求变，这是上海广播的传统。

2010年，我迎来了上海广播的一次重要变革，东方广播公司成立。部门重组，管理岗位面向所有员工发起竞聘，很多年轻的同事跃跃欲试，刚刚从业两年的我总觉资历太浅、犹豫不决。当时的老领导陈台长（陈接章）对我说："要相信自己，你还年轻。凡事要学会勇于尝试。"陈台长这句话，道出的正是广播人求新求变的精神，在那个彷徨失措的时刻突然给予了我莫大的能量。后来我在最后一刻投了竞聘书，被聘为综合办公室主任助理，从此开启了人生新的职业发展。

接下来的八年，从办公室到总编室，从Love Radio到戏曲广播，再到如今的动感101，上海广播不断给予我新的发展平台。从宣传推广到后勤保障，从百年昆曲到抖音神曲，我在挑战中不断成长。只要有勇敢尝试的勇气，就能发掘未知潜能，这是上海广播教我的事。

我想，这就是我热爱的工作。

发展始于创新

如今在互联网的冲击下，广播被归类为传统媒体，全中国的广播人都在思考该何去何从。上海广播毫不犹豫地选择“拥抱新媒体”，尽管拥抱的过程充满艰辛和困难。

在有限的人力、物力、财力下，如何开发既保持广播特色，又有互联网属性的新产品，这是最大的课题。就拿我所在的动感101为例，我们先后推出短视频项目动感101TV、视频直播项目动感101LIVE，每个团队都只是用四五个人的规

作者（左一）在广播节目录制现场

模运营整个项目，经费着实有限，还要不停面对“广播到底要好听还是要好看”这样的灵魂追问，背后艰辛可想而知。但特别让人感动的是，每位同事依旧充满创新热情，会为每一份小小的成绩欢欣鼓舞，原因也很单纯朴实——不做新事情哪来新发展呢？我们愿意做抢先吃螃蟹的勇者。

我想，这就是值得我无限期待的工作。

十年瞬息而过，那么多值得铭记的人和事，那么多的温暖和真诚，感恩上海广播让我始终怀揣热情和梦想。人生是一场奇遇，因为相遇而珍视，因为相遇而期待，愿上海广播永远年轻，永远向上。

作者系上海人民广播电台动感101总监

电台早班历险记

袁林辉

清晨起床听广播听早新闻，这是许多上海人多年雷打不动的习惯。即便是在如今各种新媒体产品层出不穷，各大手机音频App大行其道的情形下依然如此，无论是上广《990早新闻》还是《东广早新闻》仍拥有众多拥趸。

不知你想过没有，假若有一天清晨醒来，发现收音机里寂静无声了，那将会是怎样一种情形呵？当然，这仅仅是假设，现实生活中几乎没有发生的可能。因为从入台那天起我就知道，保障安全播出是广播所有员工的首要职责。我前后上了16年的早班，先播《990早新闻》，后来播《东广早新闻》。每天的任务雷打不动：仔细备稿，认真播音。不仅要通过电波，让上海的早晨充满活力与朝气，更要保障安全播出，及时准确传递各种最新信息。因此，准点到岗，安全、准时播报新闻就成了电台早班每一位编播人员的第一要务。如果把电台早班工作浓缩成四个字，就叫“责任重大”。

有人也许会说，上早班有啥难的，早点起床，别迟到不就行了。这话说起来轻松，要是一年365天，几乎天天都让你凌晨三四点钟起床，还要求不能编错播错几万字的新闻稿件，恐怕就没有这么轻松了。还有人用“半夜鸡叫”来形容我们这些上过早班的人，给人的这种印象真是既刻骨铭心又生动形象。

其实，对于电台早班来讲，早点起床还不是最难克服的困难。俗话说“天有不测风云”，惟就怕早班上班路上突遇点什么意外，那可就不仅是担惊受怕，说不定还可能会对早新闻的安全播出构成严重威胁呢，那事情可就出大了。这不禁使我想起二十多年前的一次早班路上经历过的那惊悚一幕。

1996年初冬的一天凌晨，东广早新闻的早班车像往常一样由东向西飞驰在内环高架路上。这辆依维柯客车上载着当天东广早新闻节目几乎所有的编辑和播音员。20世纪90年代中期，上海的高架路面不像现在有那么多车辆，更何况是在凌晨时分，整个高架路上显得空荡荡的，只是偶尔有一二辆车超过，有可能是去往虹桥机场，赶一早航班。我们的司机师傅放心大胆地加大油门，依维柯飞也似的向虹桥路广播大厦奔去。上早班的人都有一个习惯，趁机在班车上补补觉，养足精神好干活，这时早就有人在车里发出轻微的鼾声。

正当我们这一车编辑播音员昏睡之时，一件意想不到的事情发生了。这辆依维柯在驶近中潭路武宁路之间的弯道时，一辆夏利出租车嗖地窜了过去，却不想从其未关紧的后备厢里掉落一件大行李，直接翻滚到了高架弯道的左侧。而夏利车上乘客发觉后马上让司机停车，夏利车就停在了当时只有两条车道的高架右侧，司机竟让车上的乘客自己下车去捡那件掉落的行李。而这位乘客当时连想都没想，就风风火火下了车往行李掉落处跑去，浑然不觉巨大的危险正向他逼近。

就在夏利车上的那位乘客往回跑了大概十几米远，正准备弯下腰去捡自己的行李时，依维柯已开进弯道处。那时内环高架路中间尚未安装防眩目板，两侧也没安装隔音板，显得光秃秃的，对面驶来车辆的大灯常常会晃得人睁不开眼。而就在依维柯刚转过高架弯道时，对面恰巧有车驶来，我们的司机一阵炫目，顿感前面什么都看不清。可就在对面车灯一晃而过的一刹那，司机定睛一看，猛地发现依维柯雪亮的车灯前突然站起一个人来，他下意识地把刹车猛踩到底，但显然刹车距离过短，撞击似乎已不可避免。说时迟那时快，就在急刹车的同时他又本能地向右猛打方向盘，车头瞬间就偏向一边。我们这些正在车上昏睡的人只感觉身体一下子冲到前面，紧接着人们又向左侧猛摔过去，车厢里很快传出了被碰痛的人惊叫声，所有人立刻睡意全无，都瞪大眼睛惊恐地看着前方。也许是司机反应快、技术好，也许是天意，依维柯居然一点都没碰到那个捡行李的人。但此时，那个捡行李的人已被吓得灵魂出窍，呆若木鸡地站在原地。可就在我们刚要庆幸依维柯化险为夷之时，司机又发现右前方不远处路边停放着的那辆夏利出租车，瞬间已近在咫尺。车上立刻再次充满了紧张气氛，空气似乎都凝结了。察觉危险的司机再次把方向盘向相反方向又一阵猛打，我们这些车上的人也被向另一侧直甩了过去。车轮发出了令人恐惧的刺耳啸叫，伴随着车内女同事一阵阵的尖叫声，我们的车几乎是横着从夏利出租车旁一掠而过。由于依维柯底盘比轿车要高很多，车的一侧轮子已经高高翘起，巨大的惯性险些把我们连车带人甩出高架。

作者在节目开播仪式上

当这辆电台早班车完好无损地开到了虹桥路广播大厦时，所有人都相互看着对方，不少人还未从惊恐中缓过劲来，下车的脚步也不似平常那样的轻快。想想刚刚经历过的险些全军覆没的惊悚一幕，所有人不禁后背冷汗直冒。

那天的早新闻如往常一样正常播出。因为，一旦进入工作状态，我们的编辑依然镇定自若、精益求精地编辑稿件，播音员也依然精神集中、心平气和地备稿播音，听众朋友也一如平常那样收听广播，没从收音机里听出有一丝一毫的紧张与慌乱，一切都显得那么自然与正常。这就是广播人多年形成的职业习惯：编辑、播音员只要一进入早班工作状态，哪怕之前经历过什么天大的事，他们都会全神贯注、心无旁骛地把注意力全都集中在稿子上，保障播出安全。只是，在那过后很长的一段时间，我们再不敢在早班车上打盹和睡觉了。

周围同事们常形容在广播电台上早班就跟打仗似的：紧张、激烈是我们的常态。一旦进入工作状态，那种紧张的状态常常使身处其中的人喘不过气来。毫不夸张地讲，进了直播间，连上厕所的时间都没有了。大家常开玩笑说，早班播音员这岗位就怕拉肚子、打嗝、感冒咳嗽什么的，若真是碰到那样的状况早新闻播出可能就会受到严重影响。

广播电台各种岗位中，早新闻岗位责任最为重大，工作也十分辛劳，遇重大突发新闻更是要从头天晚上到第二天早上连轴转。即便如此，在早班工作20年，甚至30年以上的编辑、播音员比比皆是。这些人为广播转型发展默默奉献了自己的全部职业生涯。无论春夏秋冬，无论酷暑寒冬，他们不仅要比常人起得早，还要承受各种职业风险，但从未听说有谁为此抱怨过什么。

曾听电台前辈说起，上过早班的播音员通常会做两种梦：一个是上早班迟到；再有就是进了直播间准备开口播音时才发现稿子没带或稿子拿错了。现实中我从未发生过上匠这两种情况，但这两种梦我都不止做过一次，每次都能惊出一身汗来，心脏也会狂跳不止。问自己身边的许多同行，他们也都或多或少做过这些令人惊悚不已的梦。记得每年在医院体检，医生都会告知我们上过早班的人心脏不太好，早搏、房颤、血压高等状况频发。这或许与劳累无关，倒很有可能是被那两个梦吓的。

如今，我虽然离开早新闻播音岗位已经十多年，这两种梦还会做起，依然会被吓出一身冷汗……

作者系东方广播中心电台广播新闻中心综合管理部副主任

同龄者和幸运儿

张　源

作为戏曲爱好者，能在告别校园后走进广播大厦，成为一名广播戏曲编辑，我是幸运的；作为1983年生人，能够参与同年诞生的《星期戏曲广播会》台前幕后的工作，冥冥中更感到我与这个节目有一份不解之缘。

《星戏会》自2008年恢复剧场演出以来，我从十年前的一名小编现在转换角色到全面统筹各项工作。每一次演出前的装台，看着灯光逐渐亮起，《星戏会》的标志被吊放在舞台中央，观众鱼贯而入，耳边响起开场音乐……一种传播优秀传统文化的自豪感油然而生，11年的工作让我对这个与我同龄的公益演出品牌的感情也越发深厚。

在我早年担任责编的《星戏会》中，有青年演员的专场演出，也不乏老艺术家登台亮相，少不了专业演员的演绎，更难得的是业余爱好者的展示。

印象深刻的是有着六十多年历史的上海昆曲研习社举办专场，当年参与演出的多是业余曲友，从小学一年级的学生到年过九旬的老曲家，包括来自海峡对岸的台湾同胞甚至大洋彼岸的美籍华人。相比较专业戏曲院团，该团体虽然演唱水平高，但缺乏演出组织经验，所以在这场演出的准备工作上我花了更多的精

作者在《星期戏曲广播会》排练现场

力——帮助策划准备演出节目、联系专业剧团给予支持、聘请舞美乐队、包括节目单的设计制作……在各方面的配合下，演出取得了圆满成功，国宝级的昆剧表演艺术家蔡正仁、梁谷音、计镇华、张静娴等都到场祝贺并登台演唱。近十年过后，如今参与该场演出的老曲家有的已经驾鹤西去，有的已难再登台，更觉得当年这舞台上的声和影弥足珍贵。《星戏会》每年演出二三十场，每一场的幕后都有不一样的故事。

风流云散，薪尽火传——回望《星戏会》三十多年的漫漫历程，作为一个坚持普及传统文化的公益演出品牌，她的成功是一代又一代戏曲广播人努力的结果。这根接力棒从满头华发的他们传到了风华正茂的我们手里，如何再造当年辉煌？这需要卷起袖子热情工作，也需要静下心来认真思考。瞻望《星期戏曲广播会》的六十华诞，也是我退休的那一年，彼时我们将把一个怎样的《星戏会》交到年轻一代手里？那一天看似遥不可及，实则近在咫尺，为了这个使命，新一代戏曲广播人会努力工作、踏实奋进、一步一脚印！

作者系上海人民广播电台戏剧曲艺广播总监

十年一刻

——广播有梦会发光

谢京京

“可能忙了又忙　可能伤了又伤　可能无数眼泪在夜晚尝了又尝

可是换来成长　可是换来希望　如今我站在台上这么对你讲

十年的功聚成灿烂那一分钟的梦”

正如这句歌词，我与上海人民广播电台已经相伴10年。这10年时光，我们互相见证彼此成长，一起不断探索、勇往直前，我很荣幸遇见了上海人民广播电台，共同经历了这么一个前所未有的时代。

“小团队　却有大能量”

2010年3月23日，是我参与的第一个项目，“真音乐的3.0时代——2010东方风云榜研讨会”。时间倒回两个星期前，领导让我与另外一位同事配合操作现场的四块大屏幕，让四块大屏可以同一时间播放，营造IMAX的视觉冲击感。为了可以完美地“四手联弹”，我和同事排练了好几个通宵，一遍一遍地磨细节，为的是让这些操作的手势变成肌肉记忆，在现场可以完美呈现。最后我们做到了，以至于现场的媒体和嘉宾都被这大屏幕的气势所折服，以为我们运用了多么厉害的高科技手段。

这就是我对广播的第一感觉，广播不只是广播，小团队却有大能量。这也体现在坚守了26年的“东方风云榜”上作为中国内地原创第一榜，依旧在求新求变。从一张榜单、一档节目到一场颁奖盛典，这是无数歌手、音乐创作者梦想起飞的舞台，其品牌衍生出的具有社会正能量的爱心合唱团、极具人气的“我也要来唱”、极具品牌吸附力的“季选音乐营”（音乐节）等，以及在面对假唱、侵权、盗版等内地流行乐坛不良之风，中国内地历史最悠久的音乐榜单东方风云榜率先打破局面，2008年，首届东方风云榜论坛应运而生。这些举措无不是在创新、探索品牌的丰富内核，让26岁的东方风云榜成为内地乐坛的风向标。

而当音乐盛典的大幕落下，当观众纷纷离场，一切绚烂只是昨天。当新一

作者在广播节工作现场

天的太阳升起时，那些曾经忙碌在音乐盛典中的身影——导演、场控、灯光、音响、宣传、艺人统筹，全部回到了日常的工作岗位上，他们是领导、是主持人、是编辑、是记者，是广播各职能部门再普通不过的员工，他们不是孙悟空，却可以七十二变，只因为他们爱广播，爱这份广播事业。

“从0到1　趁势而为”

2015年10月15日，第一届上海广播节拉开帷幕。这场“广播旋风”不仅刮进上海大街小巷，也影响了全国广播行业，她为广播发展打开了一扇窗。

作为2015上海广播节的系列活动之一，“无限电·上海广播艺术展”于国庆长假第一天正式开幕，率先预热首届上海广播节。作为这个项目的亲历者，对首次办展的我们来说，有太多的故事可以说。

“展品怎么选?”这个问题看似简单，其实非常复杂，当时我们采访了收音机收藏家张明律先生，了解到了收音机的变迁过程，最终从“年代秀”“经典款”以及“品牌款”三个角度切入，既能体现广播走过的岁月，也可以和观众产生共鸣，同时一些老款、品牌限量版则可以为展览增加含金量。除了通过古董收音机来回溯过去，还需要通过声音概念装置来“听见未来”，让观众在展览中可以感受到声音的无限力量。正犹如当时宣传文案这样写道：“如果有一种可能，那一定是这种可能；如果给一个期限，那一定是这种无限；广播穿越时间的无限，碰撞艺术的千万种可能。”而广播也正是因为充满这些无限的可能，让无数广播人为她不懈奋斗，让无数听众为她着迷。

开展当天，有老听众提前半小时就等候在展馆门口，只为成为第一名观展人。“看到小时候家里用过的一些收音机款式被陈列在这里，勾起了很多美好的回忆。”俞霞明老先生说，“以前收音机都是有钱人家用的东西，小时候买不起就自己动手组装很简陋的矿石机，现在在这里能一次性看到那么多年代久远的好东西，也算圆了小时候的心愿。”作为本次展览大部分展品的提供者，无线电收藏

展览现场一

展览现场二

家张明律先生表示："这些收音机作为历史的见证者，应该被展示出来，让更多人感受到电波的魅力。"

上海广播节也正是秉承着热爱广播的初心，一办就是4年。这4年间，全国各台参与规模不断刷新，2018年上海广播节更是吸引近500家海内外广播电台与相关机构的1 000余名业内精英共襄盛举，百万热心听众、市民和用户，或到场参与广播节各项文化演出，或积极参加线上线下互动，广播节对移动端人群的覆盖和传播力创下新高，声音热浪再度席卷全城。这背后是无数广播人努力的结果。

寥寥千字无法道尽我和上海人民广播电台的点点滴滴，而我与上海人民广播电台的10年时光，也只是回忆里的七分之一，过去已去，未来已来。我期待未来无数个10年，上海人民广播电台依然充满活力，不断带给人们更多惊喜与可能。

作者系东方广播中心战略发展部副总监

与世界广播日同生日何其幸运

李长缨

记忆的河流时常会流向童年所经历的某些重要地方，有时会梦见北京东路2号上海广播电台旧址，步入这栋漂亮的外滩老建筑，踩在木质地板上会发出吱吱咯吱的响声，两部老式电梯分列两侧，空高的文艺部306大办公室、转着褐色纹路的开盘机，不时会听见黄浦江上传来的阵阵汽笛声；当然还有食堂可口的大狮子头饭菜、门口配枪的武警……儿时经常跟随父亲（上海广播电台原副总编辑李世嘉）到电台。记得大概五六岁时，有一次到电台门口，见一武警拿着枪，好奇地问："里面有子弹吗？"心里却害怕子弹飞出来咋办。后来才知，这是一个神圣的地方，上海许多重要新闻在这里发布。时光荏苒，2019年，上海人民广播电台迎来她的70华诞。

为990早新闻片头《新四军军歌》编曲

1996年从上海音乐学院作曲系毕业，那时可以留在上音工作，我心却向往电台，因为这是我再熟悉不过的地方了。

记得我最早参与广播节目的制作是为《990早新闻》编曲。《990早新闻》是上海台的招牌节目，早新闻的片头音乐那嘹亮的《新四军军歌》的主题旋律也一直在每天7点的电波中送出，从20世纪90年代到2015年，我有幸三度参与其片头音乐的制作，音乐每一次都是前一次的升级版。记得2015年，时任广播中心主任孙向彤打电话给我，让我为《990早新闻》片头谱曲和制作台标音乐，我一秒都没犹豫，欣然接受这一光荣任务。每个年代都有其时代共性和鲜明的音乐语言、编配方式，在主题旋律不变的基础上，配器上就要有所突破。我和我师弟、定居香港的谢湘铭开始跨地域的创作，并与新闻部的同事商量，拟定《茉莉花》作为990的台标音乐。《新四军军歌》的主题旋律用双管乐队编制来展现，并根据广播不同时段的特性和情绪，延伸出长笛、双簧管、弦乐、铜管等8个不同变奏版本。合成那天还是很兴奋的，请来上海交响乐团在广播台200平方米大录音棚录制，大乐队震撼的音响与现代鼓点结合，制造出气势恢宏又具时代感的音响效果。如今，每当打开AM990/FM93.4新闻频率，听到那熟悉的旋律，心中不由地感到欣喜和自豪。

36岁的星期广播音乐会，历代广播人的智慧和激情

《星期广播音乐会》是上海广播电台开创于1982年的优秀栏目，20世纪90年代，因种种原因，“星广会”现场直播暂停，在中断了10年后，于2004年10月24日起复播。从那时起，我先后担任“星广会”的统筹和编辑工作。“星广会”复播最大的功臣要数曾任上海东方广播电台副台长、广播音乐总监的陈接章先生，那时，我和陈台长、经典947总监沈舒强到上海音乐厅，与时任上海音乐厅总经理刘振强和上海爱乐乐团音乐总监陈佐湟一起商定内容。复播之后的首场音乐会，由上海爱乐乐团带来《交响乐ABC》。当天，我现场采访了指挥家陈佐湟、作曲家徐景新和观众，他们对“星广会”重新开办都寄予了厚望和期待。之

后上海五大乐团和来自国内外的优秀音乐家交相辉映，上映了一幕幕精彩的演出……在组织演出和与音乐家交流的过程中，他们的人格魅力深深地感染着我。年逾九旬的曹鹏先生说："普及音乐就像铺路、就像造林、就像植树，要一点一点地来，不能急于求成，这是指挥者的天职。"在与广播前辈和同行一起工作中，大家齐心协力、兢兢业业，动足脑筋把"星广会"办得有声有色，这种锲而不舍的敬业精神时刻激励着我。记得20世纪80年代初"星广会"开播之际，我见我父亲时常加班加点，他和文艺部几乎所有的老广播都参与其中，那时哪有加班费，结束后一人一包点心，但大家干得热火朝天，他们集体的智慧开创了广播现场直播音乐会的先例，也融入各种创新形式。这些老广播人的精神也时刻激励并延续至现在的"星广会"团队。如今"星广会"三十有七，她不仅是城市文化的一个象征，有着普及音乐的义务，更多的是承载着一份社会责任。许多温馨感人的场景仍历历在目：我依然记得95岁高龄的马革顺先生坐在椅凳上指挥"巴比

作者与大提琴家马友友

伦河畔”合唱600年音乐会；曹鹏与中国大陆第一个民营乐团——上海城市交响乐团首场成立音乐会就在“星广会”上，他们用音乐打开了自闭症孩子的心灵，与天使之音沙龙的这些孩子一起排练，每年在此舞台上共同演奏；上海歌剧院合唱团在张国勇的执棒下，与台下将近1 200名观众激情澎湃地演唱《黄河大合唱》；祝贺陈燮阳七十大寿、潘寅林从艺40周年，全场齐唱生日歌；我也依然记得，自己作为钢琴演奏，在2005年“法兰西魔笛”专场中与法国长笛演奏家路易克·布朗及其弟子汤芷诺合作表演……每一回看到可爱的听众朋友在音乐厅售票厅门口排着长长的队买票，我倍感欣慰；我们还曾邀请“太阳花计划”农民工的孩子和志愿者一起观看演出；让导盲犬进音乐厅，陪伴主人聆听音乐会；在汶川地震发生后的第一时间，我们“经典947”全体编播人员现场朗诵《生死不离》，感染了全场观众；主持人王勇伏案多少个夜晚化为在舞台上从容、睿智幽默的讲解；我们工作团队搭台至凌晨更是家常便饭的事……一代又一代广播人在为“星广会”内容专业化、讲解通俗化、表演形式多样化，为听众提供高质量的艺术享受而挥洒着智慧和激情，为这个上海文化品牌不断注入新的内涵。

在2012年“星广会”创办30周年之际，我与《经典947》副总监陆明一起责编了《广播经典，传承文明——星广会30周年纪念册》一书，从收集素材、约稿、找历史资料和图片、设计书的框架到撰写每个篇章的导引文字及历年“星广会”目录和大事记，“星广会”30年的历程又清晰地展现在我眼前。纪念册记录了“星广会”的三大主体：广播人、音乐家和听众的心声及精彩瞬间。通过这一编撰工作，我更珍惜和热爱广播，也明白“星广会”是一代代广播人的智慧结晶，我们这一代，更应该继承和发扬“星广会”的优良传统，不断进取和创新。

用声音记录历史：“乐动40年”系列访谈和短音频

在电台，参与了各种重要纪念活动并用广播独特的方式呈现。2009年，为纪念上海解放60周年、上海人民广播电台诞辰60周年，我采访了广播前辈和音乐家若干人，编辑制作了16期《寻找记忆中的声音——音乐广播60年巡礼》节目。2012年，制作了“星广会30年那些人那些事”系列节目16期。2018年是改革开放40周年，感谢领导对我的信任，让我策划统筹《经典947》“乐动40年”大型系列访谈与系列短音频节目，邀请作曲、指挥、声乐、钢琴、小提琴、民乐、音乐学、音乐剧、歌词、译配、艺术管理、剧院、乐团、出版等音乐人，在改革开放的宏大叙事中，以个体的叙述折射出一个时代的发展和变迁，与听众发生情感共鸣，并提出各种观点和思考，留下了有价值的声音档案。80位嘉宾熠熠生辉，39个短音频在经典947、990新闻频率、五星体育广播滚动播出，上线阿基米德，24档系列访谈直播节目贯穿在9月到12月中，这样大规模和有深度的集中展示改革开放40年在音乐方面的成就，在全国音乐广播中也是比较罕见的。于我们《经典947》全体编播人员而言，这是一次非常有意义和有价值的声音记录，我们生逢其时，倍感幸运。上海音乐家协会听到了我们节目后，主动要求把“乐动40年”的系列短音频文稿收录在第二版上海音协的《上海音乐志》中。

广播专题节目，探索广播与文学、电影、广播剧等不同艺术手段结合的可能性

广播从业22年里，我一直在潜心钻研和探索制作高质量的专题节目。从节目的题材、结构、文体、立意、叙述方式、切入点、音乐与语言的水乳交融、情感呈现和制作上，我努力寻求突破和创新，有些节目还运用了广播剧、电影蒙太奇等制作手法，力图拓展专题节目的广度和深度。

比如，2008年，我在大剧院听了马泽尔指挥纽约爱乐乐团演奏柴可夫斯基的《第六“悲怆”交响曲》，在聆听过程中，脑海里就出现指挥家马泽尔与作曲家柴可夫斯基就老柴的这部交响曲进行了一场跨时空的对话，因此，这套专题节目《老马与老柴的暮年对话——听纽约爱乐乐团演奏“悲怆”交响曲》结合了文学，以他们对话的形式揭示了“悲怆”交响曲的内涵；世博会前一年，我以委内

瑞拉音乐救主体系教父级人物阿布留博士与上海城市交响乐团曹鹏先生这一中一西两位灵魂人物作为主角，制作了专题《城市·交响·希望》，深度剖析城市与音乐的内在关系，阐明音乐和交响乐团的巨大社会良性效应和功能；我还曾涉猎监狱文化生活这一较为敏感的题材，走进青浦监狱，采访服刑人员，制作的《高墙里的音乐》试图挖掘人性向善的力量，探索音乐改变生命的内涵；而专题《聆听大自然的交响——世界户外音乐会之旅》，则从我们《经典947》主办的辰山草地音乐节开头，以草地、森林、湖水、历史遗迹这几个具有音响特征的层面展开，探讨从正襟危坐的音乐厅走向自然的户外音乐会广受青睐的深层原因和意义。专题《中国交响乐之梦》的开篇运用了电影蒙太奇手法……

很高兴，专题节目九度获得上海广播电视文艺节目一等奖、六度获得中国广播文艺节目专家奖一等奖、四度获得中国广播影视大奖提名奖。多次在中国广播文艺研讨会上，与来自全国的广播同人分享了制作专题节目的体会。声音的想象无边无际，广播专题有各种表现方式和可能性，让我们共同探索吧。

广播唱着动人的歌谣，在我生命的每一天中存在和流淌

广播给了我一片自由翱翔的天地，感谢历任电台老领导李尚智、邱洁宇、陈接章、郑丽娟、张民权、夏楠以及现任领导和同事对我的信任、关心和支持……给我成长的空间和施展才能的机会。

从未觉得广播神秘，因为她一直就唱着动人的歌谣，在我生命的每一天中存在和流淌。2011年，当世界教科文大会宣布2月13日为世界广播日时，知道我生日的人都纷纷来祝贺，这是巧合吗？我想这更是我的幸运！只因爱广播，所以才会执着、才会投入。与世界广播日同一天生日何其幸运！

作者系上海人民广播电台经典947编辑、监制

我的电波情缘

李志毅（寒江）

上海的1月之于我，宛如一幅藏在记忆深处的油画。28年前，即将大学毕业的我就是在1月的阴雨中，来到我这个北方人去过的第一座南方城市。

那时候，电台在地处外滩的北京东路2号。一幢花岗岩装饰的西洋建筑，门口有两根高大的圆柱，很是气派。提着行李走进大门时，只是一心想着赶紧找到要找的人，把报到手续办好，丝毫没有意识到，跨进大门的那一刻，我的广播生涯也就正式开始了。因为，没过几天，还是实习生的我就迎来了我的第一次直播，重大突发新闻——第一次海湾战争打响了。

记得那是1991年1月17日的早上，八九点钟的样子，编辑拿着一条新华社电讯稿急着去播音员候播间找人，正好看见我。那时候，新华社的电讯稿一般是先用胶水贴在稿纸上再交给播音员读的，战争突然打响，情况紧急，编辑来不及贴上去，拿着纸条就出来了。编辑用试探的口吻说“能不能直播？”我有点讶异，心想，这样的新闻当然应该直播了，觉得编辑过于谨慎了。那会儿的我，满脑子都是教科书式的意气风发。

播出很顺利，就这样，上海人民广播电台在第一时间播出了第一次海湾战争打响的消息。那时候的媒体没有今天这么发达，这样一则消息瞬间成为听众关注的热点。以后的一个多月时间，广播电视里都是有关那场战争的报道。28年过去了，今天的伊拉克依然饱受战火的蹂躏，不禁让人唏嘘。

编辑室和录音间紧挨着，平时当班，我们就在录音室隔出的一个备稿间待着，里面有一个16英寸的金星牌小电视机，那台小电视色彩特别清晰。要是提起那台电视机，退休的老编辑编应该还有印象的。录音员都是小年轻，个个手脚麻利，我至今不明白他们是怎么在几秒钟的时间里把一个断点接得天衣无缝的，那时候用的可是磁带啊！

播音组的办公室楼层很高，阳光特别好。后来，播音组长杨启民老师跟我说，这是台长特别照顾我们播音员，把最好的房间给了播音组。可惜我当时还没体会到，一间一年四季都能照进阳光的房间在上海这样一个天气潮湿的城市是多么宝贵的资源！只要是晴天有太阳，办公室里总是亮堂堂的，氤氲浮在半空，一种岁月静好的感觉油然而生。播音组的办公室很大，有十来张桌子，只有播音组长的桌子上有电话。每个人办公桌上都放着一块玻璃台板，那是那个年代的标配。玻璃板下压着的可能是一张值班的餐券，一张听众写来的明信片，或者是一张在哪儿开会的照片，这让刚来的我非常羡慕：什么时候我的玻璃板下面也可以有一张这样的照片呢?

办公室里很难凑齐人，因为每个人录音的时间不同，可是，只要佟老师来了，办公室就很热闹，门外就能听见他洪亮的声音。佟老师的播音名是佟刚，他有个绰号“佟大炮”。他大嗓门，脾气直，是个心直口快的人。小到谁的吐字发声有什么问题、这个星期的排班哪里不合理，大到某个公众人物做了一件为人不齿的事情，“大炮”都会一通狂轰滥炸。如今佟老师早已经不在了，他说话时候率真的表情和声音依然清晰浮现在我的眼前。后来，我自己成家了才知道，佟老师还是个很在乎家庭的人，家长里短的事儿他都要论个理儿。今天，年轻人身边已经鲜有这样的前辈了。

因为地处外滩，与黄浦江就隔着一条马路，夜晚我常常一个人来到黄浦江

作者近影

边，眺望对岸。20多年前上海浦东的高楼还很少，记得江对岸有一座很高的楼，上面是巨大的烟草公司的广告牌，在夜晚格外引人注意。江风吹过我的头发，我出神地望着对面灯火阑珊的浦东，身后是夜晚灯光下辉煌的海关大楼。

很多年以后，有一次我从浦东机场出差回来经过南浦大桥时，远远望见外滩两岸高高低低、远远近近的灯火把城市装点得如浩瀚星空。我忽然明白：为什么当年面对浦东的江岸会如此出神，那是这个城市巨大的包容性，让凝视她的人惊讶不已。只是当年无论如何不会想到，昔日的阑珊灯火处，如今已是世界瞩目的热土，国际金融中心。

1996年，上海人民广播电台搬到了现在的虹桥路1376号。大家是分批搬到虹桥路的，每天都有人在急匆匆整理自己的东西。那天，我在北京路值完了最后一个播音班，也要离开这幢大楼了，一种惜别之情油然而生。5年前那个单薄的青年提着行李走进这座大楼的情形还历历在目，今天就要离开了。正踌躇间，正好看到向彤从里面出来，我说我们拍一张照片吧，这以后可是个纪念呢。就这样，我们在这个大楼前留下了一张珍贵的照片，在北京东路2号的最后一天。这张照片在今天拿来正当其时。在我看来，广播行业这几年的剧烈变革正是从那一次搬家就已经悄然孕育了。那些年，正是计算机互联网开始由发展到普及的最初阶段，正是媒介生态环境改变的原动力。

来到虹桥路没过多久，电台的设备经历了一次规模很大的更新换代，原有的开盘录音带和专业广播录音机都被更现代的英芙美地播出系统（信息媒体的音译）取代了，广播的数字化、信息化时代突然间就从书本来到了现实，令人猝不及防，接踵而至的就是媒体融合的宏大命题摆在了广播人面前。好像大海航行中遇到冰山一样，等到发现时，已经错过了最佳的躲避时机。

广播大厦的底楼大厅一角，静静陈列着一排老式的收音机，每次经过那里，我的心情都非常复杂，我想其他的人应该也和我一样心情吧？这些老式的收音机每天神态安详，宠辱不惊地注视着来来往往上班的人。广播会走出低谷吗？未来的广播会是什么形态？

2019年，上海广播已经走过整整70周年！70年里，广播走过了她最辉煌的时期，她为新中国加油鼓劲，她为改革开放、为浦东开发开放推波助澜，摇旗呐喊！在这70年里，我竟然有幸陪伴她走过了28年！岁月如歌，蓦然回首，身边很多熟悉的名字，不知道什么时候渐渐地淡出了我的视野，当年青涩的毛头小伙子，已经被人叫老师；猛抬头，周围已是年轻朝气的面孔；新媒体、整合营销、大数据成为这个时代人们谈论的热点词语。

回望历史，不禁感慨万千！上海广播是伴随着上海解放的隆隆炮声诞生的！今天，她和新中国一起栉风沐雨70年迎来了伟大的新时代，这难道不就是当下广播最大的发展新机遇吗？一切依靠人民，一切为了人民！只要坚守服务大局，服务社会，服务人民，这三个永远的目标，脚踏实地，辛勤耕耘，广播一定能够迎来新的春天！

作者系上海人民广播电台主持人

上海广播招聘书

刘雅东

其实，编辑老师要求交稿子已经有段时间了。但是一档又一档节目，一个又一个或正在进行或需要策划的项目，迟迟没有交工，而今天可能是比较特殊的一个时间。开始拿起笔，写篇幅文章，我不喜欢打字，总觉得思绪会断，落笔，踏实。特殊的时间——刚刚写完检讨。

工作上一个小的疏忽，明天要在全员会议上做检讨。心情应该是沮丧？懊恼？全然不是，反而此刻我想写下这篇《上海广播招聘书》，给未来的朋友。

2003年，离开种满排排小白杨的校园，没想到也告别了一个名字——“北京广播学院”，下一届就已经是“中国传媒大学”的学生。大四那一年更多时间就是在上海、北京两地实习找工作，而女朋友先于我被上海电视台录用。在那个传媒行业依然很传统的年代，能够在电视台找到一个稳定的机会，对女生来说，确实不易，而且是上海电视台。问题来了，爱情，到底值得你付出多少？结果呢，那时的女朋友，是我现在的妻子，两个孩子的妈妈，上海电视台的新闻主播。当时的那几位老师，当时的频率领导，不知您是否还记得那个为了爱情就突然冒在您眼前，说想到上海广播电台工作的傻小子？现在他自己的傻小子身高已经超过妈妈了。写了四百来个字，和上海广播到底有什么关系。我在上海广播的故事，一切都关于“人”。

初　识

我记得实习中，前辈、老师、领导很注意我的一言一行，当时实习时间已经不短了，入录音棚正式录音，可能说得最顺畅的是“各位听众”这四个字，其他，距离成熟播音员还有很大差距。当时领导谈话的具体内容已经无法记全，但有一点记得很清楚：“小伙子，人不错，慢慢来。”直到15年后的今天，当我完全变成广播人，再去面试新人的时候，发现上海广播对人的首要条件从来都是一个好人。这些年，这些人，我身边的每一个人都如此值得亲近，值得信赖，值得携手共进，因为踏入门槛之前，你已经是这样一个人。

初识，识人。亦如妻子初识我一个穷小子时跟她父母的介绍：“人很好。”

再　识

入台一年，新闻编辑、播音。2004年雅典奥运会，对于我一个从小接受田径训练的人来说，抑制不住参与报道的愿望。而上海广播底蕴之强大在一个年轻人身上的体现就是给你空间。虽未到前方，但开始尝试采访、写稿。从采访一个人开始，从写好一个导语开始，似乎一切都在从零开始，但当你身边有无数的满分同学，他们会带着你很快模仿到及格。上海广播有一个神奇的地方，就是他总能在你及格的时候发现你能够拿到良好的前景。越来越多的采访机会就来到眼前，中超、篮球、排球，各种国际赛事，上海广播成全了我一个小记者，熟悉了上海全部的职业球队和国际赛事相关方面。时至今日，已经较少在一线采访，但那些朋友，圈内同人依然不少都记得，“雅东，在上海广播”。在广播多年，有几件事情我没有想到，记得2006年世界杯，不仅有黄健翔的嘶吼，上海广播也有一段神奇，当时年少轻狂的我竟然主动请缨每日撰写并录制世界杯专题稿件，给《990早新闻》，这也没什么。问题是我记得很清楚，当时的风格我是追求了一些评论或轻松娱乐的文风和语气，这也没什么，最神奇的事情是，当时还相对来说比较严肃的早新闻，班组老师们竟然从开赛至落幕，每一篇都照单全收并播出。其实我一直想问当时的老师是怎么考虑的。今日体育如此热潮，可12年前的早新闻，很难想象。上海广播就是有如此底蕴，吸收、释放，写意自如。2014年，当接到冬奥会采访任务时，一脸蒙的我，竟然也做出了当时超前的概念“单兵全媒体工作模式”——音频+视频+图文。其实去之前啥也不知道。但这就是上海广播的高级套路，相信你，然后你就一直相信自己，然后就去做出你应该做出的成绩。

作者漫画形象

2008北京奥运会、2009全运会、2010亚运会、2012伦敦奥运会、2014年索契冬奥会、2014巴西世界杯、2016里约奥运会、2018平昌冬奥会，其间还有联赛，各种单项世锦赛，好像我的脚步从未停歇。

再识，识才，亦如上海这座城市，海纳百川，它足够能量修正你的瑕疵，助你一往直前，只要你和他一样在追求卓越的路上。

三　识

外表看上去大气稳重的上海广播电台，其实从来没有抑制过那些内心小小的探索的躁动。鼓励创新，激励尝试。受到上海广播电台这些年的熏陶，我养成了一个很好的习惯，就是与年轻人商讨报道选题或活动策划时，我都会先问："你想怎么做？"这是上海广播对待我的方式，世界的发展不是你想应该怎么样就会如此，去发现更多可能，去认知最新的世界或未来，上海广播没有停止过追逐。

很长时间以来，我和很多广播人一样都在想，可能FM这种形式的音频播出很快就被取代了吧？但，无论岁月变迁，人间冷暖，从第一次发声，到如今形式万千，有一种气质，一种品格，一种精神，上海广播从未改变。

而对于我，

我并不出众，因上海广播促我如此。

给未来的你。

作者系上海人民广播电台五星体育广播副总监

年少有你

——致上海人民广播电台成立70周年

罗　毅

在我还是一个婴儿的时候，每逢哭闹，妈妈就会打开她最爱的“半导体”，搜寻有音乐的频率，然后放到我的耳边——很神奇的效果就是我会立刻停止哭声，也许从那时候起，我和广播的缘分就悄悄开始了。

小学三年级，我开始跟着妈妈一起听各种各样的广播节目，她会边听广播边忙活手里的家务，而我总能在缤纷的节目里似懂非懂地努力学习聆听这些大人的世界。到了六年级，对流行音乐开始感兴趣的我霸占了妈妈的收音机，每天锁定收听只有一小时的无比精彩的流行歌曲节目，一边听一边拿自己最好看的本子记录当天听到的歌曲和歌手，然后根据自己的喜爱度给这些歌排顺序，如今想来，是不是也暗示着很多年后我会成为排行榜节目的主持人呢？

收音机是我在家里最爱的“电器”，不夸张地说，甚至超过了电视机。在无数个功课满盈的夜晚，我开着收音机听着广播节目做作业，这“一心二用”的方式反倒让我练就了快速完成作业的本事，也让本来意见很大的爸妈叹为观止。到这时，其实我都从没做过有一天能自己“钻进”收音机的梦，直到进入大学……

初入大学校园，在一切都是新鲜事的时刻，我看到了上海外国语大学广播社

作者在《东方风云榜》音乐盛典现场

团招新的海报，仗着自己一口标准的普通话和满腹丰富的流行音乐知识，我顺利地通过了面试成了上外广播社音乐节目的主播。虽然那只是每天课间20分钟的小小节目，却奠定了我拥有广播梦的基础。大学四年间，我把自己最爱的各种风格的流行音乐在上外广播台大声播放，在这个过程里，我感受到的是分享的快乐，是进入音乐世界的幸福。

大学毕业，德语专业的我顺理成章进入了世界五百强之一的德国企业，成为一名每天朝九晚五的白领。就在这样的人生轨迹渐渐稳定时，在某天下班回家的公车上，我再度打开了很久未听的随身听，调到最喜欢的电台频率，一下子听到了“你是热爱广播的有志青年吗？你想来成为业余兼职广播DJ吗”的招募广告，就像大一看到广播社招新广告一样的偶然，我回家就创作了一份广播节目文案参加了这个“明日之星”比赛。

在我几乎都忘记参赛过的时候，我收到了电台的面试通知，在恍惚之中我又一次顺利通过层层筛选，在近三千报名者中成为可以参加专业培训班的一员。

2003年2月1日，我永远都会记得这一天，这是我作为兼职DJ自己创作主持的第一期广播节目播出的日子，因为也是大年初一，于是就在新春的欢乐气氛里，我悄悄戴着耳机听完了自己的节目，心怦怦跳着，兴奋得都想流泪。再后来，我正式成为一名职业广播人，直到现在，我都是一名“在路上”未忘初心的音乐节目主持人，纵然有万般的挑战和考验，我也从没忘记那份发现好音乐、播放好音乐、推荐好音乐的使命。

不管是儿时自己编排的小小排行榜，还是上外广播社20分钟的音乐分享，这份广播人的骄傲始终带领着我向前。广播，广而传播，这个世界上有那么多优秀的好音乐，在等着我去发现，我必将不辱使命，斗志昂扬，继续坚持努力奋进、做一个合格且优秀的广播人。

作者系上海人民广播电台爱乐有线数字广播KFM981总监
流行音乐广播动感101副总监

梦开始的地方

——我在北京东路2号政文科的学习经历

唐　亮

1992年，我在武警上海总队二支队担任新闻报道员。这年春节过后的一天上午，支队宣传干事费平带我走进了北京东路2号——上海人民广播电台的大门，去学习新闻采编。

北京东路2号！上海人民广播电台！这是陪伴了我整个童年时代、学生时代，在我脑海里打下深深烙印、无比神圣又魂牵梦萦的地方！我真的走进去了吗？！我真的要在那里学习了吗？！知道这个消息已经一夜无眠的我，忍不住悄悄掐了一下自己的手臂，一阵刺痛告诉我：千真万确！

我的思绪一下子跳到了20世纪70年代。当时，广播、收音机是人们学习、生活、娱乐的主要伙伴。正好，我家有一台电子管收音机，虽然很笨重，每次开机还要预热，而且当时广播节目也不多，但这都阻挡不了我对收听上海人民广播电台节目的热爱。随着社会发展，收音机越做越先进，电台的节目也越来越丰富，我更加热爱广播了。我听新闻，了解更多国内外大事小情；我听音乐，学会很多好听的歌曲；我听评书，刘兰芳、单田芳、袁阔成是我的偶像；我听“阿富根”、听滑稽、听王小毛，上海话学得像模像样……当然，听得最多的，要数早间6点半和7点的中央台和上海台的新闻节目，而且这个好习惯一直保留至今。

天天听新闻，对国外大事小情的了解，让我在学生时代政治课上回答时事问题如鱼得水。天天听新闻，“本台记者姚树坤、王曼华、郑丽娟”等一长串名字在我脑海扎下了根，还特别佩服“仲富兰”这位“阿姨”，怎么每天都能写出这么好的评论！天天听新闻，对佟刚、杨磊、徐扬等播音员的声音过耳不忘。现在，我就要面对面向你们学习啦！我能不激动、能不开心吗？！

办好了手续，走进了电梯，我的脚步又迟疑起来。我行吗？能适应这里的工作环境吗？带着这种忐忑的心情，我来到了六楼，顺着走廊右转，来到左边第二间办公室，门口有一块小木牌，写着“政文科”三个字。哦！这就是我即将要学习、工作的地方！我紧张得都屏住了呼吸。

非常巧，第一次走进政文科办公室的门，正好政文科的记者老师们在开会。只听得欢快的笑声连绵不断，一个略显尖锐的声音正在说笑话，我也不由自主地笑了起来，紧张的心情一下子轻松下来。后来才知道，这位善于讲笑话，喜欢讲笑话的“开心果”，是政文科办公室里负责卫生医疗条线的记者，曾文恭老师，大家都叫他“哈夫”。曾老师讲笑话，接地气，有内涵，善于自嘲，每次还带头大笑，极富感染力。哦！上海人民广播电台，在我心目中那么严肃、庄重、神圣的地方，还能这样欢乐祥和！这样轻松愉悦！不过，我喜欢！我真的一下子喜欢上了这里。

碰头会一结束，政文科科长，也是我的恩师姚树坤老师把我介绍给了大家，也向我介绍了政文科的记者老师，大家非常热情地欢迎我的到来，让我真正放松、安心下来。

这里，我要一一报出他们的名字，因为如果说政文科这间小小的办公室和我在这里学习的经历，是我投身广播、从事新闻工作梦开始的地方，那么这些可亲可爱的老师在我圆梦的道路上都给予了我无私地帮助，我真心感谢他们。

他们是：儒雅的姚树坤老师，健壮的周保工老师，瘦得像竹竿的杜永杰老师，酷酷帅帅的三亮老师，整天乐呵呵的曾文恭老师。还有几位女中豪杰，但绝

对不是女汉子，分别是：郑丽娟老师，江小青老师，朱玫老师，殷济蓉老师，孙建平老师。王曼华老师那天正好是出差，没有碰到，后来几天才见面认识的。

就在这样欢乐祥和的氛围里，我的学习开始了。实际上，姚树坤老师，包括上海几大报的记者老师，在武警上海总队新闻报道员培训班时就给我们上过课，我也曾在《解放日报》《文汇报》等报纸上刊登过几条部队的“豆腐干”新闻，也算是新闻工作战线上一名新兵吧。在电台政文科的学习，又让我慢慢了解、熟悉了广播的新闻采写技巧。比如，周保工老师就教给我广播新闻写作要注意“口语化”，比如，“几月几日”要写成“几月几号”，“至”要写成“到”，等等，这些基本规则，我在广播新闻采写中一直遵循。慢慢地，我可以帮助老师编辑稿件了；慢慢地，我从孙建平老师手里接过了《军旅之声》专题节目的编辑、录音制作工作了；再后来，有的老师来不及跑的采访，也都交给我去完成。老师也都很喜欢我，毕竟当时的我，也算是英俊潇洒的“小鲜肉”，也比较勤快、勤奋。就

作者近影

这样，我在北京东路2号政文科这间小小的办公室里学习了将近一年时间，这段宝贵的学习、生活经历，让我对从小心仪已久的广播更加深入了解，更加深深喜爱，也更坚定了我想要投身广播事业的决心和信心。从这个意义上说，北京东路2号政文科这间小小的办公室，是我投身广播，从事新闻事业梦开始的地方。

这更是一段留下许多温暖、美好记忆的日子。王曼华老师桌上的日本三洋进口双卡录音机，她不在的时候就成了我的最爱，拷贝了很多流行歌曲磁带。竹竿一样瘦的杜永杰老师有个外号叫作“杜捉人”，因为他联系公安条线，经常要采访报道警察抓人的案例，外号由此而来。王亮老师的外号叫作“王判人”，因为王亮老师是联系法院条线的，法院经常有“判决犯人”的新闻稿件，他的外号也是“实至名归”。终于见到了仲富兰老师，原来是一位学识渊博的“叔叔”。1992年，炒股已经慢慢进入了大家的生活，老师们也不例外，几个老师合资购买了认购证，还真的中了一只“二纺机”股票，于是办公室里又多了“今天涨了几块钱？还有多少上涨空间？”之类的财经话题。印象中，老师们一直把这只股票捂到70多元才抛的，小赚了一笔。

在政文科的这段日子里，我还有幸亲历了上海广播历史上的重大改革。

1992年10月，东方广播电台成立，郑丽娟和江小青两位老师双双加盟，当时新闻部副主任陈接章老师就是在政文科办公室里依依不舍地送别两位爱将。

紧接着，上海人民广播电台也进行节目重组，在政文科办公室里组建了“听众热线”节目组，当时我也有幸加盟这个节目组，和王亮、周亮、韩晓玲三位老师一起工作。多么巧！节目组对外热线3210990，正好是王亮、周亮、唐亮三个“亮”（上海话亮和2是同一个发音），韩晓玲的一个“玲”（玲和数字“0”同一个发音），尾号“990”又是新闻广播播出的主要频率。这充分说明我和上海人民广播电台缘分深啊！

不知不觉，在北京东路2号政文科办公室学习这段难忘的经历、美好的回忆，已经过去26年了。这些年，我调进电台，先后在新闻部《听众热线》节目组、总编室、交通广播新闻采编等岗位工作，从一名初级新闻工作者，到现在评上主任编辑职称，成为新时代一名合格的广播人，我始终遵循在政文科学习时老师们对我的要求和标准：认真做事，踏实做人，并且会一直秉承下去，为我钟爱的广播事业，奉献自己的绵薄之力。

作者系上海人民广播电台主任编辑

财经广播的"第一"情结

王静敏（晓庄）

在喜庆上海人民广播电台成立70周年纪念日之际，作为第一代财经节目主持人，我思绪万千、感慨无限。我的主持生涯伴随中国证券市场近30年的发展历程一路走来，有投资大众持之以恒的陪伴，是多么欣慰和幸运！特别是有许多难以忘怀的"第一"，镶嵌在财经广播的岁月中。

20世纪90年代初，上海人民广播电台创立了全国第一个专业财经频率——上广经济频率1422金融证券，我有幸白天在整点和半点《股市即时行情》中为听众播报股价，讲述盘面；晚上6点在《股市今晚谈》中为股民答疑解惑，探讨投资理念和操作心得。我们的节目还与中央人民广播电台合作创立了《全国证券联播网》，深受投资者听众的喜爱，大家热情赞誉："每逢整点人们为她陶醉。"我撰写的《多媒体时代金融证券节目的广播优势》获得中国广播电视学会"金笔奖"一等奖，是第一篇喜获此殊荣的财经主持人论文。在中国证券市场成立10周年时，我采制了《采写股市、见证历史》《话说股市人生》等系列报道，亲自登门采访了上海证券交易所第一任总经理尉文渊、第一代股民的代表杨百万、第一家证券营业部经理黄贵显等历史性人物。20世纪末，我还参与采访了上海证券交易所总经理屠光绍会见纳斯达克证交所主席弗兰克·萨博的活动，并实现了所有采访媒体中第一时间报道的记录。上海人民广播电台《晓鹿在线》节目又开创了以主持人命名的全国第一档财经节目，并延续至东广财经和第一财经，长达10年之久。《晓鹿在线》携杨百万、大老李等第一代投资人的“复旦大学校园行”，令复旦学子记忆犹新。

穿行在这么多“第一”中间，我铭记在心的是与听众朋友一起度过的分分秒秒。用户名为“美丽霜妈”的热心听友在上海人民广播电台成立66周年庆典活动时在阿基米德上书写了真诚的文字：“多年来我一直收听晓鹿老师的节目，也听过晓鹿老师主持的《股市大家谈》。我们这一代是靠听广播与读纸媒信息成长的。时代变化，传递信息的方式越来越多，但是我爱听广播的热情伴随着岁月的增长只会与日俱增。”

我曾参与主持的《股市大家谈》节目，有一个尝试令我难忘，这就是开创了广播剧样式的“卧虎藏龙”栏目，在财经节目实践中尚无先例，可大家创作的兴致都很高。嘉宾中有一位戴着眼镜名叫南方，颇有书卷气的市场人士，说起股市来滔滔不绝，弹起吉他时也洋洋洒洒，在他身上有很多股市、故事和音乐的交汇点，我们撷取他投资经历中的数个片花，一个吉他手的投资故事就这样开讲了。虽然初次尝试只是一个单本剧，可作为主人公的南方先生，一会儿是教吉他的音乐老师，一会儿是与同伴热议股市的操盘手，并由对音乐的驾驭引申到对股市的把握，进而启发听众对人生价值的思索，开拓了全新的证券节目样式。剧中生动的情节由他与好友及学生共同加盟表演，他们在剧中演起了自己；而我尝试以朗诵的形式叙述股市的春夏秋冬，与剧中主人公一起领略炒股人生……录制完成试听时，组内响起了阵阵欢笑声，广播剧播出后，许多听众也是笑得合不拢嘴，都很认同第一次听到这种独特的股市广播剧表现形式。

2010年7月，在第一财经一档五虎将聚首名为《趟过弱市的男人们》的电视专题栏目，令我想起了《晓鹿在线》栏目历经的岁月。从20世纪90年代至21世纪的最初10年，黄永东、谢荣兴、应健中、任文兴、瀚民及更多财经智者在《晓鹿在线》栏目中陪伴投资听友度过难忘的财经广播岁月。五虎将直面股市波澜起伏的淡定豁达也是人生的大智慧，使我领悟到，趟过弱市的人，也一定能闯过人生的激流险滩。五虎将之一的瀚民先生在《上海证券报》曾撰文回顾："20世纪90年代初炒股票看行情，却不是那么简单的。上海人民广播电台顺应市民需要，开始提供实时股票行情的播报服务了。那位叫晓鹿的广播主持，从开盘到收盘，就一直报行情，很多老股民对她的声音非常熟悉。"

其实，当时一批金融证券节目主持人脱颖而出，成为上海电台亮丽的风景线。

2011年1月22日（周六），第一财经广播"兔年顶呱呱"迎春听众联谊活动在1933老场坊隆重举行。在电波中听到消息的热心听众近悦远来，他们不顾冬寒料峭，早早赶到现场。那天同样早到的我，一进会场就听见有好几位听众在谈论他们当年收听上海人民广播电台经济频率的情景，使我霎时也仿佛回到了20世纪我们创办证券广播的年代，感到多么亲切和温暖。

我们的热心听众就是这样执着，2011年7月，在我主持《个股天天点播》时，有一位听众王女士急着要找我，她想请边风炜分析师帮她解答股票的问题。我说，为听众服务是我们的职责，我尽快联系帮助您解答。我问在中国和美国两个国家城市居住的王女士听第一财经广播多吗？她说，回到上海就能听广播了。我相信，如今她凭借阿基米德，不在上海同样能收听财经广播了。

中国证券市场在近30年里走过了国外证券市场一百多年的发展历程，怎样才能在快速发展中帮助投资者防范风险、理性投资呢？ 2004年6月1日《证券投资基金法》正式实施，我在这部法律实施的第一天，采访了全国人大财经委办公室副主任、《证券投资基金法》起草工作小组组长王连州先生，探讨了投资者运用法律武器、维护自身权益的现实意义，并在节目中前瞻性地提出股票全流通问题越早解决越好。

在聚焦绩优上市公司风采中，我赴延中实业（现方正科技）、金杯汽车、复星医药、强生控股、九龙山（现海航创新）等公司实地采访，在节目中连线上市公司老总和董秘的采访更多。我特别注重对公司社会责任感的挖掘，如在上海强生控股股份有限公司业务调度中心采访张国权总经理时，他从股本、业绩、净资产、成长性方面展现了这家上海第一批发行股票认购证、第一批摇号的公司。跟随城市和经济发展，在交通领域的主业方向后，他还讲述了调度中心6频道同志们与2000年考大学时得到强生控股全程接送的上海大学沈婷婷同学数年结对子的故事。他们通过平凡的小事鼓舞因脑瘫而致残的孩子与命运抗争，体现了一家有责任心的上市公司的风貌。

我在主持《证券周刊》节目的同时，也以文字呈现“谈股论道”的主题，听众在微信上点赞：“文字化的《证券周刊》好！是视觉与听觉的互补。”以微信、微博、博客、阿基米德为标志的网络数字时代为我们开辟了与听众结缘的更广阔天地，可以说，这也是当年我在所有媒体中第一时间报道屠光绍先生会见弗兰克·萨博父子的源动力吧。虽然那时尚未建立QFII和QDII制度，更未提及沪港通和深港通，但我们坚信中国资本市场一定会走向对外开放的新里程，网络科技浪潮也势将波涛汹涌。

纳斯达克系全球第二大证券交易市场，又是全世界第一个采用电子交易并面向全球的股市，是高科技上市公司的前沿阵地。屠光绍先生与弗兰克·萨博父子热烈交谈的情景，使我采访报道的激情油然而生，与多家报刊的同行相比，当年每晚六点的《全国证券联播网》为我下午采访后立即赶回电台制作播出报道提供了天时地利。那晚听到节目后，同去采访的新华社记者等同行盛赞报道的神速和成功。

在中国资本市场走向世界之林的今天，我仍有幸主持着财经广播节目，我愿继续奉献广播，“云”中漫步，向缔造“荣耀、传承、创新、发展”的上海人民广播电台70周年纪念日献礼！

作者系上海人民广播电台主持人

图书在版编目(CIP)数据

我们一起走过:纪念上海人民广播70周年/江小青主编. —上海:上海人民出版社,2019
ISBN 978-7-208-15802-3

Ⅰ. ①我… Ⅱ. ①江… Ⅲ. ①上海人民广播电台-广播工作-纪念文集 Ⅳ. ①G299.275.1-53

中国版本图书馆CIP数据核字(2019)第060041号

责任编辑 曹怡[illegible] 陈博成
封面设计 零创意文化

我们一起走过
——纪念上海人民广播70周年
江小青 主编

出　　版 上海人民出版社
　　　　(200001 上海福建中路193号)
发　　行 上海人民出版社发行中心
印　　刷 上海盛通时代印刷有限公司
开　　本 720×1000 1/16
印　　张 25.75
插　　页 4
字　　数 358,000
版　　次 2019年三月第1版
印　　次 2019年三月第1次印刷
ISBN 978-7-208-15802-3/G·1965
定　　价 98.00元

为纪念上海人民广播电台建台70周年，上海人民广播电台自2019年3月18日起，在旗下所有12套频率中推出了系列音频《与共和国同频共振》，重温曾经回响在上海天空的广播的声音，传播向上的力量。

读者可以扫描下列二维码，通过阿基米德App收听系列音频。